Das Buch

Über die berufliche Situation zu jammern, bringt einen nicht weiter – und macht außerdem unattraktiv. In ihrem neuesten Buch zeigt Bestseller-Autorin Meike Rensch-Bergner, wie Sie Ihr Leben in die Hand nehmen und zu einer strahlenden Königin werden, um Erfolg und Spaß beim Job zu haben. In wunderbar leichtem Plauderton und anhand von vielen wahren, oft amüsanten Erfolgs- und auch Misserfolgsgeschichten aus ihrer persönlichen Erfahrung schildert sie, wie Frauen sich selbst und ihre beruflichen Potentiale entdecken können. Ein gutgelaunter Ratgeber für alle, die sich kluge und freche Tipps für die Arbeitswelt wünschen.

Die Autorin

Meike Rensch-Bergner, Jahrgang 1968, lebt und arbeitet seit vielen Jahren als Coach und Trainerin in Hamburg. Ihr erstes Buch *Das Uschi-Prinzip* – über den richtigen Umgang mit Männern – war ein Erfolg und bescherte ihr eine große Fangemeinde.

Besuchen Sie Uschi im Internet:
www.uschi-und-uschi.de

Meike Rensch-Bergner

Die Uschi-AG

Königinnen machen Karriere

Ullstein

Besuchen Sie uns im Internet:
www.ullstein-taschenbuch.de

Umwelthinweis:
Dieses Buch wurde auf chlor- und säurefreiem Papier gedruckt.

Originalausgabe im Ullstein Taschenbuch
1. Auflage Mai 2006

Redaktion: Regina Carstensen
Umschlaggestaltung: Büro Hamburg
Umschlagabbildung: Verena Lenzen
Gesetzt aus der Sabon und Avant Garde
Satz: LVD GmbH, Berlin
Druck und Bindearbeiten: Ebner & Spiegel, Ulm
Printed in Germany
ISBN-13: 978-3-548-36841-2
ISBN-10: 3-548-36841-7

Inhalt

Vorwort

Entscheiden Sie sich für Erfolg!

Sie wollen eine Arbeit machen, die genau die richtige für Sie ist, die Ihnen Spaß macht und ein adäquates Einkommen bietet? Sie wollen Ihre Berufung finden und sinnvolle Dinge tun? Sie wollen, dass Ihr Leben aufregend, reich und toll ist? Sie wollen zufrieden und erfolgreich sein? Ja, meine Liebe, dann sollten Sie es auch in die Tat umsetzen: Sie müssen sich aufraffen und etwas Neues ausprobieren.

Ab jetzt wird alles anders. Jetzt werden Sie selbst aktiv und nehmen Ihre Karriere eigenständig in die Hand – unterstützt von den Job-Prinzipien der Uschi-AG. Jetzt ist Schluss mit dem Neid auf andere, die Superjobs haben oder besser verdienen. Schluss mit einer Tätigkeit, die Ihnen nicht liegt, nicht gefällt oder, schlimmer noch, die Sie vielleicht sogar krank macht. Sind Sie verzweifelt, weil Sie arbeitslos sind oder denken, dass es den richtigen Job für Sie gar nicht geben kann, dann ist es Zeit, damit aufzuhören. Und was ist mit Ihrer selbständigen Tätigkeit, die Ihnen zwar viel Arbeit, aber nicht genügend Geld zum Leben bringt? Werfen Sie diese über Bord oder verändern Sie sie nach Ihren Maßstäben. Sie haben einfach Besseres verdient. Sie sind klasse! Die Welt braucht Sie, denn Sie haben einiges zu bieten.

Lassen Sie sich von den schlechten Konjunktur- und Arbeitsmarktprognosen nicht verunsichern. Glauben Sie nicht denjenigen, die ständig lamentieren, wie miserabel es uns angeblich geht. Sonst stecken Sie wieder im alten Dilemma, sagen sich resigniert, dass es heutzutage sowieso keine Traumjobs mehr gibt. Kommen Sie auch nicht auf die Idee, jemals Ihren Chef oder Ihre Kollegen ändern zu wollen. Vergessen Sie es, Sie können weder die allgemeine Wirtschaftslage auf den Kopf stellen noch die Menschen, mit denen Sie zusammenarbeiten, zu anderen Verhaltensweisen animieren. Sie müssen *sich* ändern, dann wird sich auch die Welt um Sie herum ändern. Wenn Sie mit ihren Aufgaben unzufrieden sind und nicht recht wissen, was sie eigentlich wollen, dann nehmen Sie sich Zeit, um einmal in Ruhe Ihre Situation zu überlegen.

Lesen Sie dieses Buch! Und es wird nicht beim Nachdenken bleiben. Sie werden Energie haben und Lust verspüren, die Ärmel hochzukrempeln und Ihr Leben zu ändern. Und Sie werden es tun! Garantiert!

Sie werden fortan nur noch nach Ihren eigenen Vorstellungen arbeiten. Sie entscheiden, was gut für Sie ist. Sie werden Ihren Job so umkrempeln, dass Sie jeden Tag fröhlich pfeifend zur Arbeit gehen (oder einen neuen finden). Sie wissen es noch nicht, aber die Welt wird Sie dafür schätzen und bei Ihrem Vorhaben unterstützen. Sie werden sich plötzlich vor faszinierenden Projekten und hilfsbereiten Kollegen kaum mehr retten können. Plötzlich haben Sie Freude bei Ihrer Tätigkeit. Sie genießen das Leben. Sie nehmen sich das, was Ihnen zusteht.

Aus diesem Grund haben Sie sich dieses Buch gekauft. Sie wollen zufriedener und erfolgreicher werden. Und Sie sind bereit, Ihr Leben in die Hand zu nehmen. Mein Ziel ist es, Ihnen dabei zu helfen, wie Sie herausfinden können, welche Arbeit Ihnen Freude bringen könnte. Wenn Sie wissen, wer Sie sind und was Sie wirklich wollen, brauchen Sie sich nur noch für das gute Leben zu entscheiden. Der erste Schritt dazu ist dann schnell getan. Keine Sorge, Sie müssen es nicht allein tun, ich werde Sie dabei begleiten.

Eine Entscheidung müssen Sie ganz allein treffen, die Entscheidung für ein königliches Leben. Ich kann es Ihnen nur anbieten: Vergleichen Sie das, was die Uschi-AG zu bieten hat, mit dem, was sie tagtäglich umgibt. Wenn ich Sie überzeugt habe, dann müssen Sie nur noch einen Entschluss fassen:

Springen Sie über Ihren Schatten und werden Sie eine von uns. Werden Sie eine Uschi. Denn Uschis bekommen, was sie wollen.

Los geht's!

Wenn Sie mein erstes Buch, *Das Uschi-Prinzip,* gelesen haben, dann hat sich bei Ihnen im Hinblick auf Ihren Umgang mit Männern ganz sicherlich etwas getan. Sie verhalten sich nun anders, und Sie werden mit größter Wahrscheinlichkeit besser, ja königlich behandelt. Sicher bereitet Ihnen diese Erfahrung eine Menge Spaß, und vielleicht haben Sie auch schon Mr Right gefunden. Möglicherweise haben Sie sogar festgestellt, dass sich die Uschi-Prinzipien nicht nur positiv auf Ihre Beziehungen auswirken, sondern auch auf andere Lebensbereiche. Bei mir war es jedenfalls so, und bei meinen Freundinnen konnte ich dies gleichfalls feststellen.

Falls Sie das *Uschi-Prinzip* nicht kennen, werden Sie sich fragen, was es mit der »Uschi-AG« auf sich hat, was eigentlich hinter dem Namen »Uschi« steckt. Vor ein paar Jahren fanden meine Freundinnen und ich heraus, dass wir viel von Frauen lernen konnten, die wir eigentlich unmöglich fanden. Wir waren neidisch auf diese »Uschis«, weil ihnen das Leben irgendwie leichter fiel. Alles, was sie sich wünschten, schien ihnen in den Schoß zu fallen. Klar, dass wir das auch wollten. Also studierten wir die Uschis, kopierten ihr Verhalten und passten die gewonnen Erkenntnisse unserem Leben an. Kaum zu glauben, aber auf einmal wurde auch für uns alles besser! Plötzlich erlebten wir Dinge, von denen wir vorher nicht mal zu träumen wagten. Aus diesen Erlebnissen und Erkenntnissen entwickelte ich die sieben Uschi-Prinzipien. Und da es uns auf einmal richtig gut ging, als wir nach diesen lebten, war jede von uns mit der Zeit eine »Uschi« geworden. Meine

Freundinnen und ich tragen den Namen seitdem mit Stolz, weil wir nun auch zu den Frauen gehören, die das Leben leichter nehmen können – und dabei Erfolg haben und rundum glücklicher sind.

Die Uschi-Prinzipien sind eine Haltung, weshalb man sie nicht nur auf die Liebe, sondern auch auf andere Bereiche des Lebens übertragen kann. Viele Frauen, die mein erstes Buch gelesen hatten, schrieben mir, dass es jedoch nicht so einfach sei, die Prinzipien direkt auf das Arbeitsleben zu übertragen, was sie aber gerne tun würden, weil dies doch sehr wichtig für sie sei. Das stimmt. Deswegen gibt es jetzt die Uschi-AG! Hinter dieser verbirgt sich wieder ein Teil meiner eigenen Geschichte. Es ist die Geschichte einer jungen Frau, die sich nicht die richtigen Ziele gesetzt hatte. Sie rannte falschen Vorstellungen hinterher und war aus diesem Grund nur mäßig erfolgreich. Neidvoll schielte sie zu den anderen, die es besser hatten als sie. Sie wollte auch eine von denjenigen sein, die die Kriterien für den eigenen Erfolg selbst definieren und die ihr Geld mit dem verdienen, was sie wirklich erfüllt. Ja, nichts anderes wollte ich auch. Also machte ich mich auf den Weg, um eine Uschi zu werden. Unterwegs traf ich viele Frauen, die mich begleiteten und inspirierten. Ihre Erlebnisse haben dazu beigetragen, dass meine Story ein gutes Ende fand. Diese Frauen, die ich traf, sind alle Uschis, und mich machten sie zu einer. Wir sind mit uns selbst und unserer Arbeit zufrieden. Wir leben ja auch nach den Uschi-Prinzipien. Nehmen Sie sich ein Beispiel – werden Sie ebenfalls eine Uschi!

Mir sind Erfolg und Erfüllung im Job keineswegs in den Schoß gefallen. Mein Lebenslauf ist von Höhen und Tiefen gezeichnet. Immer wieder bin ich gegen Mauern gelaufen und habe mich in Irrgärten verloren. Jahrelang kämpfte ich wie eine Wilde, nur um ein paar kleine Schritte voranzukommen. Erst als ich die Uschi-Prinzipien entdeckte, veränderte sich dauerhaft etwas: Ich übernahm Verantwortung für mein Leben, fing an, immer häufiger zu agieren statt zu reagieren – und wurde mit der Zeit zufriedener. Habe ich Karriere gemacht? Bin ich erfolgreich? Nach meinen Maßstäben ja – und auf die kommt es an. Ich habe einen Beruf, der mir Spaß macht, den ich als sinnvoll erachte und der mich ernährt. Ich bin glücklich damit – aber es war ein langer Weg dahin. Die Uschi-AG ist die Essenz meines Lernens. Ich hoffe, dass Ihr Weg vielleicht etwas weniger steinig wird als meiner und Sie recht bald Spaß an Ihrem Beruf haben werden und sich ausgefüllt fühlen!

Wenn Sie in Ihrem Job nicht mehr motiviert sind, wenn Sie das Gefühl haben, irgendwie im falschen Film zu sein, wenn Sie arbeitslos sind oder Angst haben, Ihre Stelle zu verlieren, wenn Sie selbständig sind und Ihr Laden nicht so richtig läuft, dann ist es an der Zeit, etwas zu tun. Wir leben nur einmal. Es macht keinen Spaß, verängstigt wie ein Kaninchen vor der Schlange zu sitzen, zumal es auch gefährlich ist. Für Sie gibt es nur eins: Gestalten Sie sich Ihr Leben so, dass Sie am Ende glücklich und zufrieden sind. Die Uschi-AG wird Sie dabei begleiten. Nun also los – oder wollen Sie etwa nicht erfolgreicher werden und das Leben etwas leichter nehmen?

Viel Erfolg!
Ihre Meike Rensch-Bergner

1\. Uschis erobern die Arbeitswelt

Und, was machen Sie so?

Was hat mich am Thema Job eigentlich gereizt? Ganz einfach: Es ist wichtig, denn wir verbringen sehr viel Zeit unseres Lebens damit, Geld zu verdienen. Doch das ist nicht der einzige Grund. Entscheidend ist auch: Was immer wir für einen Job ausführen, uns beeinflusst nachhaltig, *wie* wir mit unserer Arbeit umgehen. Es prägt uns und ordnet uns den allseits beliebten Schubladen zu. Jeder kennt das: Man erscheint auf einer Party, lernt fremde Menschen kennen, und die erste Frage lautet: »Und, was machen Sie so?« Wie gesagt: Arbeit ist wichtig. Arbeit macht uns aus.

Seitdem unsere Mütter erkämpften, dass wir Frauen uns nicht mehr nur daheim und am Herd verwirklichen dürfen, sondern auch berufstätig sein können (oder müssen), haben wir ein neues Problem. Unsere Mütter stritten für die Emanzipation. Schön und gut, aber jetzt haben wir den Salat. Natürlich ist es ganz wunderbar, was für neue Möglichkeiten wir haben, aber keiner dachte an die Kehrseiten. Wir starteten fröhlich ins Berufsleben, aber nicht nur, um unsere, sondern auch, um die Träume unserer Mütter zu verwirklichen. Aber irgendwie haben wir den Eindruck, mehr das fleißige Lieschen denn die machtvolle Karrierefrau zu sein, die richtige Freude an ihrem Erfolg hat. Unsere Mütter öffneten uns ein paar Türen, doch sie konnten uns nicht zeigen, wie man durch sie hindurchgeht und würdevoll die Karriereleiter hinaufsteigt. Uns fehlt die Gebrauchsanweisung, wie wir das Gebotene gewinnbringend für uns umsetzen können. Von unseren Müttern konnten wir sie nicht bekommen, denn ihnen blieben die Türen verschlossen, die sie für uns öffneten. Wir müssen uns diese Gebrauchsanweisung für weiblichen Erfolg selbst basteln.

Durch den Einsatz unserer Mütter sind wir gut ausgebildet, und theoretisch stehen uns alle Möglichkeiten der Welt offen – doch die Praxis sieht fast immer noch so aus, als hätten unsere Mütter nur Strümpfe gestrickt. Es hat sich außer den Träumen jedenfalls noch nicht allzu viel verändert: Schalten Sie mal die *Tagesschau* an und zählen Sie, wie viele wichtige Frauen in dieser Viertelstunde nach zwanzig Uhr gezeigt werden. Gut, da sind Angela Merkel, Ursula von der Leyen und Claudia Roth, aber außerhalb der Politik regieren und dirigieren nahezu allein die Männer die übrige Arbeitswelt. Frauen mischen zwar mit, aber ihr Einfluss bei der Machtausübung bleibt letztlich marginal. Noch immer gibt es wesentlich weniger weibliche Führungskräfte als männliche, und alle Welt redet von der »magischen Glasdecke«, die Frauen auf ihrem Weg nach oben angeblich nicht durchstoßen können. Egal, wie gut unsere Ausbildung ist, wir sind noch nicht in den zentralen Positionen angekommen. Wir sind zwar immens fleißig, doch die Macht, um die Arbeitswelt auch nach unseren Vorstellungen entscheidend mitzuprägen, haben wir nur in einem geringen Maße.

Unsere Mütter ahnten nicht, was sie uns mit ihrer Vorreiterrolle bescherten, denn sie wollten nur das Beste für uns. Jede Generation hat wieder neue Aufgaben: Unsere ist es, die Arbeitswelt mitzugestalten, damit sie so wird, dass sich Frauen darin wohl fühlen, statt sich immer nur den Gegebenheiten anzupassen. Dazu brauchen wir Macht. Wir wollen einen Teil der Gestaltungsmacht der Männer, doch nach der Quote, die uns 50 Prozent der Ämter bürokratisch zuteilt, steht uns nicht der Sinn. Wir versuchen es anders. Wir wissen, dass sich nur etwas verändert, wenn wir uns selbst verändern. Deswegen gibt es die Uschi-AG.

Eine Freundin, natürlich eine Uschi, erzählte mir vor kurzem eine von diesen typischen Frauengeschichten: Im Jahr 1920 hatte ihre Großmutter die Ausbildung zur Versicherungskauffrau bravourös abgeschlossen. Doch kurze Zeit später, nach ihrer Hochzeit, musste sie mit ihrer Arbeit aufhören. Stattdessen hieß es: »Du hast dich jetzt nur noch um den Haushalt zu kümmern.« Anderes kam gar nicht in Frage, weil es sich so gehörte. Erst als der Krieg ausbrach, wurde die Parole »Heim an den Herd!« geändert, nun ging es an die Maschinen, die für die Front produzierten, und nach dem Krieg gab es auch keine Wahl, weil der Mann lange in russischer Gefangenschaft war.

Doch Uschis Oma ließ sich von dem zu erwartenden Lebenskorsett nicht völlig einzwängen. Schon 1922 gründete sie eine Band. Sie saß am Klavier und ihr Mann am Schlagzeug. Damit zogen sie durch die Bars und andere Etablissements und besserten ihr Einkommen auf. Doch wem »gehörte« natürlich die Gruppe und wer nannte sich »Bandleader«? Das war der Ehemann, also Uschis Großvater, obwohl seine Frau die Engagements auftrieb, die Finanzen im Griff hatte und auch sonst alles am Laufen hielt. Sie kennen sicherlich ähnliche Geschichten von ihren Eltern und Großeltern! Frauen machen den Job, aber richtig mitreden durften und dürfen sie bis heute nicht.

Viele Frauen steigen irgendwann auf dem Weg zur Karriere aus. Sie bremsen auf halber Strecke ab und begnügen sich dann mit Jobs unterhalb der Führungsliga. Unzählige Frauen (ein paar Männer nicht zu vergessen) haben unzählige Diskussionen über die Ursachen dieses Phänomens geführt. Die berühmten Seilschaften unter den Männern mussten als Erklärungsmuster herhalten. Was im Klartext bedeutet: Männer würden immer nur Männer fördern und damit verhindern, dass Frauen beruflich erfolgreich werden. Doch Männer wollen sich die Schuld nicht so einfach in die Schuhe schieben lassen. Sie geben dann den schnöden Kommentar von sich: »Frauen wollen eben nicht nach oben kommen.«

Ich habe dieses Argument in meinem Kopf von der linken Gehirnhälfte in die rechte und wieder zurück geschoben. Letztlich kam ich zu dem Ergebnis, dass es zumindest richtig sein *könnte*, dass Frauen keine Karriere machen wollen. Kann es tatsächlich sein, dass Frauen in den Führungsetagen weniger vertreten sind als Männer, weil sie schlichtweg *diese* Jobs nicht machen wollen? Oder ist es nicht auch möglich, dass sie nicht wissen, *wie* man diese Jobs macht?

Unsere Ausbildung ist für das Dilemma nicht verantwortlich zu machen. Der Anteil der Studentinnen hat sich seit vielen Jahren nicht geändert, er liegt bei ungefähr 50 Prozent der Studierenden. Aber dann hört es schon auf. Weiter geht es nicht. Auf den höheren, den einflussreicheren Positionen sind Frauen nur noch vereinzelt vertreten. Egal ob im universitären Bereich, in der Politik oder in der Wirtschaft, der Anteil der Frauen nimmt rapide ab, je höher man schaut.

Ist das Umfeld dafür verantwortlich? Liegt es an den Zielen? Daran, dass Frauen immer noch die Kinder bekommen, oder an der Tatsache, dass es in unserer Gesellschaft gerade jetzt wieder als sinnvoll angesehen wird, dass Mütter bei den Kindern zu Hause bleiben sollten, um Jobs für die vielen arbeitslosen Männer abzutreten? Oder definieren Frauen beruflichen Erfolg vielleicht anders als Männer? Wollen sie möglicherweise sogar etwas anderes als Männer? Was brauchen Frauen, um in ihrem Sinne erfolgreich zu sein? Das ist wohl die wichtigste Frage.

Uschis Definition von Erfolg

Natürlich ist es schwierig, *eine* Definition von Erfolg zu geben, die *allen* Frauen gefällt. Man kann schließlich auch nicht von *den* Männern und *den* Frauen sprechen, denn es gibt sicherlich genauso viele unterschiedliche Lebensentwürfe (und damit auch Definitionen dessen, was Erfolg ist), wie Frauen und Männer auf der Welt existieren. Und trotzdem: Unterschiede, wie die beiden Geschlechter mit Erfolg und Karriere umgehen, sind nicht vom Tisch zu wischen. Ich kenne viele Frauen, die mit dem Begriff »Erfolg« erst einmal nicht viel anfangen können. Sie denken dabei sofort an Ellenbogenmentalität, an große Anstrengungen und Mühen, und all das trägt keine große Verführungskomponente in sich. Von Kindesbeinen an müssen Frauen kämpfen und sich anstrengen, um etwas zu erreichen. Karriere wird dann vielfach mit einer Mutation gleichgesetzt, mit einer automatischen Umwandlung in eine verbissene und verkniffene Frau. Wer so denkt, hat sich schnell entschieden und lässt es lieber gleich. Vielleicht kennen Sie ja auch diese krausen Vorurteile: Erfolgreiche Frauen sind zwangsläufig unattraktiv, unerotisch, hart wie Stahl, kalt wie Stein und leben vor allem ohne Mann und Familie. Kein Wunder, wenn sich eine Frau angesichts dieses Horrors gegen Erfolg entscheidet, nach dem Motto: »Lieber verzichte ich auf den Doktortitel als auf den Mann. Bin ich zu erfolgreich, könnte ich die Männer verschrecken.« Wie furchtbar! Ich habe mich oft bei ähnlichen Gedanken ertappt!

Schließlich las ich Sabine Asgodoms Buch *Erfolg ist sexy!* – und war verblüfft. Ihre Definition von Erfolg warf meine geheimen Vorurteile über den Haufen. Und in mir fing es ganz gehörig zu glitzern an. Für die Autorin und Managementtrainerin bedeutet Erfolg, dass wir selbstbewusst mit unseren Fähigkeiten und unserem individuell gewählten Einsatz die Ziele erreichen, die wir uns persönlich setzen. Ja genau, das war es, was ich auch wollte. Jetzt konnte ich mich mit dem Begriff »Erfolg« anfreunden und endlich verstehen, weshalb viele Frauen nach den gängigen Kriterien (scheinbar) nicht erfolgreich sind. In dieser Definition erkannte ich meine Wünsche wieder, denn auch ich wollte mit meiner Arbeit immer etwas Sinnvolles schaffen, Anerkennung bekommen und gutes Geld verdienen. Dabei wollte ich jedoch eins vermeiden, nämlich schlichtweg nur die Männer in ihrem Karriere- und Leistungsstreben imitieren. Ich wollte Erfolg, der es mir ermöglichte, eine Frau zu sein, also ich selbst zu bleiben. Ich wollte Spaß bei der Arbeit haben. Und ich wollte mit dem, was ich tat, zufrieden sein. Wenn man Erfolg jedoch an den üblichen Kriterien misst, also einer bestimmten Einkommenshöhe, Statussymbolen und gut klingenden Titeln, dann passt das natürlich nicht zusammen. So war es kein Wunder, dass ich nach diesen Überlegungen zu dem Schluss kam, es sei doch besser, mich mit einer Tätigkeit im mittleren Bereich zu begnügen, die mir zudem Spaß macht, als mich in den Ring zu stellen, um mich ganz nach oben zu boxen. Als Alternative gab es dann ja auch noch die Idee, sich selbständig zu machen. Ähnliches konnte ich auch bei anderen Frauen beobachten.

Dieses bescheidene Verhalten passte aber so gar nicht zu meinem übrigen Leben. Einer wahren Uschi steht Genügsamkeit nicht gut zu Gesicht. Wir wissen, was wir wollen und dass wir es wert sind, es zu bekommen. Ich beschloss, dass mir Erfolg zusteht. Ich entschied mich für einen Erfolg, ganz nach meinen Maßstäben. Was hieß, diesen Begriff speziell für mich neu zu definieren, allein auf meine Person abgestimmt. Wie heißt es doch so schön in der Werbung eines französischen Kosmetikunternehmens: »Weil ich es mir wert bin.« Also fasste ich den Entschluss, die Arbeitswelt gründlich zu studieren, um mit Gewinn die Uschi-Prinzipien anwenden zu können. Schließlich wollen Uschis von allem nur das Beste, und dazu gehört natürlich Erfolg im Beruf. Erfolg, so wie wir ihn verstehen. Denn dann glitzert dieses Wort und ist enorm sexy.

Uschis Definition von Erfolg:
Uschis definieren Karriere nach königlichen Kriterien: Für uns sind Erfolg und Zufriedenheit das Gleiche, nämlich zwei Seiten einer Medaille. Wir wollen einen Job, der uns gefällt, der uns sinnvoll erscheint und in dem wir gut sind. Eine so konzipierte Tätigkeit bringt Anerkennung, stärkt unser Selbstbewusstsein und ernährt uns angemessen. Erfolg heißt, dass wir unser (Arbeits-)Leben selbst gestaltet haben und deswegen zufrieden sind.

Mit sieben einfachen Prinzipien ändert sich alles

Wenn wir wissen, was wir wollen, können wir auch etwas ändern! Die sieben Job-Prinzipien weisen uns den Weg. Ich werde Ihnen später noch ausführlicher erläutern, was sich hinter ihnen verbirgt. Aber für die ganz Neugierigen stelle ich sie Ihnen schon mal kurz vor:

Uschis Job-Prinzip Nr. 1: Sei eine Königin!
Uschis Job-Prinzip Nr. 2: Lebe nach dem Lustprinzip!
Uschis Job-Prinzip Nr. 3: Wünsch dir was!
Uschis Job-Prinzip Nr. 4: Handle strategisch!
Uschis Job-Prinzip Nr. 5: Leg endlich los!
Uschis Job-Prinzip Nr. 6: Lass andere für dich arbeiten!
Uschis Job-Prinzip Nr. 7: Geh niemals ohne Glitzer!

Prinzip Nr. 1 »Sei eine Königin!« gibt vor, wohin es geht: Uschis sind wahre Königinnen, die wissen, was sie wollen und was ihnen zusteht. Wenn Sie das verinnerlicht haben, sind Sie auf dem besten Weg, erfolgreich und zufrieden zu werden. Prinzip

Nr. 2 »Lebe nach dem Lustprinzip!« hilft Ihnen, zu sich und zu Ihren Vorlieben zu stehen. Sie werden merken, dass es sich lohnt, den Bauch und die eigenen Vorlieben ernst zu nehmen. Mit Prinzip Nr. 3 »Wünsch dir was!« erfahren Sie dann, wie Sie Ihre Wünsche erfüllt bekommen. Das vierte Prinzip »Handle strategisch!« zeigt Ihnen, wie Sie planvoll vorgehen können, damit Ihre Wünsche in Erfüllung gehen. Prinzip Nr. 5 »Leg endlich los!« ist der kleine zarte Tritt in den Hintern, der Ihnen hilft, den inneren Schweinehund zu überwinden und die gewünschten Veränderungen auch umzusetzen, statt lamentierend auf der Couch zu liegen und Chips zu essen. Prinzip Nr. 6 »Lass andere für dich arbeiten!« zeigt Ihnen, dass Sie nicht allein sind und es mit der Hilfe anderer wesentlich mehr Spaß macht und zudem auch effizienter ist, den Karriereweg zu gehen. Das siebte Prinzip »Geh niemals ohne Glitzer!« schlägt dann einen Bogen zum ersten: Wenn Sie sich Ihrer Wirkung auf andere Menschen bewusst sind und diese mit Lust einsetzen, dann ist Ihre Ausstrahlung bezaubernd und königlich, und Sie werden mächtig und erfolgreich sein wie eine Regentin.

Wenn Sie etwas verändern wollen, dann helfen Ihnen die sieben Prinzipien dabei, Ihr Ziel zu definieren und den Weg zu gehen. Keiner weiß besser, was Ihre ganz persönliche Definition von Erfolg ist, als Sie selbst. Und keiner weiß auch besser, was Ihnen gut tut und Zufriedenheit bei Ihnen auslöst. Der Job ist ein weites Feld. Es gibt einiges zu tun – packen wir es an!

Es gibt viel zu tun, aber es rentiert sich

Wir verbringen einen großen Teil unserer Lebenszeit mit Arbeit. Wer vierzig Stunden pro Woche berufstätig ist, sammelt pro Jahr (abzüglich der Urlaubswochen) rund zweitausend Stunden an. Und bedenken Sie, dass wir diese Zahl dann mit vierzig oder fünfundvierzig (der Anzahl unserer Arbeitsjahre) multiplizieren müssen. Anders formuliert: Ein Acht-Stunden-Arbeitstag umfasst ein Drittel eines gesamten Tages. Rechnet man acht Stunden Schlaf und etliche Stunden für diverse tägliche Aufgaben (Körperpflege, Einkauf und Zubereitung von Nahrungsmitteln usw.) hinzu, dann bleibt nicht mehr viel vom Tag übrig. Es erscheint also mehr als sinnvoll, genau den Lebensbereich zu optimieren, in dem wir die meiste Zeit verbringen. Sie können das auch so sehen: Kaufen Sie sich eine gute Matratze! Damit werten Sie ein Drittel Ihrer Zeit qualitativ auf, nämlich Ihre Schlafenszeit. Allerdings sind die zweitausend Stunden pro Jahr, die wir durchschnittlich mit Arbeit verbringen, nicht ganz so einfach aufzumöbeln wie ein Bett mit einer neuen Matratze.

Die amerikanische Autorin und Medienexpertin Gail Evans beschreibt in ihrem Buch *Business Games* das Arbeitsleben als Spiel, und zwar als Spiel, das von Männern erfunden wurde, aber von Frauen durchaus beherrscht werden kann. Sicher, die traditionelle Spieldomäne und die Festlegung der Spielregeln oblag den Männern, weil sie diejenigen waren, die schon zahlenmäßig die Spielplätze belegten. Frauen haben zwar immer mitgearbeitet, sei es auf dem Hof, sei es in der Fabrik, sei es im elterlichen Unternehmen, doch sie hielten sich meist im Hintergrund. Außer für Tätigkeiten in diesen Bereichen brauchten Frauen noch in den sechziger Jahren die schriftliche Erlaubnis des Mannes, um berufstätig sein zu können. Diese Einwilligung konnte der Ehemann jederzeit widerrufen, wenn er mit der Hausarbeit oder der Kindererziehung seiner Ehefrau nicht zufrieden war. Erst in Zeiten der aufkommenden feministischen Bewegung ging diese Ära zu Ende! Obwohl Frauen also schon immer gearbeitet haben, beanspruchten die Männer die wichtigeren Posten. Kein Wunder, dass Frauen kaum Einfluss auf die Spielregeln der Arbeitswelt hatten und durch ihr jahrelanges Schattendasein in der Berufswelt nur selten als Spielleiter agierten.

Männer lieben Spiele. Zu spielen bedeutet für sie, sich mit ihren Konkurrenten zu messen, um herauszufinden, wer am Ende der Bessere ist. Das macht ihnen Freude und wirkt motivierend auf ihren Ehrgeiz. So können sie wunderbar arbeiten und vorankommen – und dabei noch Spaß haben. Frauen fühlen sich oftmals fremd in dieser Welt. Die Spiele, die in der Arbeitswelt gespielt werden, haben nur wenig mit denen zu tun, die sie als Mädchen kannten und liebten. Im Gegensatz zu den Jungen spielten sie, und ich war da nicht anders, phantasievoll und kreativ miteinander statt kraftvoll gegeneinander. Wir haben gemeinsam Puppenhäuser eingerichtet oder Sandburgen gebaut. Klar, es gab auch Wettkämpfe à la »Wer hat die bestgekleidete Barbie-Puppe?«, doch schließlich einigten wir uns stets darauf, dass beide Barbies gemeinsam etwas erleben sollten. Wir sind mit diesem Gemeinschaftsdenken für viele Situationen innerhalb der Berufswelt nicht immer ausreichend gerüstet. Deswegen ist es wichtig, das geltende »Spiel« kennen zu lernen, um erfolgreich daran teilzunehmen. Gail Evans sagt dazu: »Wenn Sie vor Spielbeginn die Gebrauchsanweisung nicht lesen, wissen Sie nicht, was Sie tun müssen.«

Mit der Zeit machte ich eine faszinierende Entdeckung: Ohne es zu wissen, hatte ich die Gebrauchsanweisung für die Arbeitswelt schon entwickelt. Die Uschi-Prinzipien, die ich für Beziehungen entwickelt hatte, wirkten sich, als ich sie auf mein Berufsleben anwendete, überraschend positiv aus. Das konnte doch nicht sein! Schließlich hatte ich sie nicht dafür konstruiert. Eigentlich ging es doch darum, mit ihnen die Männer eleganter um den Finger wickeln zu können! Doch es bestätigte sich immer wieder: Die sieben Prinzipien funktionierten auch in der Arbeitswelt.

Seitdem ich nach den Uschi-Prinzipien lebe, habe ich das nötige Selbstbewusstsein, das zu fordern oder mir das zu gönnen, was mir zusteht. Ich verhalte mich königlich und werde dementsprechend auch endlich königlich behandelt. Das klappt im

Umgang mit Männern, aber auch im beruflichen Bereich. Seitdem gebe ich mich nicht länger mit Jobs zufrieden, die mir keinen Spaß machen und nicht genügend Geld bringen. Ich suche mir meine Tätigkeitsgebiete aus und handele erfolgreich bessere Honorare aus. Zunächst geschah dies völlig unbewusst, denn ich hatte mir gar keine Veränderungen vorgenommen, sondern »nur« meine Haltung geändert. Je länger ich mich damit beschäftigte, desto besser begann ich zu verstehen, woran es lag.

Die Uschi-AG ist eine Gebrauchsanweisung für die Arbeitswelt – speziell für Frauen. Mehr und mehr werden Sie die königliche Haltung annehmen, die Ihnen das (Berufs-)Leben erleichtert, wenn Sie dieses Buch lesen. Sie werden sehen: Es ist ein gutes Gefühl, mit nur sieben Prinzipien genügend Werkzeug im Gepäck zu haben, um erfolgreich und zufrieden das Arbeitsleben zu gestalten.

Viele Wege zum Glück

Nahezu alle Menschen, die ich kenne, können ein Lied davon singen, wie schwierig es ist, unseren Eltern die von uns gewählte berufliche Laufbahn zu erklären. Ihre Vorstellungen orientieren sich daran, wie sie selbst aufgewachsen sind, das heißt: Man hat vorzugsweise in die elterlichen Fußstapfen zu treten oder wenigstens ein Leben lang in dem einmal gewählten Job zu bleiben. Aber diese Vorstellungen gehen an der Realität vorbei. Wir leben in einem Jahrtausend der schnellen Wechsel und ständigen Herausforderungen. In der heutigen Berufswelt wird immer mehr Flexibilität und Mobilität verlangt. Wir leben in einer Zeit nie da gewesener Alternativen. Das bedeutet, dass die Arbeit ein immer höheres Maß an Aufmerksamkeit von uns verlangt. Ständig müssen wir uns weiterentwickeln, stehen oftmals vierundzwanzig Stunden am

Tag, sieben Tage die Woche vor Herausforderungen. Wir haben es uns zwar nicht ausgesucht, finden es aber mittlerweile normal, mehrere Projekte parallel zu bearbeiten, mehrere Fäden gleichzeitig zu ziehen und unsere Lebensentwürfe immer wieder von heute auf morgen über den Haufen zu werfen. Um für die zukünftige Arbeitswelt gewappnet zu sein, ist eine Kompetenz unerlässlich: Es ist wichtig, sich durch wechselnde Optionen nicht aus dem Konzept bringen zu lassen und einen Halt in sich selbst zu finden. Eine spannende Situation für Menschen wie mich, die Abwechslung lieben, aber hochgradig irritierend und beängstigend für Leute, deren höchste Werte Sicherheit und Beständigkeit sind.

Und es wird noch verwirrender: Die Lebenssituationen von Frauen sind komplexer als die von Männern. Wenn Männer sich beispielsweise nur zwischen zwei Jobs entscheiden müssen, haben wir Frauen bei einer identischen Konstellation noch eine weitere Option. Wir haben nämlich noch die Möglichkeit (zumindest bis zu einem bestimmten Alter), den einen oder anderen Job gegen ein Kind abzuwägen – oder alles unter einen Hut zu bringen. Und wenn wir die Kraft und das Organisationstalent haben, dann können wir uns auch für mehrere Kinder entscheiden und zugleich die verschiedensten Jobangebote realisieren. Also: Perspektiven ohne Ende!

Genau deshalb gibt es nicht *einen* Weg, *ein* Vorbild oder *eine* Lösung für alle Frauen, wenn wir unseren Arbeitsalltag optimieren oder ihn befriedigend und erfüllt gestalten. Jede Frau, die eine Uschi werden will, muss genau hinschauen, um in den unendlichen Möglichkeiten, die sich bieten, ihren Weg – der nur für sie der genau passende ist – zu finden. Das ist oft gar nicht so einfach. Manchmal haben wir das Gefühl, dass alles vorherbestimmt ist und wir an unserem Leben sowieso nichts ändern können. An anderen Tagen sehen wir den Wald vor lauter Bäumen nicht: Wir erkennen die enormen Freiheiten, die wir haben, wir sehen unterschiedlichste Vorbilder, die alle irgendwie attraktiv sind, wir verzweifeln und werden handlungsunfähig ob der vielfältigen Optionen. Angesichts dieser diversen Möglichkeiten erscheint mir die Antwort auf die Frage, ob ich lieber einen Mann haben oder mein Singleleben weiter genießen möchte, geradezu kinderleicht. Doch die sieben bewährten Uschi-Prinzipien funktionieren. Egal ob in der Liebe oder im Job, egal für welche Option und für welchen Weg wir uns entscheiden: Die Job-Prinzipien der Uschi-AG helfen uns, das eigene Ziel zu bestimmen, damit wir zufrieden und erfolgreich werden. Sie ermöglichen es uns, mit schwierigen Situationen klarzukommen und auch noch Spaß dabei zu haben, denn wir haben sieben einfache Prinzipien, die uns die innere Stärke geben, unseren Weg selbst zu definieren. Das Schöne daran ist, wir sind nicht allein. Es gibt immer mehr Frauen, die nach den Uschi-Prinzipien leben und einander in der großen Uschi-Community unterstützen. Na, das ist doch schon mal was! Nämlich ein wenig Klarheit in der verwirrend komplexen Welt unseres Joblebens.

Uschis haben die Wahl

So kurz das Leben erscheint, so gibt es doch viel zu tun. Das fängt schon bei der morgendlichen Kleiderwahl an, bevor der eigentliche Tag im Büro beginnt. Soll ich lieber das rote Kleid anziehen und dazu die schwarzen Pumps tragen oder besser die Jeans und die flachen Schuhe? Oder vielleicht doch den Hosenanzug? Frauen haben Probleme! Wie schön wäre es, wenn unsere Welt ebenso einfach organisiert wäre wie die der Männer: tagsüber den Anzug und abends die bequeme Cordhose. Männer müssen nur auf die Uhr schauen, um zu wissen, welcher Dresscode gerade angesagt ist.

Unser Leben ist leider anders. Nein – glücklicherweise ist unser Leben anders! Wir haben die Wahl. Aber wir haben eben auch die Qual der Wahl. Nicht nur bei der Outfit-Entscheidung stehen uns (fast) alle Möglichkeiten offen. Wir können Karriere machen oder ein Kind bekommen, den Job als reines Geldverdienen betrachten und dabei schauen, ob der nette Kollege nicht vielleicht der Mann fürs Leben ist. Wir können uns jetzt entscheiden, noch etwas dazuzulernen, oder dies erst später in Angriff nehmen. Wir können alle diese Dinge auf einmal anpacken oder sie uns Schritt für Schritt vornehmen. Toll, oder etwa nicht?

Es liegt an uns, ob wir dies als Last empfinden oder ob wir diesen Zustand genießen. Klar, unser Leben ist um einiges komplexer geworden. Vorangegangene Generationen konnten von einem solchen aufregenden Dasein mit so vielen Freiheiten und persönlicher Erfüllung nur träumen. Und was immer unsere Mütter für uns erhofften, meist blieben sie in ihren Wünschen hinter der Wirklichkeit zurück. Die vielen diversen Möglichkeiten sind ein großes Geschenk, aber sie zwingen uns auch, uns für etwas zu entscheiden. Was auch Verantwortung bedeutet. Und was für einige noch viel schlimmer ist: Sie rauben uns Sicherheit. So sehnen wir uns manchmal nach Zuständen, die einzig als gesellschaftliche Ideale noch in unseren Köpfen herumschwirren. Beispielsweise, dass man ein Leben lang in derselben Firma arbeiten sollte, immer mit demselben Mann verheiratet ist, der Staat ein wunderbares Sicherheitsnetz ist. Ein Traum? Nun ja … Wir können es nicht ändern, da hilft auch kein Jammern. Diese Zeiten sind endgültig vorbei. Die Bedingungen sind heute nun mal anders. Basta! Wir haben die Wahl, und wir sind eine Generation von Frauen, die unglaubliche Chancen hat. Unseren Müttern sei hiermit ausdrücklich gedankt, denn sie ebneten uns den Weg, weil wir es besser haben sollten als sie. Und wir haben es besser – aber wir müssen etwas daraus machen, wir müssen unser Leben selbst gestalten und Verantwortung für unser Schicksal übernehmen.

Der Nächste, bitte!

Das Schöne an den Wahlmöglichkeiten ist, dass die einmal getroffene Entscheidung nicht gleich unser ganzes Leben bestimmt. Das war in früheren Generationen anders. Gerade weil sich alles ständig ändert, *dürfen* wir uns auch immer wieder neu definieren. Der Mann ist auf einmal doch nicht Mr Right, tja, dann vielleicht der nächste. Der Beruf, den wir uns ausgesucht haben, gefällt uns nach einer Weile doch nicht – dann machen wir eben etwas Neues. Suchen wir uns einen anderen aus. Wie wunderbar! Wir haben die Chance, Entscheidungen immer wieder zu revidieren. Wir können so lange herumexperimentieren, bis wir das gefunden haben, was wirklich gut für uns ist. Und selbst wenn wir etwas gefunden haben, von dem wir meinen, es macht uns glücklich, muss dieser Zustand nicht für die Ewigkeit sein. Wir dürfen uns verändern und uns immer wieder neu entscheiden. Der amerikanische Soziologe Richard Sennett behauptete schon 1998 in seinem Buch *Der flexible Mensch*, dass sich dieser Trend zu vermehrten individuellen Veränderungen verstärken wird. Wir werden nicht nur mehrere Jobs im Laufe unseres Lebens haben, sondern häufig auch mehrere gleichzeitig. Ach Richard, wem sagen Sie das! Berufstätige Mütter können ein Lied davon singen!

In den Wirtschaftsteilen der Zeitungen wird seit Jahren prophezeit, dass Frauen den Umstrukturierungen des Arbeitsmarktes besser begegnen können als Männer, von denen viele immer noch hoffen, dass alles so schön bleiben wird, wie es mal war oder gerade ist. Frauen bemühen sich nicht heldenhaft darum, den Ist-Zustand zu bewahren, sie nehmen die modernen Herausforderungen an. Na, das ist doch super. Also, meine Liebe, Sie müssen das, worauf Sie sich in jungen Jahren festlegten, nicht auch noch in zehn Jahren tun. Wenn Sie davon ausgehen, dass diese Entscheidungen niemals für immer sind, dann sind Sie schon auf dem besten Weg, Großartiges zu leisten. Glauben Sie niemals, dass für Sie zu einem bestimmten Zeitpunkt Ihres Lebens die Würfel endgültig gefallen sind. Wenn Sie mit Ihrer beruflichen Situation unglücklich sind, dann ändern Sie sie! Es ist mehr möglich, als Sie bisher glaubten. Doch Sie müssen den ersten Schritt machen. Niemand anders kann Ihnen das abnehmen. Und lassen Sie sich bitte nicht von Mitmenschen einschüchtern, die lieber jammern und als Pessimisten in die Geschichte eingehen wollen. Geben Sie sich mit dem, was ist, nicht zufrieden, sondern entscheiden Sie sich für ein besseres Leben, für ein Leben als Uschi.

Unternehmerin in eigener Sache

Die Zeiten haben sich geändert. Wenn wir mit unserem Leben zufrieden sein wollen, müssen wir uns auch ändern! Viele haben bereits akzeptiert, dass Mobilität, also der bereitwillige Umzug wegen eines Jobs oder lange Anfahrtswege, heutzutage selbstverständlich ist. Doch der Wandel geht noch weiter. Immer instabiler werden unsere Arbeitsverhältnisse, immer kurzlebiger die Bindungen von Mitarbeitern an Unternehmen, mehr und mehr Arbeit wird in Projekten organisiert. Dieser Wandel fordert von uns neue Kompetenzen. Plötzlich zählen nicht mehr nur Fachkenntnisse. Um in der Arbeitswelt erfolgreich zu sein, wird etwas anderes benötigt: Flexibilität.

Mit Flexibilität ist aber nicht ein willenloses Anpassen an vorgegebene Strukturen gemeint. Sie sollen sich nicht brav fügen und heute dies und morgen das machen, nur weil Ihr Arbeitgeber das von Ihnen verlangt. Was ich meine, das ist eine geistige Flexibilität, die Ihren Horizont erweitert, die Ihnen das gute Gefühl gibt, sich immer wieder neu zu finden und sich dabei doch treu zu bleiben. Die Arbeitswelt von heute braucht Mitarbeiterinnen, die wissen, wer sie sind, was sie wollen und was sie gut können. Mitdenkende Menschen, die fähig sind, kreative Lösungen für was auch immer und wo auch immer zu erarbeiten.

Um für diese komplexe, spontane und fortlaufend sich verändernde Arbeitswelt gerüstet zu sein, müssen Sie »Unternehmerin in eigener Sache« werden. Sie müssen etwas zu bieten haben und sich verkaufen können, nur dann können Sie erfolgreich sein und das Berufsleben ganz nach Ihren persönlichen Maßstäben gestalten. Immer mehr Frauen haben das bereits verstanden und leben diese Haltung. Viele von ihnen sind freiberuflich oder als Unternehmerinnen tätig. Deswegen gibt es in der Uschi-AG auch so viele Beispiele von selbständigen Frauen.

Flexibilität heißt auch, die Bedingungen unseres Jobs nach unseren Bedürfnissen und Wünschen zu ändern. Letztlich kann es auch bedeuten, sich selbst in dieser chaotischen Struktur einen Arbeitsplatz zu basteln. Es gilt herauszufinden, was man will und was man zu bieten hat, immer im Hinblick auf die Gegebenheiten des Marktes. Was heute gefragt ist, kann morgen schon längst wieder überflüssig sein. Was Sie heute als Nische für sich aufgetan haben, entpuppt sich nur kurze Zeit später als Sackgasse. In all dem Trubel ist es wichtig, sich selbst treu zu bleiben, denn Authentizität ist das A und O. Sie müssen sichtbar, unterscheidbar und wiederzuerkennen sein, um sich im Berufsleben behaupten zu können. Sie müssen diszipliniert und gut organisiert sein und dabei ansteckende Lebensfreude verbreiten, damit Sie für den Arbeitsmarkt attraktiv sind. Das geht nur, wenn man weiß, was man will, wenn man dafür brennt, die eigenen Visionen umzusetzen.

Unternehmerin in eigener Sache zu sein heißt auch, Verantwortung für sich und das eigene Leben zu übernehmen. Als Uschi reagieren Sie nicht wie ein Automat oder ein abgerichteter Hund auf die Welt, die sie umgibt. Sie analysieren Ihre Rahmenbedingungen und treffen aktiv Entscheidungen, wie

Sie Ihr Leben gestalten wollen. Sie beugen sich nicht ohne Überlegung den bestehenden Anforderungen, sondern Sie entscheiden sich immer wieder neu, was Sie als Nächstes tun werden. Diese Verantwortung zu übernehmen ist wohl das Schwierigste, was man als Unternehmerin in eigener Sache zu bewältigen hat. Oft wünschen wir uns nur noch, uns zurückzulehnen und jegliche Zuständigkeit abzugeben, weil das Leben mal wieder zu anstrengend ist. Vergessen Sie es! In unserer Gesellschaft zählt Eigenständigkeit! Familien brechen immer mehr auseinander, auf ihren Schutz können wir nicht mehr setzen. Und auch der Staat ist kein Bodyguard, der uns von der Wiege bis zum Grab vor Gefahren schützt. Die Leistungen der Sozialsysteme werden mehr und mehr gekürzt, diese Entwicklung wird sich nicht mehr ändern. Das heißt: Sie müssen Verantwortung für sich selbst übernehmen und eigenständig handeln, damit Sie Ihr Leben in Zukunft nicht nur erfolgreich organisieren können, sondern es auch trotz unruhiger Zeiten als angenehm empfinden.

Hohe Flexibilität zu jedem Zeitpunkt verlangt eine hohe Frustrationstoleranz. Immer wieder müssen Sie Pläne über den Haufen werfen, weil sich die Lage mal wieder geändert hat. Das kann ganz schön anstrengend sein. Sie brauchen dazu eine große innere Stärke, um nicht Ihre gute Laune zu verlieren. Diese Stärke können Sie aber nur aus sich selbst heraus entwickeln. Wenn Sie wissen, wer Sie sind und was Sie wollen, dann haben Sie ein »Selbst-Bewusstsein«, das Ihnen niemand nehmen kann. Wenn Sie nach den Job-Prinzipien leben, dann signalisieren Sie eine klare Haltung, die Sie einzigartig und begehrenswert macht und Ihnen eine innere Kraft gibt. Wenn Sie sich sicher sind, dass Sie mit Ihrer Arbeit einen wertvollen Beitrag für die Gemeinschaft leisten, dann sind Ihnen Unterstützung durch andere, Erfolg und Zufriedenheit sicher. Die Uschi-AG hilft Ihnen dabei, dieses Selbstbewusstsein zu entwickeln.

Wenn Sie angestellt oder gerade auf der Suche nach einem Job sind, dann lassen Sie sich von den Uschi-Prinzipien und meinen Beispielen inspirieren. Auch Sie müssen lernen umzudenken und Unternehmerin in eigener Sache werden. Die Uschi-AG zeigt Ihnen, wie Sie das bewerkstelligen können. Sollten Sie bereits freiberuflich oder unternehmerisch tätig sein, dann lassen Sie sich überraschen, wie die Job-Prinzipien Ihnen neue Wege zu Erfolg und Zufriedenheit bieten. Werden Sie zu einer Uschi! Ihre Haltung der Welt gegenüber wird sich verändern, und Sie werden sehen, wie gut Sie damit für die Zukunft gerüstet sind!

2. Uschis Job-Prinzipien

Gebrauchsanweisung Uschi-AG

Die Uschi-AG ist ein Buch voller Geschichten von vielen Frauen, die auszogen, den Erfolg in ihr Leben zu lassen. Schaut man sich die Storys genauer an, erkennt man, dass hinter dem Gelingen und der Anerkennung im Beruf eine bestimmte Haltung steht. Die Job-Prinzipien sind eine Lebensphilosophie, die Uschi-AG eine Gebrauchsanweisung für die Arbeitswelt.

Sie haben nun die Wahl: Sie können im Folgenden die sieben Prinzipien genauer kennen lernen, oder Sie überspringen diese und steigen direkt ins vierte Kapitel ein, um zu erfahren, was Frauen auf dem Weg zur Job-Uschi alles erlebten, um daraus zu lernen. Die sieben Prinzipien gehen Ihnen aber auch dann nicht verloren, denn sie sind an entscheidender Stelle als Kästchen im Text platziert. Manche Kästchen enthalten auch Anregungen, die Sie sofort umsetzen können. Schon beim Lesen wird sich einiges in Ihrem Leben ändern, wenn Ihnen die Philosophie der Uschi-AG gefällt. Egal welche Vorgehensweise Sie wählen, ich wünsche Ihnen viel Erfolg dabei.

Uschis Job-Prinzip Nr. 1: Sei eine Königin!

Eine Königin hat ein wunderbares Leben, denn sie tut, was sie will. Und sie bekommt, was sie will. Ihr Leben ist leicht, reich und amüsant. Sie strahlt vor Würde und Glück, und die anderen können gar nicht anders, als ihr Tag für Tag die Welt zu Füßen zu legen. Sie beschäftigt sich mit Dingen, die ihr Spaß machen, und weil sie ihr Freude bereiten, gelingen sie wunderbar. Die Königin erhält berechtigterweise Lob und Lorbeeren dafür und einen dicken Batzen Geld obendrauf. Eine Königin umgibt sich mit Menschen, die ihr gut tun, und fördert diese selbst, wo immer sie kann. Sie macht das gerne, denn mit gegenseitiger Unterstützung wird das Leben viel leichter und angenehmer. Die Königin genießt das, weil sie weiß, dass sie es wert ist. Sie liebt ihr Leben und strahlt diese Lebenslust aus. Welche Frau möchte keine Königin sein?

Meine Liebe, probieren Sie es aus! Versuchen Sie es! Seien Sie eine Königin! Und jetzt kommt der Clou. Ich verrate Ihnen einen Kunstgriff, den ich zunächst selbst nicht fassen konnte. Aber ich testete ihn aus und auf wundersame Weise funktionierte er. Er klappt immer – bei Ihnen auch! Seien Sie eine Königin! Nehmen Sie sich einfach vor, ab heute, nein, besser noch ab jetzt, von diesem Moment an eine Königin zu sein – und Sie sind eine Königin. Sie glauben das nicht? Das macht nichts. Es funktioniert auch so. Denn der Trick ist: Wenn Sie sich wie eine Königin verhalten, werden Sie auch wie eine Königin behandelt.

Das Ganze ist eine wunderbare Glücksspirale, bei der das eine das andere ergibt. Wenn Sie sich wie eine Königin verhalten, werden Sie auch wie eine Königin behandelt. Und wenn Sie wie eine Königin behandelt werden, werden Sie sich wie eine Königin fühlen und sich letztlich auch wie eine Königin benehmen. Es kann also gar nichts schief laufen. Es geht einzig und allein um Ihren Entschluss. Sie müssen sich nur dafür entscheiden. Sie müssen es wirklich wollen. Sobald Sie diese Entscheidung getroffen haben, werden Sie gar nicht mehr anders können, als sich wie eine Königin zu benehmen – und schon setzen Sie die Glücksspirale in Gang.

Der einzige Grund, wieso das Königinnen-Prinzip nicht funktionieren könnte, bestünde darin, dass Sie sich selbst im Wege stehen. Es gibt Frauen, ich nenne sie Nachwuchs-Uschis, die wären zwar gerne eine Königin, glauben aber nicht wirklich daran, dass ihnen ein königliches Leben zusteht. Sie gehen davon aus, dass ein langweiliger Job das Normale sei und dass schließlich nicht jeder einfach das machen könne, wozu er Lust hat. Sie denken, dass irgendjemand schließlich auch die blöden Arbeitsaufgaben übernehmen müsse – und erledigen diese dann zähneknirschend. Diese Nachwuchs-Königinnen werden vom Leben und den lieben Mitmenschen so mies behandelt, dass sie annehmen, genau das wäre normal, mehr stünde ihnen nicht zu. Das ist ein Trugschluss. Uns allen steht ein königliches Leben zu. Es ist wie mit der Liebe: Liebe gibt es nicht als begrenzte Menge; je mehr wir davon haben und mit anderen teilen, umso größer und stärker wird sie. Genauso gibt es auch keine begrenzte Menge an wundervollem Leben. Jedem steht ein solches zu. Je mehr Menschen glücklich und zufrieden sind, desto mehr werden sie sich gegenseitig unterstützen. Unsere Welt wird davon schöner und schöner. Also beginnen Sie damit, sich ein gutes Leben zu gestalten. Nehmen Sie sich ihr Glück!

Es gibt immer wieder Tage, an denen es uns überaus schwer fällt, das Königliche in uns zu sehen. Wir haben Rückfälle. Nichts funktioniert, alle motzen uns nur an, und wir bleiben am Ende des Tages noch mit einer nervigen Arbeit im Büro sitzen, während die anderen schon längst im Restaurant speisen oder beim Sport genüsslich schwitzen. Da haben wir uns in eine blöde Situation hineinmanövriert! Dann hilft es nur noch, sich daran zu erinnern, dass das Königinnen-Prinzip auch in einer solchen Situation funktioniert. Atmen Sie tief durch und sagen Sie zu sich: »Sei eine Königin.« Und dann überlegen Sie, was eine Königin in einem derartigen Moment tun würde. So machen Sie es dann auch. Sie werden sehen, dass ein solches Verhalten die beste Strategie in einer scheinbar ausweglosen Situation ist. Machen Sie sich keine Sorgen darüber, was die anderen dazu sagen werden – wenn Sie sich wie eine Königin verhalten, werden Sie auch wie eine Königin behandelt!

Uschis Job-Prinzip Nr. 2: Lebe nach dem Lustprinzip!

Leben Sie nach dem Lustprinzip, lassen Sie es richtig krachen! Es ist verrückt, aber wahr: Immer dann, wenn man etwas besonders gern macht, dann macht man es auch gut. Dann flutscht es förmlich. Dann haben Sie haufenweise Energie, um selbst noch die schwierigsten Projekte zu meistern. Sie haben innovative Ideen und brillieren damit. Alle sind beeindruckt und werden es niemals wagen, Sie in Ihrem Schwung zu bremsen.

Glauben Sie mir, das ist meine feste Überzeugung. Und jede Frau, die nicht nach dem Lustprinzip lebt, ist selbst schuld. Wahrscheinlich fällt es Ihnen schwer, mir zu glauben, weil alle um Sie herum andere Weisheiten verkünden. Die meisten Menschen, die Sie kennen, klagen tagein, tagaus über ihren Job. Sie lamentieren und beschweren sich – und niemals wird sich dadurch etwas ändern. Die Zeiten seien schwer, bekommen Sie zu hören, eine ganze Familie müsse versorgt werden, da werde man den Teufel tun und eine (scheinbar) sichere Position aufgeben. Die Menschen in Ihrem Umfeld machen also größtenteils genau das Gegenteil von dem, wofür ich plädiere: nämlich nach dem Lustprinzip zu leben. Sie fügen sich ihrem vermeintlichen Schicksal, jammern lieber ihren Mitmenschen die Ohren voll, statt auf die Pauke zu hauen. Ich sage dazu: selber schuld.

Haben Sie sich in den letzten Jahren eigentlich mal gefragt, wozu Sie wirklich Lust haben? Was machen Sie eigentlich richtig gerne? Womit würden Sie am allerliebsten Ihren Tag verbringen? Haben Sie sich das wirklich ernsthaft gefragt? Wahrscheinlich nicht. Die meisten Menschen haben zwar hin und wieder ihre ganz persönlichen Tagträume, aber diese werden schnell wieder verdrängt oder bekämpft. Manchmal gehen Sie vielleicht in eine Ausstellung und erinnern sich daran, dass Sie früher gerne gemalt haben. Oder Sie kennen folgende Situation: Sie sitzen beim Friseur, genießen das Geschick des Hairstylisten und denken daran, dass Sie eigentlich häufiger mit Menschen zusammenarbeiten möchten, sich für Trends interessieren und einiges an handwerklichem Geschick und Können mitbringen. Manchmal sitzen Sie möglicherweise in Ihrem Büro, schauen förmlich durch den Bildschirm hindurch und befinden sich in Gedanken in Kanada oder Neuseeland. Es fällt Ihnen Ihr Fremdsprachenstudium ein und der längst vergessene Studentenjob, als sie noch Reisegruppen in die Geheimnisse fremder Kulturen einweihten. Sie verharren einen kurzen Moment in Erinnerungen und Träumen, kehren dann aber schleunigst in die Wirklichkeit zurück. Ein schöner Moment war das. Aber eben auch nur ein Moment. Und in der Hektik des Alltags ist er schnell vergessen.

Was hindert Sie aber daran, sich diesen Augenblicken einmal ausführlicher zu widmen? Wieso scheint es so absurd, über Ihre Begabungen und Leidenschaften nachzudenken? Glauben Sie wirklich, Sie hätten eine unveränderliche Entscheidung getroffen? Sie hätten einen Beruf gewählt, der Sie für den Rest Ihres Lebens versorgt? Wenn Sie Glück haben, tut er das vielleicht, selbst wenn es nicht Ihr Traumjob ist. Aber die Zeiten sind unsicher und wirklich nicht leicht. Vielleicht müssen Sie sich ohnehin schon morgen nach etwas Neuem umschauen. Was hindert Sie dann daran, schon jetzt nach dem Lustprinzip zu leben und etwas zu tun, was Sie zufrieden macht? Selbst wenn Ihr Beruf Sie momentan noch ernährt und eigentlich ganz in Ordnung ist: Macht er Sie auch glücklich?

Beruf hängt mit Berufung zusammen. Kennen Sie Ihre Berufung? Kennen Sie den Sinn des Lebens? Ehrlich gesagt habe ich auch keine eindeutige Antwort auf die Frage nach dem Sinn des Lebens. Aber ich weiß, was er nicht sein sollte: Niemand hat von Ihnen verlangt, sich viele Stunden am Tag, in der Woche und im Jahr mit Dingen zu beschäftigen, die Ihnen zwar Pasta und Pizza garantieren, die aber nichts mit Ihrer Leidenschaft zu tun haben. Das kann sicherlich nicht der Sinn Ihres Lebens sein!

Auch Sie haben eine innere Stimme, die Ihnen immer mal wieder zuflüstert, was Sie gerne tun würden. Wenn Sie nun auf diese hören, dann wird sie immer lauter und beginnt tatsächlich zu rufen. So können Sie Ihrer Be-Rufung ein Stück näher kommen. Denn das, was Sie gerne machen, machen Sie gut. Wenn Sie etwas gut und gerne machen, dann machen Sie damit wiederum anderen Menschen eine Freude, dann sind Sie nützlich. Wenn Sie nützlich sind, werden andere dies in der Folge honorieren, das heißt, Sie werden gutes Geld verdienen. Honorar kommt von honorieren (lateinisch *honor* = Ehre), und die anderen werden Ihnen danken, dass Sie der Welt Ihre Begabungen zur Verfügung stellen, mit Lob und der Währung, die bei uns zählt: Geld. Was kann es Besseres geben? Sie folgen Ihrem Lustprinzip, entscheiden sich dafür, Dinge zu tun, die Ihnen liegen, und können davon leben. Ich kann mir nichts Besseres vorstellen!

Uschis Job-Prinzip Nr. 3: Wünsch dir was!

Um sich etwas zu wünschen, muss man erst einmal wissen, was man will. Das herauszufinden ist keineswegs leicht! Oder wissen Sie etwa, was Sie wirklich wollen? Sollten Ihre Lippen ein Nein formulieren, haben Sie ein paar Hausaufgaben vor sich. Es ist Arbeit, herauszufinden, was man vom Leben erwartet und wo es hingehen soll. Aber keine Sorge, das dritte Job-Prinzip funktioniert auch bei kleineren Wünschen. Überzeugen Sie sich davon, bevor Sie es bei großen und wichtigen Dingen ausprobieren. Das dritte Job-Prinzip fordert Sie dazu auf, etwas mehr auf das Universum, den lieben Gott oder das Schicksal (nennen Sie es, wie Sie wollen) zu vertrauen und nicht nur auf sich selbst.

»Wünsch dir was« ist die magische Formel für Leichtigkeit und Freude. Vielleicht haben Sie schon mal davon gehört, dass man »Bestellungen beim Universum« aufgeben kann. Bärbel Mohr beschreibt diese ebenso einfache wie überzeugende Vorgehensweise in Ihrem *Handbuch zur Wunscherfüllung.* Sie ist sozusagen Patin für das dritte Uschi-Prinzip.

Die »Bestellungen« funktionieren einfach und überzeugend. Wenn ich zum Beispiel mit öffentlichen Verkehrsmitteln unterwegs zum Büro bin und mir Sorgen mache, ob ich auch pünktlich ankomme, weil ich mal wieder zu spät das Haus verlassen habe, dann spreche ich leise vor mich hin: »Bitte, liebes Universum, organisiere es doch so, dass ich pünktlich ankomme.« Als ich mit dem Wünschen anfing, bestellte ich häufig, dass ich meinen Bus noch erreiche, hatte dann aber beim Umsteigen das Problem, dass die Bahn Verspätung hatte und ich trotzdem zu spät kam. Heute überlasse ich die Koordinierung der einzelnen Verkehrsmittel dem Universum und bin immer pünktlich bei meinen Terminen.

Diejenigen, die die Bestellungen beim Universum oder das Uschi-Prinzip des Wünschens noch nicht kennen, werden sich jetzt verwundert fragen, ob das schon alles gewesen sei. Ja. Im Grunde ist das alles, denn den Rest übernimmt das Universum. Sie wünschen sich einfach etwas, und wenn die Lieferung kommt, dann bedanken Sie sich höflich. Mehr nicht. Probieren Sie es aus, es funktioniert. Je häufiger Sie dies tun, umso überzeugter werden Sie Ihre Bestellung aussprechen. Verrückt, aber Tatsache: Je öfter Sie sich etwas herbeisehnen, desto schneller und besser erfolgt die Erfüllung des Wunsches. Das Universum funktioniert wie ein perfektes Versandhaus. Wer viel bestellt, wird auch besonders zuvorkommend behandelt. Wie praktisch, denn wir Uschis haben viele Wünsche.

Einige von Ihnen werden möglicherweise immer noch skeptisch sein. Klar, ging mir am Anfang auch so. Ich hatte weder mit esoterischem Krimskrams noch mit dem lieben Gott etwas am Hut, doch mir gefielen die Erfolgsgeschichten, die ich in dem *Handbuch zur Wunscherfüllung* las, und da »bestellen« nichts kostet, versuchte ich es einfach mal.

Allerdings gibt es beim Bestellen zwei Einschränkungen. Erstens werden Sie niemals einen Wunsch erfüllt bekommen, der sich auf eine Veränderung des Verhaltens anderer bezieht. Da ist das Universum auffallend gerecht. Auch wenn Sie Ihre Bestellung noch so intensiv zum Ausdruck bringen, Ihre Kollegin wird niemals die Ablage machen, wenn sie es auch vorher schon verweigert hat. Falls Sie sich darüber ärgern, dass Sie immer die Dumme sind, die dies erledigt, während Ihre Kollegin schon in den Feierabend abgerauscht ist, dann müssen Sie etwas an der Situation ändern. Entweder Sie klären die Aufgabenverteilung in Ihrer Abteilung neu ab oder aber Sie verändern Ihre eigene Haltung zu der ungeliebten Tätigkeit.

Die zweite Einschränkung bezieht sich auf das Geld. Das Universum versteht nicht, wieso Sie so versessen darauf sind, unbedingt diese Papierscheine und Metalldinger in Händen haben zu wollen. Wünschen Sie sich dagegen einen bestimmten Gegenstand, etwa einen neuen Schreibtischstuhl, dann liegt die Erfüllung dieses Wunsches vielleicht schon näher, als Sie denken – es gibt tausenderlei Möglichkeiten, wie das Universum diesen Wunsch realisieren könnte. Eine davon könnte sein, dass in dem Büro gegenüber ein schickes Exemplar von Stuhl bislang nur herumgestanden hat. Halten Sie also die Augen offen! Und bestellen Sie nur Dinge, die das Universum auch versteht. Genießen Sie es, sich helfen zu lassen!

Uschis Job-Prinzip Nr. 4: Handle strategisch!*

Irgendwann merkte ich, dass es nicht immer ausreicht, Wünsche zu haben und die Erfüllung allein beim Universum zu bestellen und auf die prompte Lieferung zu vertrauen. Meine Wünsche waren zum Teil so groß, dass es einiger Zwischenschritte bedurfte, um zum Ziel zu gelangen. Außerdem war es offensichtlich, dass ich die Unterstützung anderer brauchte. Manche Dinge fallen nicht einfach so vom Himmel, für manche Dinge ist es sinnvoll, nach der Zielvorgabe eine taktische Vorgehensweise auszuarbeiten. Oft benötigt man einen richtigen Plan, der das Ganze überschaubar macht und die einzelnen Schritte definiert. Viele Ziele kann man einfach nicht über Nacht erreichen, und manches bekommt man auch nicht so einfach geschenkt. Auch Uschis müssen sich manchmal etwas bemühen, um Ihre Vorstellungen zu realisieren. Es reicht nicht, nur faul auf der Haut zu liegen und darauf zu hoffen, dass das Universum es für uns erledigen wird. Aber wenn wir uns schon bemühen, dann sollten wir kräftesparend vorgehen. Auch sollten wir Spaß dabei haben. Dafür ist eine ausgefeilte Strategie von großem Nutzen.

Konsequent geplantes Handeln ist ganz selbstverständlich für Menschen, die davon ausgehen, dass nur sie selbst ihr Leben in die Hand nehmen können. Und das ist ja unsere Absicht. In dem Moment, in dem wir aufhören, nur noch zu reagieren, brauchen wir eine Methode, wie wir vorgehen wollen. Wenn wir aktiv unser Leben verändern wollen, um zufriedener und erfolgreicher zu werden, benötigen wir klar definierte Ziele. Ziele, die zu uns, unseren Fähigkeiten und unseren Vor-

* »Handle strategisch!« ist die Weiterentwicklung des vierten Uschi-Prinzips »Sei geheimnisvoll!«, wie es in meinem ersten Buch *Das Uschi-Prinzip* genannt wurde. Auch dort betraf das vierte Prinzip strategisches Vorgehen. Im Hinblick auf den Umgang mit Männern besteht das wichtigste Vorgehen darin, geheimnisvoll zu sein. Im Berufsleben bedarf es komplexerer Strategien.

lieben passen. Wenn wir genau wissen, wohin es gehen soll, gilt es zu überlegen, welchen Weg wir einschlagen, welche Unterstützung wir uns holen und was wir noch im Vorfeld organisieren müssen, um unseren Bestimmungsort zu erreichen.

Uschis leben zwar nach dem Lustprinzip, aber das heißt nicht, dass sie in den Tag hineinträumen und nur noch das machen, was ihnen spontan in den Sinn kommt. Uschis verändern ihr Leben, weil sie keinen Unterschied mehr zwischen mühseliger Arbeit und lustvoller Freizeit machen wollen. Sie gestalten sich ihr Arbeitsleben so, dass ihnen der Job derart gefällt, dass sie sich wohl fühlen. Planvoll ausgeklügeltes Handeln macht Spaß und ist damit kein Widerspruch zum Lustprinzip.

Kurzum: Handeln Sie strategisch! Machen Sie sich einen Plan, wie Sie Ihre Ziele erreichen wollen. Aber plaudern Sie nicht alles aus, was Sie wissen. Bereiten Sie Ihre Informationen und Ihr Wissen so auf, dass die anderen von Ihnen fasziniert sind. Seien Sie eine gute PR-Frau in eigener Sache. Wenn Sie nach dem vierten Job-Prinzip leben, dann erhalten Sie die Unterstützung, die Sie verdienen. Ihre Pläne werden Wirklichkeit und ihre Wünsche werden wahr.

Uschis Job-Prinzip Nr. 5: Leg endlich los!

Tun Sie was! Legen Sie endlich los! Sie haben sich dieses Buch gekauft oder es von einer Freundin mit einer eindeutigen Aufforderung zum Lesen in die Hand gedrückt bekommen, damit Sie endlich in die Gänge kommen und etwas in Ihrem Leben verändern. Doch lesen allein reicht nicht, Sie müssen auch aktiv werden. Und egal, womit Sie anfangen: Probieren Sie herum! Experimentieren Sie! Hauptsache, Sie machen etwas!

Frauen lesen gerne Ratgeberbücher. Männer eher selten. Häufig habe ich mich gefragt, wieso Frauen zu ein und demselben Thema mehrere solcher Bücher im Regal stehen haben. Eigentlich brauchten sie doch nur die Tipps aus dem ersten Buch, das Sie sich zu dem Thema gekauft haben, beherzigen und das Problem wäre gelöst. So sehen das Männer zumindest. Ehrlich gesagt, ich kann deren Meinung sogar verstehen. Ich gehöre ja auch zu diesen Frauen, die Ratgeber anhäufen wie getrocknete Blumensträuße von ehemaligen Lovern. So besitze ich beispielsweise diverse Diätbücher – leider nimmt man von dem Besitz dieser jeweiligen Wundermethoden nicht ab. Eine traurige Erfahrung, aber nicht zu kaschieren: Lesen reicht eben nicht, es geht darum, den ersten Schritt zu tun!

Also: Nichts wie loslegen, es ist nicht schwer. Das fünfte Job-Prinzip ist nichts anderes als der kleine Tritt in den Hintern, den fast jede von uns braucht, um endlich einmal zu starten. Hinein in die Puschen, liebe Nachwuchs-Uschi. Kennen Sie das Sprichwort »Auch eine lange Reise beginnt mit dem ersten Schritt«? Wie wahr. Und zögern Sie nicht zu lange. Sie haben doch schon genügend Gedanken in Ihrem Kopf herumgewälzt. Sie haben den Entschluss gefasst, dass fortan etwas anders werden soll. Warten Sie also nicht länger. Machen Sie nun diesen ersten Schritt. Sie werden sehen, der zweite geht dann schon wesentlich einfacher. Und was werden Sie stolz sein auf Ihren ersten Gehversuch in eine neue Berufswelt! Sie werden strahlen vor Glück, weil Sie sich endlich aufgerafft haben. Mit dieser neuen und unglaublichen Energie machen Sie vor lauter Freude und Schwung den zweiten Schritt und den dritten gleich dazu.

Und selbst wenn Sie feststellen, dass Sie die falsche Richtung eingeschlagen haben – was soll's! Dann wissen Sie wenigstens schon mal das. Wie hätten Sie sonst herausfinden sollen, ob der geplante Weg tatsächlich Ihrer ist, wenn Sie ihn nicht schon mal gegangen sind? Also, setzen Sie sich in Bewegung und finden Sie Ihren Weg. Schritt für Schritt. Geben Sie sich einen Ruck! Und dann vorwärts!

Uschis Job-Prinzip Nr. 6: Lass andere für dich arbeiten!

Das sechste Job-Prinzip wird von allen Nachwuchs-Uschis am meisten geliebt. Klingt es nicht wahrhaft königlich, sich genüsslich zurückzulehnen und mal die anderen machen zu lassen? In der Tat. Obwohl auch Uschis das alte Sprichwort »Ohne Fleiß kein Preis« nicht vollständig aushebeln können, ist das sechste Job-Prinzip tatsächlich eine Aufforderung, hin und wieder nicht alles selbst zu machen. Klingt verlockend, ist aber in der Realität gar nicht so einfach.

Frauen sind es oftmals gewohnt, ihren Lieben ständig alle unangenehmen Aufgaben abzunehmen, sobald diese auch nur ein klein wenig zu jammern anfangen. Und vor lauter Arbeit kommen sie nicht mehr dazu, die Uschi-AG zu lesen. Sie rechtfertigen ihr Verhalten damit, dass sie das Leid – zum Beispiel den kläglichen Versuch ihrer Männer, das Bügeleisen gekonnt über den Hemdkragen gleiten zu lassen – nicht mit ansehen können. Sie würden es eben besser und auch schneller machen. Das ist sicherlich wahr. Sie ersparen sich dadurch, weiterhin das Lamentieren ihrer Lieben anhören zu müssen, halsen sich stattdessen aber einen Berg Arbeit auf. So kann man es machen. Ohne Frage. Es erleichtert auf jeden Fall für den Augenblick das eigene Dasein. Allerdings werden Sie in Ihrem Leben niemals mehr als ein paar ruhige Minuten als Gegenwert erhalten, denn Ihre Lieben haben sich an Ihre Gefälligkeiten gewöhnt. Und bevor man sich's versieht, fangen sie plötzlich auch noch bei ganz anderen Dingen an zu quengeln. Das zieht Kreise. Ihre Kollegen werden es nicht anders handhaben. Und auch ihr Chef wird sich diesen Liebesdienst zunutze machen.

Natürlich gibt es Ihnen ein gutes Gefühl, wenn Sie gebraucht werden, wenn die anderen anerkennen, was Sie können. Sie sind nützlich und beliebt. Aber was ist der Preis? Bei genauer

Betrachtung recht dürftig, denn nur scheinbar suchen Sie Ihre Aufgaben selbst aus. In Wirklichkeit manipulieren die anderen Sie und lassen Sie mit den Aufgaben sitzen, zu denen sie keine Lust haben. Was macht Ihr Mann, während Sie seine Hemden bügeln? Womöglich poliert er seine geliebten Modellautos. Und Ihre Kollegin? Die rauscht wahrscheinlich im Karriereschritt an Ihnen vorbei, während sie Ihnen höchstens noch schnell ein Dankeschön oder ein Lob zuwirft, weil Sie mal wieder das Protokoll, um das sich alle drücken, schreiben.

Machen Sie sich klar: Bügeln kann jeder, und auch ihr Mann kann es lernen. Es ist eine wenig beliebte Arbeit, die Einsatz verlangt und leider nicht sonderlich viel Ruhm bringt. Genau wie die Ablage oder diverse andere Arbeitsalltäglichkeiten, zu denen sich Frauen erbarmen, weil die Kollegen sie angeblich nicht so gut können. Es gibt eine Menge Tätigkeiten, die ganz viele Menschen nicht mögen, eigentlich die Mehrzahl. In einer Wohngemeinschaft zum Beispiel reißen sich alle darum, am Kochtopf zu stehen, aber keiner hat Lust, den Müll rauszubringen. Wieso eigentlich? Weil ein gutes Essen im Gegensatz zu einem geleerten Mülleimer Lob und Anerkennung bringt.

Drehen Sie den Spieß einmal um! Lassen Sie sich helfen. Organisieren Sie sich Unterstützung. Lassen Sie auch mal andere für sich arbeiten. Es gibt Dinge, die andere für Sie tun können. Das wird Ihnen aber nicht auffallen, wenn Sie die ganze Zeit mit Bügeln oder der Ablage beschäftigt sind. So können Sie sich nicht darauf konzentrieren, wie Sie dem näher kommen, was Sie wirklich erreichen wollen. Wenn Sie sich bei den ungeliebten Arbeiten austoben, machen Sie einen viel zu beschäftigten Eindruck, als dass man Ihnen spannende und neue Projekte, die für Ihren Werdegang nützlich sein könnten, übertragen würde. Da Sie Tag für Tag Ihre Sachen ordentlich erledigen, kommen Sie nicht auf die Idee, andere für sich arbeiten zu lassen.

Wenn Sie erst einmal damit angefangen haben, das sechste

Prinzip zu leben, dann wird Ihnen eine Menge einfallen, wie andere Ihnen behilflich sein können: Lassen Sie sich etwa eine Rückmeldung von Ihren Kolleginnen geben, wenn Sie bei einer Sache unsicher sind. Lassen Sie sich von einer Geschäftspartnerin einen Kontakt herstellen, statt einfach selbst eine fremde Person mit Ihrem Anliegen zu überfallen. Oder übergeben Sie bestimmte Aufgaben externen Dienstleisterinnen, die diese viel besser und schneller erledigen, als Sie das je könnten. Es gibt so viele Dinge, die eine Uschi nicht selbst tun muss. Machen Sie die Erfahrung, dass Hilfe von außen sehr angenehm und beim nächsten Karriereschritt sehr nützlich sein kann.

Wer immer Ihnen hilft, denken Sie daran, sich dafür erkenntlich zu zeigen! Ein kleines Dankeschön gehört einfach dazu, sonst werden Sie in Zukunft keine weitere Unterstützung bekommen. Haben Sie auch stets im Kopf, dass eine Win-Win-Situation bestehen bleibt, von der beide Parteien etwas haben. Denn wie heißt es so schön: Eine Hand wäschst die andere. Uschis nutzen niemanden aus, denn das wäre nicht nur schlecht für ihren Ruf, sondern auch nicht gut fürs Karma. Um eine königliche Ausstrahlung zu haben, müssen Sie immer in dem Bewusstsein handeln, dass andere Ihnen beistehen, weil auch Sie einen wertvollen Beitrag für die Gemeinschaft leisten. Sie werden immer Unterstützung erhalten, wenn auch Sie anderen behilflich sind.

Uschis Job-Prinzip Nr. 7: Gehe niemals ohne Glitzer!

Stolpern Sie nicht über das Wort »Glitzer«. Sie werden sofort sehen, worum es bei diesem Begriff geht. Das siebte Job-Prinzip erinnert uns daran, dass die Art und Weise, wie wir uns präsentieren, eine große Rolle spielt. Mit unserer Darstellung können wir Erfolg oder Misserfolg beeinflussen. Darunter ist nicht nur das korrekte Businessoutfit zu verstehen, das ist äußerer Glitzer. Es geht um viel mehr, um etwas, was uns zum Strahlen bringt: Gemeint ist der innere Glitzer – andere würden vielleicht Charisma dazu sagen. Innerer und äußerer Glitzer verleihen einer Frau Würde, eine Aura, mit der sie ihre Umwelt in Begeisterung versetzt.

Kleiden Sie sich gut und achten Sie auf Ihr Äußeres. Aber Vorsicht: Der äußere Glitzer im Business muss dezenter sein als beim Dating. Im Berufsleben regieren vorrangig immer noch die Männer. Aus diesem Grund ist es sinnvoll, diese nicht mit einem sexy Outfit zu provozieren, sonst wird man als Kollegin oder Geschäftspartnerin nicht ernst genommen. Arbeiten Männer und Frauen zusammen, gibt es schon genug Spannungen. Hüten Sie sich vor allem, was als sexuelle Herausforderung betrachtet werden könnte. Letztlich fällt es immer auf uns Frauen zurück. Denn noch heute sind viele Leute der Ansicht, dass Frauen in einem frech geschnittenen Kleid oder mit einem Seitenschlitz im Rock provozieren wollen. Trotzdem müssen Sie nicht den Dress der Männer komplett imitieren. Vergessen Sie Hosenanzüge in gedeckten Farben, besonders dann, wenn Sie damit der Welt zeigen wollen, dass Sie eigentlich gar keine Frau sind. Das funktioniert sowieso nicht.

Beim Businessoutfit ist es wichtig, dass es wie eine zweite Haut sitzt. Es muss zu Ihnen und zu Ihrer Umgebung passen, Ihre Vorteile betonen und Ihre Nachteile kaschieren. Nur in Kleidungsstücken, in denen Sie sich supertoll fühlen, treten Sie selbstbewusst auf. Sie wissen, dass Sie eine Königin sind, dementsprechend werden Sie das richtige Outfit tragen – und damit automatisch die königliche Haltung einnehmen. Sie erheben sich würdevoll und gehen los – und die anderen legen Ihnen die Welt zu Füßen.

Doch das schönste Kleid bleibt weitgehend unbeachtet, wenn das Gesicht grimmig dreinschaut, also der innere Glitzer fehlt. So richtig gut wird es für Sie beruflich erst laufen, wenn Sie sich zu einer charismatischen Persönlichkeit entwickeln. Wenn Ihnen die Job-Prinzipien ins Blut übergegangen sind, wenn Sie auf dem besten Wege sind, eine Uschi zu werden, zeigt sich nahezu wie von selbst Ihr innerer Glitzer. Sie leben dann in dem Bewusstsein, eine Königin zu sein. Sie wissen, dass es Ihnen zusteht, auch beruflich lauter Dinge zu tun, die Ihrer Bestimmung entsprechen und Ihnen Spaß machen. Sie kennen Ihren Wert, entsprechend werden Sie achtungsvoll behandelt. In Ihrer Ausstrahlung spiegelt sich all das wider, wodurch Ihre Erfolge noch weiter vergrößert werden. Sie sind ein einziges Strahlen und Glitzern. Denken Sie an das erste Job-Prinzip: Wenn Sie sich wie eine Königin verhalten, werden Sie auch wie eine Königin behandelt! Also lassen Sie es ordentlich glitzern!

Mit den Prinzipien im Handgepäck geht's endlich los

So, meine Liebe, nun kennen Sie die sieben Prinzipien. Sicherlich geht es Ihnen ähnlich wie mir und meinen Freundinnen: Ihnen sind ein, zwei Prinzipien bereits vertraut. Ohne dass Sie diese als Uschis Job-Prinzipien hätten bezeichnen können, leben und richten Sie sich danach. Entweder erscheint es Ihnen als eine ganz natürliche Verhaltensweise, oder aber Sie haben irgendwann in Ihrem Leben entdeckt, dass Sie eindeutig besser damit fahren, wenn Sie sich auf diese Art und Weise verhalten.

Die sieben Prinzipien sind ein geschlossenes System. Das ist ein großer Vorteil. Wenn Sie Schwierigkeiten damit haben, mit einem ganz bestimmten Prinzip anzufangen, dann lassen Sie es! Verbeißen Sie sich nicht in etwas, was bisher noch nicht klappt, sondern freuen Sie sich an den Sachen, die schon bestens funktionieren. Wenn Sie die Umsetzung eines Job-Prinzips schwierig finden, dann lassen Sie sich von den Beispielen in den Kästchen dazu animieren, dieses selbst einmal auszuprobieren. Aber zwingen Sie sich nicht zu etwas, was Ihnen schon beim Lesen Unbehagen bereitet. Das wäre doch kein Leben nach dem Lustprinzip! Folgen Sie den Prinzipien, die Ihnen leicht von der Hand gehen. Sie werden bemerken, wie sich Ihr Dasein allmählich verändert und wie Ihnen nach und nach auch die Umsetzung der scheinbar schwierigen Prinzipien gelingen wird.

Damit es Ihnen leicht und lustvoll gelingt, nach den Job-Prinzipien zu leben, sollten Sie als Erstes entrümpeln. Räumen Sie in Ihrem Leben mit all dem auf, was Sie davon abhält, eine Uschi zu sein. Sie werden sehen, jede Frau ist es wert, dass sie erfolgreich und zufrieden im Job ist – wir stehen uns dabei nur häufig selbst im Weg. Wenn wir aber die falsche Vorstellung, dass uns der Erfolg nicht zusteht, über Bord werfen, dann fällt es uns viel leichter, den Erfolg anzunehmen und mit den sieben Prinzipien richtig durchzustarten. Im nächsten Kapitel können Sie lesen, was einer Nachwuchs-Uschi auf dem Weg zu einer zufriedenen Königin alles im Weg stehen kann und wie sie es beiseite räumt, um endlich erfolgreich zu sein.

3. Uschis räumen auf

Einfach leben!

Früher habe ich über das Thema Erfolg sehr wenig nachgedacht. Warum auch, es lief ja irgendwie. Ich war lange Jahre mehr oder weniger zufrieden mit meinem Leben, auch wenn es von außen betrachtet nicht sonderlich erfolgreich war, weil ich mit den üblichen Statussymbolen, die die Karriere normalerweise begleiten, nicht gerade üppig ausgestattet war. Ich arbeitete vor mich hin, und das, was ich tat, ernährte mich. Das Geld, das ich verdiente, reichte mir, um in meinem Sinne zu leben. Wenn ich Bilanz zog, dann stellte ich fest, dass mir meine Arbeit Freude machte. Ich hatte das Ziel, das ich mir während des Studiums gesetzt hatte, nämlich Unternehmensberaterin zu werden, zwar noch nicht erreicht, fand es aber wunderbar sinnstiftend und befriedigend, als Trainerin anderen Menschen interessante Dinge beizubringen, die ihnen das Leben erleichterten. Ich hatte das Gefühl, meinen Teil dazu beizutragen, dass unsere Welt ein bisschen besser wird.

Was ich allerdings bei meinen Überlegungen außer Acht ließ, war die Tatsache, dass ich mehr schlecht als recht von meinen Einkünften als Trainerin lebte. Zunächst fiel mir das nicht auf, denn ich hatte immer genügend Geld zum Leben, und an so etwas wie Altersvorsorge dachte ich in meinen fröhlichen Zwanzigern noch nicht. Erst als ich den dreißigsten Geburtstag hinter mir hatte, begann ich zu überlegen, wie sich mein Berufsleben in den nächsten dreißig Jahren entwickeln könnte. Ich beschloss, dass es so nicht weitergehen sollte. Wozu hatte ich jahrelang studiert? Um letztlich so wenig zum Leben zu haben? Jetzt wollte ich mehr. Ich entschied mich, meine Arbeitskraft effizienter einzusetzen: mit weniger Kraftaufwand und in der Hoffnung auf ein besseres Einkommen.

Zunächst veränderte ich den äußeren Rahmen. Ich suchte mir einen neuen Job. Es lockten zu dieser Zeit die Chancen der New Economy. Eine Freundin rief mich an und fragte, ob ich in ihrem Unternehmen eine Abteilung aufbauen wollte. Das Angebot kam passend. Es winkten gutes Geld und eine spannende Aufgabe. Dafür nahm ich sogar einen Umzug in Kauf. Leider währte das Glück nicht allzu lange. Schon wenige Wochen nach meinem Start in diesem Unternehmen meldete es vorläufige Insolvenz an. Diejenigen, die als Letzte gekommen waren, mussten als Erste wieder gehen. Das stellte sich für mich aber eher als Chance denn als Problem heraus. Schon wenige Tage später bekam ich einen Job offeriert, der weitaus spannender war als der vorherige und sogar noch mehr Geld brachte. Und noch besser: Ich hatte endlich den Beruf, den ich mir als Studentin gewünscht hatte. Endlich war ich Beraterin. Leider währte dieses Glück ebenfalls nicht lange. Nach wenigen Monaten wurde auch dieses Unternehmen aufgelöst. Ich musste nun schon wieder überlegen, wie es bei mir beruflich weitergehen sollte. Schnell sah ich ein, dass ich mich verändern müsste, wenn ich Erfolg haben wollte.

Das, was ich dann lernte, bezeichne ich heute als »Ausmisten«. Mir war klar, dass sich die Rahmenbedingungen für meinen Erfolg erst dann dauerhaft und gewinnbringend ändern würden, wenn mich auch innerlich dafür bereit war. Sieben Jahre Berufstätigkeit hatte ich hinter mir. Zeit für einen Wechsel. Ich sehnte mich aber eher nach Beständigkeit und Anerkennung – verbunden mit Freude an der Arbeit und einem angemessenen Einkommen. Rasch merkte ich, dass dieser Wunsch nach Kontinuität und nach einem stärkeren Selbstbewusstsein aus meiner Person heraus kommen musste. Also rümpelte ich all das aus, was mich bisher am Erfolg gehindert hatte: meine Opferhaltung, meine Reaktionsweisen, die mir nur Beulen statt Erfolg eingebracht hatten, und vor allem meine pessimistische Grundhaltung. Erst als ich Frieden mit mir geschlossen und ordentlich ausgemistet hatte, konnte ich loslegen. Es war eine »Simplify-your-life-Aktion«, und es bewahrheitete sich das, was ich vermutet hatte: Erst nach dem Entrümpeln war ich bereit, den Erfolg in mein Leben zu lassen. Also nehmen Sie sich ein Beispiel und misten auch Sie mal wieder aus!

So geht's nicht weiter!

Lange Zeit war ich, wenn ich über das Thema Erfolg nachdachte, zwei sehr unterschiedlichen Gefühlswelten ausgesetzt: Entweder kam ich zu dem Schluss, dass ich mehr machen/lernen/kämpfen müsste, um erfolgreich zu sein, und verfiel deswegen in hektische Aktivität. Oder aber ich fing an, mich zu bedauern, und endete in Lethargie und Depression.

Wenn ich mich selbst bemitleidete, dann ging dies am besten, indem ich plötzlich mit allem aufhörte, womit ich mich sonst beschäftigte. Ich versank in einem Zustand totaler Lähmung, begleitet und untermalt von einer dieser üblichen Tiraden: »Die anderen haben es immer viel leichter als ich. Ihnen werden Türen nicht nur geöffnet, nein, sie werden ihnen sogar so lange offen gehalten, bis sie mit ihrer langen Schleppe würdevoll hindurchgegangen sind. Nur mir, mir hilft wieder keiner. Da kann ich auch gleich im Bett liegen bleiben und mich der Welt verweigern. Es macht doch sowieso keinen Sinn, weiterhin erfolglos durchs Leben zu taumeln.« Das redete ich mir alles ein, bis ich es selbst glaubte. Die Abwärtsspirale war in vollem Gang, und zwar umso rasanter, je schlechter ich drauf war.

Die andere Methode, mit der ich Erfolg erzwingen wollte, war aber auch nicht besser. Das Tun, Machen, Lernen und Kämpfen funktionierte ebenfalls immer nur für eine Weile. Es hielt mich ordentlich auf Trab, und ich war so beschäftigt, dass ich gar keine Zeit zum Nachdenken hatte. Statt mir weitere Erfolgsstrategien zu überlegen, war ich ungemein fleißig –

ohne allerdings gelegentlich zu überprüfen, ob das, was ich tat, wirklich meinem Erfolg dienlich war. Es dauerte Jahre, bis ich innehielt, um diesen Kreislauf endlich zu durchbrechen. Wenn ich gerade in einer solchen Aktivitätsphase steckte, schuftete ich wie eine Wilde. Ich wollte den Erfolg förmlich erzwingen. »Von viel kommt viel!« – davon war ich überzeugt. Dabei tat ich nichts anderes, als mit dem Kopf durch die Wand zu gehen. Leider bemerkte ich lange nicht, dass mich dieses Verhalten nicht wirklich weiterbrachte. Klar, ich kam sicher *etwas* voran. In kleinen Schritten näherte ich mich meinen Zielen. Leider machte ich aber die Erfahrung, dass mich diese kleinen Schritte große Anstrengung kosteten. Als diplomierter Kauffrau hätte mir eigentlich auffallen müssen, dass eine derartige Vorgehensweise alles andere als effizient ist. Aber ich konnte mich zu diesem Zeitpunkt nicht anders verhalten, deswegen wurde ich auch nicht misstrauisch.

Egal ob Lethargie oder Hektik: Am Ende waren beide Gefühlslagen nicht sehr erfolgreich. Doch ich brauchte ewig, bis ich dies durchschaute. Als ich es endlich verstanden hatte, wusste ich, dass ich nicht weiter erfolglos in diesen Gefühlswelten verharren durfte. Plötzlich brannte ich darauf, noch weitere Verhaltensweisen oder Überzeugungen zu entdecken, die mich ebenfalls vom Erfolg abhielten. Schnell wurde ich fündig: Viel zu lange hatte ich mich in eine Opferrolle gefügt, statt mein Schicksal selbst in die Hand zu nehmen. Falls Ihnen das auch so gehen sollte, ist der nächste Abschnitt genau das Richtige für Sie.

Uschis sind keine Opfer

Wie alt sind Sie eigentlich? Ach so! Und Sie glauben immer noch, dass irgendwann ein Mann auf einem Schimmel vorbeikommt und Sie erlöst? Wie der Prinz, der einst Dornröschen wachküsste? Sie sind davon überzeugt, dass Sie durch ihn auf einen Schlag Ihre beruflichen Probleme loswerden? Hören Sie auf zu träumen, meine Liebe, so funktioniert unsere Welt nicht. Wenn Sie wollen, dass Ihnen jemand ein verlockendes Angebot macht, dann muss er Sie erst einmal finden. Wenn Sie allerdings zu Hause herumsitzen und Löcher in die Luft starren oder als fleißiges Lieschen solange die alltäglichen Routineaufgaben übernehmen, in der Hoffnung, Ihr Chef werde Ihnen mit Sicherheit eines Tages Ihr Traumprojekt anbieten, dann werden Sie wahrscheinlich bis zum Sankt-Nimmerleins-Tag warten. Die Dornröschen-Strategie ist out!

Um etwas zu ändern, muss man sich aufraffen. Es geht darum, aus der Opferrolle herauszukommen und zu verstehen, dass es an uns ist, das Bestehende zu ändern. Schlechte Gefühle sind hausgemacht. Wir allein sind nämlich dafür verantwortlich, mit welchen Gedanken wir unsere Welt erschaffen. Es geht uns nicht automatisch gut oder schlecht, unser Seelenzustand wird uns nicht von außen diktiert. Wir bewerten die jeweilige Situation und entscheiden daraufhin, ob es uns damit gut oder schlecht geht. Schlechte Gefühle resultieren aus dem Umstand, dass man sich den miserablen Bedingungen machtlos ausgeliefert fühlt, statt diesen Zustand als Chance zu begreifen, das eigene Leben aktiv zu gestalten. Letztlich fühlt man sich immer schwächer, mag sich und die Welt nicht mehr leiden. Und weil man sich mehr und mehr in diese Gefühlslage hineinsteigert, ist die Talfahrt vorprogrammiert. Doch diese Abwärtsspirale kann gestoppt werden. Es ist möglich. Aber wir müssen es selbst tun.

Uschis sind keine Opfer. Sie wissen sehr genau, dass das Leben nicht immer ein Zuckerschlecken ist. Aber sie tun etwas dafür, dass es wieder prima wird, wenn es gerade nicht so läuft, wie sie es sich erträumt hatten. Uschis stimmen nicht in das allgemeine Jammern über die schlechte Wirtschaftslage ein, die uns angeblich dazu zwingt, auf ungeliebten Arbeitsplätzen hocken zu bleiben, die es uns angeblich unmöglich macht, unseren Traumjob zu finden. Uschis versuchen das Gegenteil zu beweisen, indem sie einfach etwas tun. Sie riskieren den ersten Schritt in ein Leben, dass ihnen lebenswerter erscheint.

Im Sommer 2001 machte das Unternehmen, bei dem ich damals als Beraterin angestellt war, Pleite. Das war sehr traurig, denn ich mochte den Job sehr. Nach der Insolvenz meines vorherigen Arbeitgebers war ich froh gewesen, dass ich mich noch einmal verbessern konnte. Endlich war ich am Ziel meiner Wünsche angekommen und wollte dort gerne eine Weile bleiben. Es war schade, dass dies nicht möglich war, doch ich konnte es nicht ändern. Ich musste mir schon wieder einen neuen Job suchen. Ich machte mir zu diesem Zeitpunkt jedoch keine Sorgen, dass ich wieder eine vergleichbare Arbeitsstelle finden würde, das hatte im Jahr zuvor ja auch sehr schnell und problemlos funktioniert. Ich war gerade auf dem Höhepunkt meiner Karriere angekommen, verdiente richtig gutes Geld und fuhr trotz der schlechten Nachrichten wie geplant in den Urlaub. Vorher schickte ich in dem festen Glauben Bewerbungen ab, mir nach dem Urlaub die Vorstellungsgespräche und die dazugehörigen Jobs aussuchen zu können.

All dies passierte im September 2001, und ich irrte mich in meiner Zuversicht, wie ich bald feststellen musste: Nach dem 11. September 2001 wurde alles anders. Es wurde in den Firmen plötzlich nicht mehr so locker eingestellt wie vor den Anschlägen auf das World Trade Center. Ich kam aus dem Urlaub zurück und fand keine einzige Einladung zu einem Vorstellungsgespräch in meinem Briefkasten vor. Und in den darauffolgenden Wochen wurde es auch nicht viel besser.

Natürlich hatte ich eine schicke Abfindung erhalten, und auch Arbeitslosengeld stand mir zu, aber nach einigen Wochen begann mich die Situation zu beunruhigen. Anscheinend, so musste ich konstatieren, würde es nicht so einfach weitergehen wie zuvor. Die Chancen für eine Festanstellung standen schlecht. Ich hatte die Wahl: Entweder konnte ich mich so lange weiter bewerben, bis ich irgendwann eine Stelle finden würde – oder aber ich musste mir etwas Neues überlegen.

Und genau das tat ich. Ich beschloss, mich selbständig zu machen. Wenn Plan A nicht funktionierte, dann musste man sich eben Plan B überlegen. Zunächst war ich skeptisch und fragte mich, ob das nur eine Notlösung sei. Wollte ich nur *weg* von etwas, also von der Arbeitslosigkeit, oder tatsächlich *hin* zu einer neuen Beschäftigung, die mich wieder erfüllte? Mir war klar, dass ein »Nur weg von« keine ausreichende Motivation gewesen wäre, um die anfänglichen Durststrecken als Freiberuflerin durchzuhalten. Richtig gut funktionierende Unternehmungen sind »Hin-zu«-Aktionen. In diesen Fällen sind der Wille und die Lust treibende Kräfte, die zum Erfolg führen. Je mehr ich darüber nachdachte, desto sicherer war ich, dass es eine ganz hervorragende Idee wäre, wieder selbständig zu arbeiten. Gesagt, getan. Ich fing an zu recherchieren, ob es irgendwelche Fördermittel gab, ich belebte alte Kontakte neu, mit anderen Worten: Ich plante mein neues Unternehmen mit großer Sorgfalt. Und glauben Sie mir, ich genoss es sehr, wieder tätig zu sein, statt mich weiter zu bewerben und damit passiv auf eine Chance zu warten. Mit großem Elan legte ich endlich wieder los.

Uschis Job-Prinzip Nr. 5: Leg endlich los!

Wenn Sie Ihr Leben ändern wollen, dann nehmen Sie es in die Hand. Wenn Sie erfolgreicher werden wollen, dann tun Sie etwas dafür. Warten Sie nicht, dass jemand das für Sie übernimmt. Aber Vorsicht, jetzt nicht den puren Aktionismus an den Tag legen! Überlegen Sie genau, was Sie wollen und was Sie dafür bieten können. Dann legen Sie los.

In den neunziger Jahren hatte ich schon mal ein paar Jahre als freie Trainerin gearbeitet. Ein Unternehmen zu gründen war also keine ganz neue Angelegenheit für mich. Eigentlich hatte mir diese Tätigkeit auch immer Spaß gemacht, bevor mich die New Economy in ein Angestelltenverhältnis lockte. Dabei lernte ich einige Dinge, die ich in der vorherigen Selbständigkeit etwas hemdsärmelig angegangen war. Wie hätte ich es auch besser wissen können: Ich hatte mich direkt nach dem Studium selbständig gemacht und mir die meisten Dinge selbst beigebracht.

Das neue Vorhaben, die erneute Selbständigkeit sollte nun, nach der Pleite in der New Economy, in einer neuen Qualität stattfinden: mit all den wertvollen Erfahrungen, aber ohne meine alten erfolgsbehindernden Glaubenssätze. Ich gönnte mir ein Coaching, um mir zwei Stunden beim »Entrümpeln« helfen zu lassen. Das hätte ich allein niemals oder zumindest niemals so schnell geschafft! Ehrlich gesagt, wusste ich, als ich die Beraterin kontaktierte, noch nicht mal genau, was für ein Problem ich hatte. Ich wusste nur, dass ich mir früher immer selbst im Weg gestanden hatte und deshalb nicht *richtig* erfolgreich war. Und das wollte ich nun ändern. Ich wollte, dass sie mir half, meine Stolperstricke zu erkennen, damit ich sie in Zukunft vermeiden könnte. Und das tat sie dann auch. Wir arbeiteten sehr schnell meine tiefverwurzelten Überlebensmuster heraus, die mir bislang als Handlungsanweisungen gedient hatten. Endlich konnte ich sie entsorgen, denn ich brauchte die störenden Überzeugungen jetzt nicht mehr, nachdem ich herausgefunden hatte, wie sehr sie mich auf meinem Weg zum Erfolg behinderten. Wer sagt denn, dass ich es nicht verdiene, erfolgreich zu sein? Wer hat behauptet, dass Geld stinkt und unglücklich macht? Kann mir jemand beweisen, dass Erfolg einsam macht? Alle diese abwegigen Glaubenssätze wurden mir bewusst, als ich mich zu dem Thema »Wieso lasse ich eigentlich den Erfolg nicht in mein Leben?« coachen ließ.

Ich erkannte bei unserer gemeinsamen Arbeit sehr schnell die Unsinnigkeit dieser Lebensdiktate. Bei manchen Überzeugungen konnte ich sehr schnell lokalisieren, woher sie kamen. Klar, manche Dinge hatte ich kritiklos von meinen Eltern übernommen, ohne zu kontrollieren, ob sie überhaupt zu meiner Lebenssituation passten. Andere Glaubenssätze hatte ich irgendwo aufgeschnappt oder mir selbst zusammengebastelt. Niemals vorher hatte ich überprüft, ob mir die Denkweisen dienlich waren. Im Coaching merkte ich sehr schnell, welche Überzeugungen mich blockierten. Plötzlich konnte ich sogar darüber lachen, als ich entdeckte, dass in keinem dieser Sätze auch nur etwas Wahres steckt.

Das Coaching bedeutete für mich ein hartes Stück Arbeit, und vor dem Lachen flossen einige Tränen, denn ganz so leicht ist es dann doch nicht, sich von alten Denkweisen zu trennen. Doch schließlich begriff ich: Früher hatte ich mir immer wieder selbst im Weg gestanden und mir mit einer pessimistischen Haltung und irrigen Annahmen darüber, wie die Welt angeblich funktioniert, meinen Erfolg verhindert. Das sollte ab sofort anders werden!

Uschis Job-Prinzip Nr. 6:
Lass andere für dich arbeiten!

Es ist gar nicht so einfach, die Glaubenssätze ausfindig zu machen, die uns am Erfolg hindern. Vielleicht erkennen Sie sich in meinen Glaubenssätzen wieder und können Ihre nun leichter loslassen. Wenn nicht, dann lassen Sie sich helfen, beispielsweise von einem Coach. Gönnen Sie sich ein Coaching und entdecken Sie, wie viel einfacher das Leben plötzlich wird, wenn Sie wirklich bereit sind, den Erfolg in Ihr Leben zu lassen!

Seien Sie nicht irritiert, meine Liebe, ich empfehle Ihnen jetzt nicht, sich unbedingt selbständig zu machen, nur weil Sie in einer beruflichen Situation stecken, in der Sie nicht weiterkommen. Sie können jede Ausgangslage verändern, wenn Sie Ihre Opferhaltung verlassen, Verantwortung für Ihr Leben übernehmen und aktiv werden. Die berufliche Selbständigkeit ist nur eine Möglichkeit unter vielen – allerdings eine, die Ihnen am meisten Gestaltungsfreiraum bietet. Doch nicht jeder Frau liegt es, freiberuflich zu arbeiten. Wenn Sie eine Tätigkeit als Angestellte vorziehen, dann heißt das nicht, dass Sie Ihren Leidensdruck länger aushalten müssen. Überlegen Sie, was Sie im Rahmen Ihres Jobs ändern können, wenn Sie unzufrieden sind, und sprechen Sie darüber mit Ihren Vorgesetzten. Oft ist mehr Bereitschaft vorhanden, gute Arbeitskräfte weiterhin an das Unternehmen zu binden, als Sie vielleicht vermuten. Wenn es aber in Ihrer jetzigen Firma keine attraktive Perspektive für Sie gibt, dann sollten Sie sich schleunigst eine Alternative überlegen und sich nach einer neuen Tätigkeit umschauen. Wenn Sie all Ihre störenden Glaubenssätze ausgemistet haben und wenn Sie wissen, was Sie wollen, dann werden Sie auch schnell etwas Besseres finden.

Mit dem Kopf durch die Wand macht hässliche Beulen

Wenn ich früher merkte, dass etwas nicht so gut klappte, dann strengte ich mich erst einmal an. Es konnte ja sein, dass es an mir lag, dass die Früchte meiner Ernte mir noch nicht in den Schoß fielen. Also klotzte ich richtig ran. Hinter diesem Verhalten verbarg sich die Annahme, dass, wenn ich mich nur richtig bemühte, es am Ende garantiert klappen würde. Leider war das ein Irrtum. Deswegen nenne ich dieses Verhalten auch mittlerweile die Mit-dem-Kopf-durch-die-Wand-Methode.

Ich war damals eben noch keine richtige Uschi. Ich ging davon aus, dass ich für alles kämpfen müsste, weil die Welt um mich herum *per se* gegen mich ist. Ein Irrtum – und auch einer von diesen abstrusen Glaubenssätzen. Manche Sachen funktionieren eben einfach nicht. Sie können noch so fest daran glauben oder sich den Erfolg wünschen – entweder hält das Leben diese Chance für Sie bereit oder nicht. Sich dafür anzustrengen und mit dem Kopf durch die Wand zu gehen wird Sie nicht weiterbringen, wenn es einfach nicht sein soll. Sie kennen sicherlich die Aufforderung: »Sei spontan!« Dieser Appell ist schon ein Widerspruch in sich. Man kann nicht auf Kommando spontan sein. Sie können sich noch so sehr anstrengen, es wird nicht möglich sein. Und manche Vorhaben lassen sich nicht in die Tat umsetzen, nur weil Sie sich bemühen und sich ihre Verwirklichung wünschen.

Sie können sich sicherlich vorstellen, wie ermüdend, ja sogar schmerzhaft das krampfhafte Wollen sein kann. Wenn man mit dem Kopf durch die Wand will, dann verursacht das in der Regel hässliche Beulen. Dass der Erfolg dann auch eintritt, nur weil man sich wehgetan hat, ist meiner Meinung nach so sicher wie ein Gewinn beim Roulettespiel. Wer diese Methode propagiert, hat sich von der protestantischen Ethik verführen lassen: Man muss arbeiten, bis man umfällt. Man muss sich bemühen, man muss sich opfern, man muss hart kämpfen und sich seine Erfolge so richtig verdienen. Bei mir hat ein solches Vorgehen nicht funktioniert, und wenn es doch einmal klappte, dann habe ich einen hohen Preis dafür gezahlt.

Uschis wissen, dass es auch anders geht. Uschis sind Frauen, die das Leben leicht nehmen. Uschis lassen sich helfen und vertrauen darauf, dass sie die Unterstützung bekommen, die sie brauchen. Hässliche Beulen sind einer Uschi unwürdig. Rückblickend muss ich sagen, dass ich, bevor ich die Uschi-Prinzipien verinnerlichte, mehr Beulen als Erfolge vorweisen konnte. Wie oft bin ich irgendwelchen dämlichen Karotten hinterhergelaufen, nur weil man sie mir als erstrebenswert vor die Nase gehalten hatte. Ich verbiss mich in unerreichbare Ziele und unlösbare Probleme, achtete nicht darauf, wie ich dabei Kräfte verschwendete, mich verletzte und verletzen ließ und wie ich immer mehr die Achtung vor mir verlor, weil die ersehnten Ziele in immer weitere Ferne rückten.

Als Trainerin hatte ich mir zum Beispiel einmal in den Kopf gesetzt, Architekten zu trainieren. Ich fand diese Branche faszinierend und hatte bei Freunden, die größtenteils Architekten sind, festgestellt, dass sie nicht unbedingt gut organisiert sind. Ich bin Fachfrau für Projektmanagement, also fand ich es absolut nahe liegend, den chaotischen Baumeistern etwas Ordnung in ihre Vorhaben zu bringen. Leider wollte mich niemand engagieren. Ich schrieb Angebot um Angebot und bekam eine Absage nach der anderen. Ich versuchte über private Kontakte an die entscheidenden Menschen heranzukommen, redete mir den Mund fusselig, damit sie mich engagierten, aber sie waren nicht interessiert. Jegliche Aktion, die ich startete, wurde zwar zur Kenntnis genommen, führte aber nicht zu einem Auftrag. Was ich bei meinen Vorhaben übersah, war, dass Architekturbüros während eines Bauvorhabens fürchterlich im Stress sind und keine Zeit für ein Training haben. Wenn das Projekt fertig gestellt ist und nicht schon der nächste Auftrag in Sicht ist, geht es den Büros meist so miserabel, dass viele Mitarbeiter entlassen werden. Erst wenn der nächste Auftrag eingetroffen ist, wird wieder eingestellt. Personalentwicklung und Weiterbildung werden also nicht betrieben. Natürlich hatten sie kein Interesse an einem Training! Erst als ich das verstand, hörte ich auf, Leiter von Architekturbüros zu nerven. Fortan unterrichtete ich arbeitslose Architekten. Diese hatten genügend Zeit, um sich neue Kompetenzen anzueignen, und waren froh über das, was ich ihnen zu bieten hatte. Das war typisch: Mit der Kopf-durch-die-Wand-Methode hatte ich mir lange Zeit den Blick für neue Chancen verstellt.

Uschis Job-Prinzip Nr. 5: Leg endlich los!
Verplempern Sie nicht zu viel Zeit mit aussichtslosen Plänen, sondern halten Sie die Augen offen für Projekte, die Sie Ihrem Ziel näher bringen. Probieren Sie Dinge aus, die Sie vorher für völlig abwegig hielten. Vielleicht führt Sie gerade die nächste Herausforderung zum Ziel.

Heute schaue ich mir die Karotten (die Projekte) genau an, die mich locken wollen. Und wenn ich den Weg zu einem Ziel, das ich erreichen möchte, als sehr schwierig einschätze, dann optimiere ich die Ausgangsbedingungen, so dass ich es müheloser und ohne Beulen erreichen kann. Oder ich verzichte auf dieses Ziel. Ich bin eine Uschi, ich kann wie eien Königin wählen, womit ich meine wertvolle Zeit verbringe.

Ich sorge beispielsweise für genügend Zeit, um mit Würde und Hingabe meine hervorragenden Qualitäten einzusetzen. So leicht lasse ich mich nicht mehr dazu überreden, »mal eben schnell« etwas für eine Kollegin zu erledigen. Ich habe früher in einem Unternehmen gearbeitet, in dem dieses »Mal eben schnell« zum guten Ton gehörte. Mich nervte diese Erwartung von Anfang an, und ich beschloss, dieses Spiel nicht mehr mitzuspielen. Wenn man mir eine Aufgabe übertrug, fragte ich sehr genau nach, was ich zu tun hätte, schätzte die Zeit ein, die ich zur Erledigung dieser Aufgabe brauchte, und machte einen Terminvorschlag, wann ich realistischerweise damit fertig sein würde. Die Leute waren in der Regel perplex, schließlich wollten sie mir doch nur »mal eben schnell« was aufs Auge drücken. Die Verwunderung war aber leicht auszunutzen! Da sie meinen Gegenvorschlag nicht erwartet hatten, stimmten sie meist zu. So hatte ich genügend Freiraum, brillante Ergebnisse zu erarbeiten, mit denen ich die mir zustehende Wertschätzung auch erhielt.

Ich bin es einfach leid, Vorhaben auf Teufel komm raus realisieren zu wollen, besonders wenn man einschätzen kann, dass es aussichtslos ist, diese in der vorgegebenen Zeit zu bewältigen. Heute bin ich eine Uschi und finde es unköniglich, mich in Vorhaben zu verbeißen wie ein kleiner, keifender Terrier. Lieber sage ich auch einmal nein. Früher dachte ich in solchen Situation häufig, ich hätte zu wenig Durchhaltevermögen, und schalt mich für meine angebliche Schwäche. Oder schlimmer noch: Ich hatte das Gefühl, ich sei gescheitert, selbst wenn ich eine Sache aufgab, die ganz offensichtlich stranden musste. So ein Quatsch! »Scheitern« ist ein Lieblingswort der Deutschen. Wie schnell ist man hierzulande unten durch und bekommt kaum noch einen Fuß auf den Boden, wenn zum Beispiel ein selbständiges Projekt aufgegeben werden musste, weil es nicht genügend zum Leben einbrachte. In den USA ist das ganz anders. Dort würdigt man die Lerneffekte aus abgebrochenen Unternehmungen und fängt wieder etwas Neues an. Genauso mache ich das mittlerweile auch: Ich wechsele die Strategie und wenn nötig auch das Ziel, wenn ich erkenne, dass ich wieder einmal zu lange auf der Stelle trete. Das heißt natürlich nicht, dass ich mich wie ein Fähnchen im Wind verhalte und völlig unzuverlässig bin. Natürlich bemühe ich mich und kämpfe dafür, meine Träume zu verwirklichen. Natürlich arbeite ich mit aller Kraft und aller Liebe. Aber ich renne nicht mehr mit dem Kopf gegen die Wand, um Erfolge zu erzwingen, ich trauere entgangenen Jobs oder Projekten nicht mehr nach, ich verkrampfe mich nicht mehr, wenn etwas nicht auf Anhieb klappt, und ich halte die Augen offen für das, was mir die Welt noch zu bieten hat. Die nächste Aufgabe, bitte!

Energiezocker pur: die »Mehr-vom-Selben«-Methode

Es ist fast wie ein Gesetz. Ich mache es. Alle machen es. Obwohl wir es mittlerweile eigentlich besser wissen müssten. Tritt ein Problem auf, versuchen wir es hartnäckig mit einer ganz bestimmten Methode zu lösen, selbst wenn es partout nicht funktioniert. Wir sind von der Richtigkeit unserer Maßnahmen überzeugt und bleiben stur bei unserer Vorgehensweise. Doch leider nützt das nichts. Die Methode »Mehr vom Selben« funktioniert einfach nicht. Kein Wunder, sie ist der Mit-dem-Kopf-durch-die-Wand-Methode verdammt ähnlich. Es kann nicht klappen, wenn man zum hundertsten Mal das Falsche probiert. Und selbst wenn es gelingen würde, ist es einer Königin überhaupt würdig, so lange auf ein Erfolgserlebnis zu warten und dabei wertvolle Kräfte zu verschwenden? Unsere Energien setzen wir Uschis lieber an anderen Stellen ein, wo ein Erfolg nahe liegender ist, statt uns von unsinnigen Vorhaben abzocken zu lassen.

Sie kennen diese Situation sicherlich: Ein Streit eskaliert, man wirft sich die Argumente und Gegenargumente an den Kopf, es wird immer lauter und keine Lösung ist in Sicht. Meist liegt das an der »Mehr-vom-Selben«-Methode. Die Streithähne wiederholen ständig dieselben Argumente, in dem Glauben, der jeweils andere hätte sie noch nicht verstanden. Besondere Schlaumeier kleiden ihr Argument in verschiedenste Wortvariationen, um es dem Gegner auf diese Weise scheinbar leichter zu machen, es endlich zu verstehen. Dabei geht es gar nicht wirklich um ein Verständnis. Die jeweiligen Konfliktparteien erwarten die schlichte Einsicht, dass man ihre Meinung übernehmen müsse, weil sie die plausiblere ist. Da die andere Partei aber mit aller Macht eine andere Vorstellung vertritt, ist ein Ende der Auseinandersetzung bei Anwendung dieser Strategie nicht in Sicht. Konflikte können nur gelöst werden, wenn mindestens eine Partei sich bewegt. Eine gute Möglichkeit, um den Streit zu schlichten, besteht darin, nach neuen, bisher in der Diskussion noch gar nicht berücksichtigten Argumenten zu suchen. Oftmals ist die dadurch gefundene Lösung dann sogar für beide Parteien ein Gewinn, ohne dass einer nachgeben musste.

»Mehr vom Selben« bedeutet, dass man für bestimmte Probleme stets dieselben Lösungsversuche startet. Merkwürdigerweise kommt man sich dabei häufig noch nicht einmal stur und unnachgiebig vor. Das hat seine Ursache: Man wähnt sich im Recht. Inhaltliche oder moralische Gründe sprechen eindeutig für die eigene Ansicht. Man ist von der persönlichen Position so überzeugt, dass sie die einzig sinnvolle Lösungsidee zu sein scheint, nach der sich alle anderen zu richten haben. Doch die »Mehr-vom-Selben«-Methode führt zur Eskalation. Der Streit wird immer lauter, die Situation immer aussichtsloser.

Wenn Sie wirklich etwas erreichen wollen, dann vergessen Sie die »Mehr-vom-Selben«-Methode. Uschis geben sich sowieso nicht mit der nächstbesten Möglichkeit zufrieden. Für Uschis gibt es nur das Nonplusultra. Suchen Sie nach einer erstklassigen Strategie, nach einer königlichen Vorgehensweise. Dazu müssen Sie kreativ werden. Finden Sie die für Ihr Problem passende Lösung, anstatt Ihre wertvolle Zeit und Energie mit der »Mehr-vom-Selben«-Methode zu vergeuden.

Uschis Job-Prinzip Nr. 1: Sei eine Königin!

Königinnen wissen, wie wertvoll Zeit ist und wie wertvoll Freunde sind. Deswegen vergeuden Uschis ihre kostbare Zeit auch nicht mit der aussichtslosen »Mehr-vom-Selben«-Strategie und riskieren auch keine Freundschaften mit unsinnigen Konfliktlösungsversuchen. Uschis sind weise Königinnen, die bessere Strategien auf Lager haben!

Sie sind noch nicht überzeugt? Ach! Ich bin sicher, Sie kennen die »Mehr-vom-Selben«-Methode. Wie sieht es etwa damit aus, dass viele Arbeitslose Hunderte von Bewerbungen schreiben, ohne dadurch an einen Job zu kommen? Was würden Sie diesen Menschen raten? Natürlich würden Sie ihnen empfehlen, ihr Ziel und ihre Strategie noch einmal zu überprüfen und nicht wieder und wieder das Gleiche zu tun. Vielleicht bewerben sie sich für einen Job, der gar nicht ihren Qualifikationen entspricht, vielleicht müssen sie in einer anderen Region nach einem entsprechenden Arbeitsplatz suchen, oder aber sie machen entscheidende Fehler bei ihren Bewerbungsunterlagen. Ohne Zweifel, bei anderen Menschen können wir sofort Verhaltensweisen aufdecken, die verhindern, dass man das gewünschte Ziel erreicht. Diese aber bei sich selbst zu erkennen ist gar nicht so einfach. Die »Mehr-vom-Selben«-Methode ist nämlich ziemlich hinterhältig, da bequem. Man fühlt sich im Recht und man ist schließlich nicht tatenlos. Es liegt nur an den anderen, dass es immer noch nicht klappen will.

Uschis wissen, dass das nicht stimmt. Uschis nehmen ihr Leben in die Hand, wenn ihnen etwas nicht passt. Uschis übernehmen die Verantwortung für sich und ihr Wohlbefinden. Wenn eine Methode nicht zum Erfolg führt, dann überlegt sich eine Uschi eben eine neue. Deswegen lachen Uschis auch über die »Mehr-vom-Selben«-Methode und halten sich an die Job-Prinzipien, um ihre Vorhaben müheloser zu verwirklichen.

Mangel macht unattraktiv

Es gab einen weiteren Glaubenssatz, von dem ich vollkommen überzeugt war und der mir früher das Leben schwer gemacht hat. Ich fühlte mich benachteiligt und völlig allein auf der Welt. Lange Zeit nahm ich diese Überzeugung als gegeben an, ich überprüfte nicht, woher ich sie eigentlich hatte und warum ich sie wie ein allgemein gültiges Gesetz betrachtete. Wenn es im Beruf nicht so gut lief, versank ich stets in Selbstmitleid und fühlte mich von allen verlassen. Ich hatte das Gefühl, dass alle Welt um mich herum von dem sogenannten »Vitamin B« – der Unterstützung durch Bekannte – profitierte, nur ich nicht. Mir half keiner. Es war einfach schrecklich. Und das Schlimmste war: Es stimmte tatsächlich. Mir griff wirklich keiner unter die Arme. Das Fatale an so einer Überzeugung ist: Wenn ich davon ausgehe, dass mir niemand helfen wird, dann hilft mir auch keiner.

Ich begriff damals nicht, dass dies alles nur eine Frage der Perspektive ist. Nicht nur, dass andere uns nicht unterstützen, wenn wir uns in diese Stimmung hineinmanövrieren, in der wir uns einzig als armes Hascherl fühlen. Wir nehmen uns dabei auch selbst jegliche Kraft, um andere Maßnahmen ergreifen zu können. Wir ertrinken im Selbstmitleid und suhlen uns im Elend. Leider ist dieser Zustand ziemlich unattraktiv. Die Welt liebt erfolgreiche Menschen, aber auch die beste Freundin erträgt ein heulendes Elend nicht länger als drei Abende hintereinander. Ungerecht, aber wahr.

Uschis Job-Prinzip Nr. 7:
Gehe niemals ohne Glitzer!

Hören Sie auf zu jammern, denn schlechte Laune macht nur Falten. Strahlenden, attraktiven Menschen wird gerne geholfen, die Jammerer lässt man links liegen. Also kommen Sie raus aus Ihrem Stimmungstief und probieren Sie es mal mit einem Lächeln! Lassen Sie sich von Ihrem Friseur trösten und versuchen Sie wieder ein wenig zu glitzern! Schon sieht das Leben viel besser aus – und die Leute sind viel netter zu Ihnen.

Jammern ist so sexy wie die ausgebeulte Jogginghose dnes Partners. Beides sind untrügliche Zeichen dafür, dass man sich gehen lässt. Es ist ein Irrtum, anzunehmen, dass man sich umso mehr hängen lassen könne, je vertrauter man miteinander ist. Genauso wenig, wie wir es schätzen, wenn unser Partner nicht mehr in trendigen Shorts, sondern plötzlich nur noch in Jogginghosen zu Hause herumhängt, genauso wenig schätzen unsere Freundinnen permanentes Jammern. Beides ist letztlich eine Art Verwahrlosung. Man glaubt sich der Zuneigung des Gegenübers so sicher zu sein, dass man meint, keine Rücksicht mehr nehmen zu müssen. Natürlich sind Freundinnen und Partner dazu da, dass wir uns bei ihnen mal ausweinen oder es uns hin und wieder bequem machen dürfen. Wo können wir das schon, wenn nicht bei ihnen? Ein solches Verhalten darf nur nicht zur Gewohnheit werden. Überstrapazieren Sie das Glück nicht, das Sie mit diesen Menschen haben! Jammern ist ebenso unattraktiv wie ein vernachlässigtes Äußeres. Passen Sie auf, dass Ihr Partner oder Ihre Freundin sich nicht anderweitig umschaut, während Sie zerknautscht in einer Sofaecke herumsitzen und sich lautstark bemitleiden.

Eine bessere Strategie, als sich selbst zu bejammern, ist es, von einer Welt der Fülle auszugehen. Fülle bedeutet, dass für alle genügend da ist und dass es immer jemanden gibt, der bereit ist, uns zu helfen. Auch wenn Ihre Skepsis (noch) groß ist, das macht nichts. Die Welt der Fülle ist auch für diejenigen da, die nicht daran glauben. Es bringt also nichts, Sie überzeugen zu wollen. Ich ignoriere einfach Ihre Zweifel und erzähle Ihnen, wie es bei mir weiterging.

Ich kannte diese Art zu denken früher auch nicht. Lange Zeit wunderte ich mich darüber, wieso es bei mir nicht optimal lief, ohne zu bemerken, dass die sinnbildlich ausgebeulte Jogginghose mein Lieblingskleidungsstück war. Ich lähmte mich durch Selbstmitleid und mit einer pessimistischen Grundhaltung. Es machte bei mir erst »klick« im Gespräch mit einer

Bekannten, die mir von Erfahrungen erzählte, die auch ich ständig machte. Sie wollte mit anderen selbständig arbeitenden Kollegen in Kontakt kommen, damit sie sich in beruflichen Fragen gegenseitig unterstützen konnten. So recht funktionierte es nicht. Niemand wollte sie in schon vorhandene Netzwerke integrieren. In diesem Gespräch sagte sie einen Satz, der sich förmlich in mein Gedächtnis einbrannte: »Mangel macht unattraktiv.« Sie meinte damit, dass niemand wirklich Lust hat, mit jemandem Zeit zu verbringen, der immer nur herumlamentiert. Die anderen hatten einfach keine Lust, ständig nur zu geben und zu geben – und schon gar nicht einer jammernden Person, die anschließend noch weiterjammerte. Dass man sich gegenseitig unterstützen sollte, war zwar in den Köpfen der Bekannten, aber in ihrem Verhalten zeigte sich nichts dergleichen.

Mich berührte dieser Satz ungemein. In den nächsten Wochen beobachtete ich mein eigenes Vorgehen und erschrak ganz gehörig. Tatsächlich, auch ich klagte ständig. Gut, zu dieser Zeit war meine Lebenssituation wirklich nicht die beste. Ich war schon seit einigen Monaten arbeitslos und es war kein Licht am Ende des Tunnels zu sehen. Aber brachte es mir etwas, wenn ich ständig davon sprach, wie schlecht es mir ging? Nein. Ich glaube, ich war in dieser Zeit eine schreckliche Nervensäge, hatte eine miserable Körperhaltung und vor allen Dingen eine immens schlechte Ausstrahlung.

»Mangel macht unattraktiv.« In der Tat! Natürlich war ich arbeitslos und natürlich war mein Leben zu dieser Zeit alles andere als schön. Aber trotzdem war ich noch ich. Alles, was ich mir in den Jahren zuvor erarbeitet hatte, all mein Wissen war noch in mir. Ich hatte immer noch eine Menge zu bieten, aber ich konnte es nicht mehr wertschätzen. Ebenso wenig war ich in der Lage, Möglichkeiten wahrzunehmen, die mir immer wieder angeboten wurden. Ich war so fixiert darauf, eine ganz bestimmte Arbeit zu bekommen, dass ich Chancen auf ein Praktikum, Chancen auf eine Kooperation und Chancen auf eine Weiterbildung überhaupt nicht sah. Natürlich wären diese Perspektiven nicht der direkte Weg zu dem ersehnten Job gewesen. Vielleicht hätten sie sogar, wenn ich sie ergriffen hätte, eine Änderung meines ursprünglichen Zieles verursacht. Aber wäre es nicht besser gewesen, überhaupt etwas zu tun? Stattdessen saß ich nur rum, bemitleidete mich und ging der Welt mit meinem Jammern und meinen unsinnigen Bitten um Hilfe auf die Nerven.

Wir unterschätzen oft, was wir alles zu bieten haben. Manchmal stehen wir uns mit diesem Die-anderen-sind-viel-toller-als-ich-Blick gründlich im Weg. Wir achten dann nicht mehr darauf, was *unsere* Besonderheiten sind, sondern wir sehen nur noch das, was die anderen haben. So ein Quatsch. Genau das bringt uns nicht weiter. Wir sollten schauen, was unsere speziellen Fähigkeiten sind.

******************************* U

Uschis Job-Prinzip Nr. 7:
Gehe niemals ohne Glitzer!

Für Ihr Selbstmarketing gilt das Gleiche wie für Ihr Styling. Betonen Sie Ihre Stärken. Fortan reden Sie nur noch darüber, was Sie alles Tolles können und zu bieten haben, statt sich kritisch mit anderen zu vergleichen. Sie werden sehen: Die Welt wird schnell erkennen, was sie an Ihnen hat!

****

Jetzt überlegen Sie krampfhaft, was Sie zu bieten haben? Ich bin mir sicher, dass es eine ganze Menge ist. Nur auf Knopfdruck fällt uns das oft nicht ein. Mein Vorschlag: Bekleben Sie eine Wohnungstür (am besten die, die in das Zimmer führt, in dem Sie sich vorwiegend aufhalten) mit Packpapier und notieren Sie in den nächsten Tagen alles, was Sie können und worüber Sie viel wissen – und scheint es auch noch so nebensächlich zu sein. Sie werden erstaunt sein, welche Fülle Sie zu bieten haben. Seien Sie nicht zu kritisch mit sich und fangen Sie nicht an, sich zu zensieren. Alles ist nützlich, egal ob Sie gut organisieren, mit zehn Fingern auf dem Computer tippen oder pragmatisch denken können. Vergessen Sie auch die scheinbar unbedeutenden Talente wie Häkeln oder einen grünen Daumen nicht. Alles, was Sie auflisten, könnte die Grundlage für Ihren nächsten Job sein. Oder Sie könnten mit Ihren Fähigkeiten einem anderen Menschen einen Gefallen tun. Lassen Sie Ihre Notizen an der Tür hängen. Sie werden von Tag zu Tag stolzer sein, was Sie alles zu bieten haben! Schreiben Sie wirklich alles auf. Oft erkennen wir nicht, was wir wirklich können, weil wir bestimmte Sachen für selbstverständlich halten. Das sind sie aber nicht. Denn nur Sie können diese Kombination aus bestimmten Fähigkeiten und Erfahrungen bieten. Diese sind Ihr ganz persönlicher Beitrag für die Welt. Entsprechend wertvoll ist er.

Und wenn Sie das nächste Mal wieder in Selbstmitleid zu zerfließen drohen, dann schauen Sie das beschriebene Packpapier an und überlegen Sie, was Sie mit dieser Fülle als Nächstes anstellen können. Ins Bett zu kriechen oder einer Freundin am Telefon die Ohren voll zu jammern ist dann nicht mehr nötig.

Neid bremst

In meinem Leben hatte eigentlich fast alles *irgendwie* geklappt. Wenigstens konnte ein Außenstehender diesen Eindruck gewinnen. Nur ich selbst wusste, dass vieles auch schief gegangen war. Doch angesichts einer äußeren Betrachtung konnte man zu dem Schluss kommen, dass ich mein Leben ganz gut im Griff hatte. Gleichzeitig fühlte es sich falsch an. Mein Weg war mehr als mühsam, und viele Bestellungen, die ich beim Universum abgegeben hatte, blieben ohne Konsequenz. Bei alldem störte mich eine Tatsache besonders: mein Neid auf andere, meine Missgunst.

********************************** U

Uschis Job-Prinzip Nr. 1: Sei eine Königin!

Neid macht hässlich. Gönnen wir doch den anderen ihr Leben und lernen wir von ihnen. Königinnen brauchen nicht missgünstig zu sein, weil Sie wissen, wie viel Klasse sie besitzen.

****

Ja, letztlich war ich immer wieder unzufrieden und neidisch. Neidisch auf die, die besser verdienten als ich. Neidisch auf die, die eine große Karriere gemacht und einen Superjob hatten. Neidisch auf irgendwelche Leute, die ich weder kannte noch kennen lernen wollte, weil sie mir sowieso unsympathisch waren, und neidisch auch auf Freunde, die es im Leben augenscheinlich leichter hatten. Freunde, denen Dinge zuflogen, die ich auch gerne gehabt hätte: gute Noten, einen Förderer, den Job oder den Auftrag, der die besten Möglichkeiten zur Weiterentwicklung bot, und nicht zuletzt all die kleinen Dinge, die das Leben angenehmer machen und den anderen zeigen: »Hey, ich verdiene im Gegensatz zu Euch eine ganze Menge Geld.«

Im Grunde stand ich gar nicht auf Statussymbole. Zumindest hatte ich mir das so lange eingeredet, bis ich es auch irgendwann glaubte. Es war ein gut funktionierender Trick, sich einfach einzureden, dass Statussymbole albern seien; auf diese Weise konnte man sie wenigstens nicht vermissen. Aber es wäre unehrlich gewesen, wenn ich behauptet hätte, mir fehle nichts. Der subtile Neid nagte an mir, das war nicht zu leugnen. Ohne zu wissen, was mir fehlte, fühlte ich mich latent unzufrieden. Es brauchte allerdings einige Zeit, bis ich herausfand, was der wirkliche Grund für meinen Missmut war: Mir fehlte ein zufriedenes Leben.

Das klingt einfach, aber dennoch fragt man sich: Wie soll es eigentlich funktionieren, das zufriedene Leben? Gibt es dafür ein Patentrezept? Ich behaupte: ja! Wir müssen die Wirklichkeit akzeptieren und zugleich herausfinden, wovon wir noch träumen. Worin soll der Sinn des Lebens für uns bestehen? Was sind die Dinge, die uns zufrieden machen?

Vor Ihnen liegt keine unendlich schwierige Aufgabe, die kaum zu erfüllen ist. Fangen Sie gar nicht damit an, das zu glauben. Es ist überhaupt nicht kompliziert – und die Lösung liegt förmlich auf der Hand. Neid kommt auf, wenn wir uns mit anderen vergleichen. Das sollten wir zwar auf jeden Fall tun, denn nur so können wir von denen lernen, die besser sind als wir. Wir dürfen uns dabei nur nicht selbst abwerten, sondern sollten darauf vertrauen, dass jeder von uns etwas ganz Spezielles, etwas sehr Wertvolles zu bieten hat.

Wenn wir wissen, was wir alles zu bieten haben, brauchen wir auch nicht mehr neidisch auf andere zu sein. Sich selbst abzuwerten bringt uns nicht weiter. Diese Situation ist Ihnen vielleicht vertraut. Jemand lobt Sie für etwas und Sie antworten: »Ach, das war doch ganz einfach. Nicht der Rede wert!« Nehmen Sie das Lob an, freuen Sie sich daran. Kennen Sie die norddeutsche Antwort auf Dankesworte? »Dafür nicht« wird Ihnen erwidert, wenn Sie sich für einen Gefallen bedanken. So ein Unsinn! Wenn man jemandem geholfen hat, dann kann man seinen Dank auch annehmen. Wenn wir stolz darauf sind, was wir geleistet haben, dann bekommen wir davon ein gesundes Selbstbewusstsein. Dank anzunehmen ist eine wertvolle Hilfe, sich seiner Fähigkeiten bewusst zu werden. Wer braucht dann noch Neid? Wenn wir darauf vertrauen, dass wir toll sind, können wir authentisch handeln und andere von uns überzeugen.

Wir müssen eigene Stärken und besondere Eigenschaften

unserer Persönlichkeit entwickeln und forcieren, statt neidisch auf andere zu schielen. Das gelingt nur, wenn wir uns unterschiedlichen Erfahrungen aussetzen und aus diesen unsere individuellen Schlüsse ziehen. Wir können nur herausfinden, was uns glücklich und zufrieden macht, wenn wir mehrere Möglichkeiten ausprobieren. Dabei werden wir eine Reihe schöner Begebenheiten haben und auch ein paar weniger angenehme Dinge zu spüren bekommen. Nichts anderes ist Leben. Jetzt liegt es an uns, welche Erkenntnisse wir aus diesen Erlebnissen gewinnen. Wir müssen herausfinden, was uns gut tut und was nicht.

Statt andere zu beneiden, sollten wir unsere Wünsche und Ziele so formulieren, dass sie uns helfen, das, was wir können, gewinnbringend einzusetzen. Mir ging es früher manchmal so, dass ich alles das haben wollte, was meine Freundinnen und Kolleginnen auch hatten. So ein Verhalten ist im Sandkasten noch in Ordnung, wenn man glaubt, nicht ohne das begehrte Förmchen leben zu können. Uschis sind aber erwachsene Frauen, die zwar wissen, dass sehr vieles möglich ist, sogar mehr, als wir gemeinhin glauben, dass wir aber trotzdem nicht immer alles bekommen, was wir uns wünschen. Weil es uns nicht gut tun würde. Die Erfüllung unserer Wünsche ist nur dann sinnvoll, wenn sie uns zu unserem wahren Kern führen. Neid bringt also nichts.

Deswegen ist es sinnvoll, unsere Wünsche genau zu prüfen. Wenn wir immer noch alles wollen, dann hilft es, unsere Vorlieben in eine Reihenfolge zu bringen, um zu sehen, wie wertvoll uns die einzelnen Dinge sind. Alles können wir nicht haben – manche Wünsche widersprechen sich oft gegenseitig, andere sind nun mal nicht gleichzeitig erfüllbar. Also liegt es an uns, eine ganz persönliche Wunschliste aufzustellen.

Uschis Job-Prinzip Nr. 3: Wünsch dir was!

Achten Sie darauf, eine Reihenfolge in Ihre Wunschliste zu bringen. Das geht am einfachsten, wenn Sie jeweils Wunsch-Paare bilden und sich zunächst zwischen diesen beiden Wünschen entscheiden. So können Sie sich Schritt für Schritt zu einer Reihenfolge entschließen.

Vor ein paar Jahren machte ich einmal mit einer Freundin einen ausführlichen Persönlichkeitstest, den ich von einer Kollegin zum Ausprobieren erhalten hatte, um herauszufinden, wie die Prioritätenliste unserer Werte aussehen könnte. Die Ergebnisse waren sehr aufschlussreich. Wir fanden heraus, dass bei meiner Freundin Sicherheit den höchsten Stellenwert hatte, während bei mir Flexibilität ganz oben auf der Liste stand. Einen deutlicheren Unterschied konnte es kaum geben. Auch wenn ich es schon vorher geahnt hatte, war nun klar geworden, dass ich, wenn ich ein Leben wie meine Freundin führen würde, nicht glücklich wäre – selbst wenn ich hin und wieder neidisch darauf schaute. Mit meinem starken Wunsch nach Flexibilität brauchte ich sie um ihren Job als Hausfrau und Mutter von drei Kindern nicht zu beneiden. So zufrieden sie in dieser Situation auch ist, mich würde dieses Leben einengen. Meine Freundin würde dagegen niemals mit mir tauschen wollen und meine Selbständigkeit mit all ihren Unwägbarkeiten favorisieren. Sie findet mein Leben zwar spannender und abwechslungsreicher als ihres und hört sich gern meine Geschichten an, aber auf keinen Fall würde sie dafür ihr eigenes trautes Heim aufgeben.

Immer wenn ich mich wieder einmal dabei ertappe, dass ich auf jemanden neidisch bin und unbedingt das haben möchte, was der oder die andere hat, denke ich an diesen Test. Jeder Mensch hat seine persönliche Prioritätenliste, und ein anderer hat das, worauf ich gerade neidisch bin, auch nur, weil es zu seinen Vorlieben passt. Meine Vorlieben liegen woanders, und da man nicht alles auf einmal haben kann, muss eine Auswahl getroffen werden. Ich muss mir also gut überlegen, was ich mir wünsche.

Jetzt müssen Sie nicht denken, dass ich Ihnen das Wünschen und Träumen verbieten will. Im Gegenteil! Es ist sehr wichtig, dass Sie Ihre Sehnsüchte kennen. Wie sollten Sie sonst herausfinden, welches Leben das richtige für Sie ist? Aber Sie müssen die Entscheidung treffen, was auf Ihrer Liste ganz oben stehen soll, denn sonst treiben Sie mehr oder weniger ziellos durchs Leben. Wenn Sie alles wollen, was auf dieser Welt zu erreichen ist, irren Sie von links nach rechts. Überall liegen glitzernde Dinge auf dem Weg – aber *Ihren* ganz persönlichen Weg zur Zufriedenheit finden Sie auf diese Weise nicht. Also träumen Sie, aber schmeißen Sie den Neid aus Ihrem Leben!

Uschis Job-Prinzip Nr. 6:
Lass andere für dich arbeiten!

Es schadet nie, sich bei seinen Mitmenschen etwas abzuschauen und sich von ihnen den einen oder anderen Tipp geben zu lassen. Man muss ja nicht jeden Fehler wiederholen, den schon viele vor Ihnen gemacht haben. Tauschen Sie sich mit Freundinnen, Kolleginnen und Nachbarinnen aus, beobachten Sie sie und lernen Sie von Ihnen. Ein Plagiat ist die ehrlichste Form der Anerkennung! Aber achten Sie immer darauf, dass Sie dabei nicht von Ihrem persönlichen Weg abkommen.

Neid bringt uns nicht weiter. Jede Uschi muss ihr eigenes Leben führen. Und das ist gut so.

Als ich mich nach der Pleite meines Arbeitgebers um eine neue Anstellung bemühte und viele Bewerbungen schrieb, war mein Ansinnen schon im Vorfeld zum Scheitern verurteilt. Das lag zwar auch an der wirtschaftlichen Situation nach dem 11. September 2001, aber nicht nur. Natürlich bemerkte ich das nicht, da man oftmals den Wald vor lauter Bäumen nicht sieht. Aber immerhin spürte ich, dass ich irgendetwas falsch machte, und entschied mich, wie ich schon sagte, für ein Coaching. Meine Trainerin überprüfte zu Beginn meine Bewerbungsunterlagen und konnte nichts Mangelhaftes daran entdecken. Anschließend beschäftigten wir uns mit meinen Zielvorstellungen. Diese hatte ich schon lange vor dem Treffen formuliert, so dass auch in dieser Hinsicht nichts zu verbessern war. Mein Coach konnte sich zunächst auch nicht erklären, wieso es mit mir und den Vorstellungsgesprächen partout nicht klappen wollte.

Ich weiß nicht mehr genau, was der Auslöser war, aber plötzlich fing ich an zu weinen. Und zwar ganze Sturzbäche. Mit einem Mal wurde mein Problem sichtbar. Ich weinte aus Scham. Ich weinte, weil ich mich dafür schämte, dass mein Lebenslauf nicht idealtypisch war. Erst war ich lange Jahre freiberuflich tätig gewesen und hatte anschließend nur zwei eher kurzfristige Anstellungsverhältnisse gehabt. Das führte dazu, dass ich das, was ich zu bieten hatte, nicht durch Zeugnisse beweisen konnte. Als Selbständige hatte ich etwas anderes gemacht als das, was ich nun anstrebte, und die zwei Arbeitsverhältnisse mit ähnlichen Aufgaben waren von zu kurzer Dauer gewesen, um wirklich aussagekräftig zu sein. Ich hatte das Gefühl, niemals wieder einen Job zu finden, weil ich so viele Umwege gegangen war. Ich hatte Angst, nichts wert zu sein.

Ich war verzweifelt und konnte keinen klaren Gedanken fassen. Als ich mich wieder einigermaßen beruhigt hatte, versuchte mein Coach zu verstehen, warum um Himmels willen ich mich denn so sehr schämte. Ich sagte ihr, dass ich mich mit den Aufgaben des letzten Jobs so wohl gefühlt hätte, als ich als Beraterin angestellt war. Nach den Jahren als Trainerin sei das ein Riesenkarriereschritt für mich gewesen, der in meinen Augen nur während der verrückten Zeiten der New Economy möglich gewesen war. Alle Absagen – in denen natürlich kein aussagekräftiger Grund angegeben war, wieso sie mich nicht nehmen wollten – schienen mir zu bestätigen, dass ich für eine Stelle als Beraterin nicht genügend qualifiziert sei. Ich hätte in den letzten Jahren so vieles dafür getan, um einen solchen Job zu machen, aber anscheinend nicht das Richtige. Ich würde so gerne eine ähnliche Stelle wie die vorherige haben, aber es sei wohl davon auszugehen, dass ich nicht ausreichend qualifiziert sei. Mein Lebenslauf sei zu bunt und viel zu wenig gradlinig, als dass mich jemand zu einem Vorstellungsgespräch einladen würde.

Ganz abgesehen davon, wie subjektiv meine Einschätzungen zu diesem Zeitpunkt waren oder ob es tatsächlich objektive Gründe gab, wieso ich nicht zu Vorstellungsgesprächen gebeten wurde, mit meinem Gefühl der Scham hatte ich sowieso keine Chance. Ganz unnötig zu sagen, dass meine Ausstrahlung entsprechend miserabel war. Natürlich war es mir mit diesem Gefühl der Unzulänglichkeit auch völlig unmöglich, kreativ meine Bewerbungsstrategie zu verändern beziehungsweise mein Ziel zu modifizieren. Ich war einfach nur ein Häufchen Elend.

****

Uschis Job-Prinzip Nr. 7:
Geh niemals ohne Glitzer!

Scham ist ein perfekter Charisma-Killer. Wenn Sie das Gefühl haben, nicht gut genug zu sein oder etwas nicht zu verdienen, werden sich Ihre Wünsche nicht erfüllen. Also müssen Sie zunächst etwas gegen die negativen Gefühle unternehmen, bevor Sie zu neuen Ufern aufbrechen. Schauen Sie sich Ihre Vergangenheit an. Erinnern Sie sich an Momente, in denen Sie zufrieden waren. Was war an diesen Situationen besonders schön? Was taten Sie, damit dieses Glück erlebbar wurde? Finden Sie heraus, wie wertvoll Sie sind, dann glitzern Sie wieder und können sich mit einem besseren Gefühl und viel kreativer der Lösung Ihrer Probleme widmen.

****

Mein Coach hatte einiges zu tun, bis ich mich wieder beruhigt hatte. Ich musste lernen, mein Leben anzunehmen: »Es ist, wie es ist.« Das, was ich bisher geleistet hatte, war genau das, was in meinen Möglichkeiten lag. Aufgrund meiner bis zu diesem Zeitpunkt gemachten Erfahrungen und Anstrengungen hätte es kaum anders verlaufen zu können. Dies war mein Leben. Und ich hatte es nach bestem Wissen und Gewissen gelebt. Der Punkt, wo ich jetzt war, das war genau der Platz, an den ich gehörte. Alles, was ich mir gewünscht hatte und was bisher nicht in Erfüllung gegangen war, hatte sich aus dem Grund nicht realisiert, weil ich zu diesem Zeitpunkt noch nicht offen dafür war oder weil es einfach nicht zu meinem Wesen passte. Wenn meine Sinne für etwas anderes sensibilisiert gewesen wären, hätte es ganz anders ausgesehen.

Das war eine harte Erkenntnis für mich. Ich bekam also meine Wunschstelle nicht, weil ich noch nicht reif dafür war. Es war alles meine Schuld. Meine Trainerin nickte nur bestätigend. In diesem Moment hätte ich es tröstlicher gefunden, wenn Sie mich in den Arm genommen hätte. Ja, es war alles meine Schuld. Ihre Antwort verwirrte mich. Ich solle endlich die Verantwortung für mein Leben übernehmen und mit dem Jammern aufhören, sagte sie. Denn es ist, wie es ist.

Ich musste eine Weile an dieser Aussage knabbern, bis ich sie akzeptieren konnte. Letztlich stürzte damit mein Traumschloss ein. Die Stellen, für die ich mich in den letzten Monaten beworben hatte, waren nicht die richtigen für mich gewesen. Nach kritischer Prüfung musste ich dies zugeben.

Bis ich aber in der Lage war, erneut an meinen Zielen und dem möglichen Weg dorthin zu arbeiten, musste noch etwas anderes geschehen. Ich musste mir verzeihen. Das war verdammt schwer. Ich erinnerte mich daran, wie ich Jahre zuvor meinen Eltern verziehen hatte. Sie hatten mir nach meiner Erkenntnis durch ihre Erziehung einiges »angetan«, und es dauerte eine Weile, bis ich begriff, dass sie das nicht absichtlich gemacht, sondern grundsätzlich aus Liebe gehandelt hatten. Ich versöhnte mich mit ihnen, auch wenn es mir nicht leicht fiel. Ähnlich schwer war es, mich mit meiner eigenen Person und meinem Lebenslauf zu versöhnen. Die Erkenntnis, dass »es ist, wie es ist«, war eine Kopfgeburt. Das Verzeihen und Versöhnen konnte nur mit dem Herzen gelingen.

Aber dann klappte es doch. Irgendwann hatte ich keine Lust mehr, frustriert zu sein und mich mit Selbstvorwürfen zu quälen. Es machte keinen Spaß und es brachte mich auch nicht weiter. Endlich war ich so weit, auch mir von ganzem Herzen zu verzeihen. Plötzlich war ich wieder voller Energie. Ich musste etwas tun, aber nicht gerade Bewerbungen schreiben. Ich war motiviert, mir Projekte auszudenken, Angebote zu schreiben, mit Leuten zu arbeiten. Also machte ich mich selbständig. Einige Wochen später merkte ich, dass mich die freiberufliche Arbeit viel mehr befriedigte, als dies vielleicht eine Angestelltentätigkeit gekonnt hätte. Zwar hatte ich mir diese so sehr gewünscht, doch nun gab es einen anderen Weg. Wichtig war jetzt, dass ich wieder zufrieden und voller Tatendrang war und endlich angenommen hatte, dass »es ist, wie es ist«. Diese Akzeptanz machte mich frei, ganz neu anzufangen. Ich gestattete mir endlich, die mich hemmenden Glaubenssätze fallen zu lassen. Außerdem nahm ich mir Zeit, um herauszufinden, was ich wirklich wollte. Als das geschehen war, konnte ich damit beginnen, mir meine Wünsche zu erfüllen.

Endlich entrümpelt, jetzt geht's los!

Ich hoffe, Sie sind jetzt an dem Punkt angelangt, an dem Sie Ihre hemmenden Überzeugungen aussortiert haben. Nur so können Sie weiter auf Ihrem ganz persönlichen Karriereweg marschieren. Ich weiß, das ist nicht so einfach, und hopplahopp geht es auch nicht. Es ist ein hartes Stück Arbeit, die Überzeugungen, die falschen Methoden, den Neid und das engstirnige Denken, all das, was uns im Weg steht, zu entrümpeln. Aber es rentiert sich. Erst wenn Sie Frieden mit sich selbst geschlossen haben, können Sie sich neuen, erfolgversprechenderen Strategien zuwenden. Sind Sie dagegen weiterhin mit alten und hinderlichen Überzeugungen belastetet, werden Sie zwar mit der Anwendung der Job-Prinzipien kleine Erfolge erzielen, doch werden diese immer wieder durch Ihre alten Stolpersteine boykottiert.

Es führt also kein Weg daran vorbei: Sie müssen gründlich aufräumen. Doch Sie müssen es nicht allein tun. Vielleicht haben meine Beispiele Ihnen schon geholfen, einigen Ihrer Störenfriede auf die Schliche zu kommen. Vielleicht brauchen Sie aber zusätzliche Hilfe. Der erste Schritt besteht darin, Freundinnen, den Lebenspartner oder Verwandte zu befragen. Diese Menschen stehen Ihnen nahe genug, um Sie nicht nur von Ihrer Sonnenseite zu kennen. Oftmals trauen sie sich nicht, uns unvermittelt die Wahrheit über unsere Person zu sagen. Wenn wir sie aber dazu auffordern und sie sich sicher sein können, dass das, was sie uns offenbaren, von uns nicht übel genommen wird, dann können wir spannende Erkenntnisse aus solchen Rückmeldungen gewinnen. Fragen Sie Ihre engsten Mitmenschen, ob sie eine Idee haben, wodurch Sie sich selbst im Wege stehen. Oder bitten Sie diese Personen, Ihnen zu erzählen, wie sie Ihre Misserfolge wahrnehmen. Wenn Sie dabei auf störende Überzeugungen stoßen, bitten Sie Ihre Freunde und Verwandten, Sie immer wieder darauf hinzuweisen, wenn Sie sich in Zukunft erneut in solch falsche Denkweisen verrennen sollten.

Manchmal gibt es aber niemanden, der einem beim Entrümpeln zur Seite stehen kann. Gerade Frauen, die erst kürzlich umgezogen sind oder sich von ihrem Partner getrennt haben, berichteten mir oft, dass sie gar nicht genau wüssten, wen Sie fragen könnten. Der Kollegenkreis ist meist auch tabu, schon allein aus dem Grund, um sich keine Blöße zu geben. Das kann ich gut verstehen. Wenn Sie gerade erst in einem Unternehmen angefangen haben, können Sie kaum einschätzen, wer sich Ihnen gegenüber loyal verhalten wird und wer nicht. In diesen Fällen rate ich zu einem Coaching. Suchen Sie sich einen Coach, mit dem Sie genau dieses Problem bearbeiten. Wenn Sie noch nie professionelle Hilfe in Anspruch genommen haben, dann wissen Sie vielleicht nicht, wie Sie die richtige Beraterin finden können. Einen Coach in Ihrer Nähe finden Sie sehr leicht über das Internet. Geben Sie einfach das Stichwort »Coaching« und ihre Stadt oder Region in eine Suchmaschine ein. Schauen Sie sich genau die jeweiligen Internetauftritte an und treffen Sie Ihre Entscheidung in letzter Instanz nach Ihrem Bauchgefühl. Sparen Sie nicht am Honorar. Zunächst scheint es so auszusehen, als würden Sie auf einen Schlag eine Menge Geld los. In Ihren Augen zu viel Geld. Lassen Sie sich davon nicht beirren. Sehen Sie es als Investition an.

Die Stunden, in denen Sie professionelle Hilfe in Anspruch nehmen, werden Sie um einiges weiterbringen als ein paar neue Schuhe oder ein Notebook. Ein Coach wird mit Ihnen die Zielperspektive klären und Ihnen dadurch neue Verdienstmöglichkeiten eröffnen. Sie werden sehen, dass Sie das investierte Geld sehr schnell wieder »drin« haben werden.

Also, meine Liebe, entrümpeln Sie, bevor Sie die nächsten Schritte tun. Es sich lohnt. Versprochen! Erst danach können Sie damit beginnen, Ihre Ziele und Visionen zu formulieren. Erst wenn Sie gründlich ausgemistet haben, sind Sie bereit und stark genug, die nächsten Schritte zu tun, die Sie zu einer strahlend glücklichen und erfolgreichen Uschi machen werden.

4. Uschis wissen, was sie wollen

Vorbilder zeigen den Weg

Haben Sie Vorbilder? Weibliche Vorbilder? Die wenigsten meiner Freundinnen können mir welche nennen – und kommen Sie mir jetzt nicht mit Mutter Teresa oder Madonna. Ich meine Frauen, denen Sie real begegnet sind, die einen tiefen Eindruck bei Ihnen hinterlassen haben, deren beruflichem Weg Sie folgen wollten. Haben Sie so jemanden? Es ist gar nicht so leicht, als Frau Vorbilder zu finden. Nach wie vor sind in den meisten Berufen die Menschen, die es zu etwas gebracht haben, männlichen Geschlechts. Auf der Uni gab es in meinem Fachbereich, den Wirtschaftswissenschaften, kaum Professorinnen. Und auch sonst traf ich kaum auf tolle Frauen. Immer dann, wenn ich nach weiblichen Vorbildern Ausschau hielt, war das Dilemma scheinbar schon vorprogrammiert: Erfolgreiche Frauen erschienen mir nämlich häufig irgendwie weniger attraktiv als Männer. Doch ich habe erfahren, dass das nicht stimmt. Man muss sie nur suchen!

Ich hatte das Glück, mit Anfang zwanzig auf einem Seminar außerhalb der Universität drei wunderbaren, vorbildlichen Frauen zu begegnen. Sie arbeiteten als Unternehmensberaterinnen. Ich war von ihnen so beeindruckt, dass ich auch sofort eine Unternehmensberaterin werden wollte, ohne genau zu wissen, was das eigentlich für ein Beruf ist. Jede von ihnen hatte eine ganz spezielle Art. Die eine bezauberte mich durch ihre Weiblichkeit, die zweite mit ihrem frechen Humor und die dritte durch ihre Warmherzigkeit. Ich war von den Socken. Mein Bild von Beratern war im Vorfeld ein anderes gewesen: Berater hatte ich stets als schnöselige junge Männer gesehen, die behaupteten, alles besser zu wissen und zu können, ohne dies jemals unter Beweis gestellt zu haben. Diese Frauen bewiesen in allem, was sie taten, wie souverän sie ihr Handwerk beherrschten. Sie strahlten eine immense Autorität aus. Alle drei hatten ihren ganz persönlichen Stil. Die Begegnung mit diesen Frauen hatte zur Folge, dass ich in den folgenden fünfzehn Jahren beharrlich auf das Ziel hinarbeitete, Unternehmensberaterin zu werden.

Fünfzehn Jahre sind eine lange Zeit. Was habe ich geackert! Mit nur mäßigem Erfolg. Als ich schließlich verstand, wieso diese drei Frauen meine Vorbilder waren, konnte ich von meinem starren Ziel abweichen und erfolgreich werden. Zunächst hatte ich versucht, exakt das Gleiche zu tun, was sie getan hatten: Unternehmen zu beraten. Das machte ich ein paar Jahre, zuerst in der Festanstellung und dann als Selbständige, doch es war mit großen Mühen verbunden, an Aufträge zu gelangen. Als ich dann begann, nicht mehr Unternehmen, sondern Einzelpersonen zu beraten und als Coach zu arbeiten, änderte sich etwas. Ich schrieb in dieser Zeit ein Buch, es wurde erfolgreich, und plötzlich wollten sich eine Menge Menschen von mir coachen lassen.

Erst als ich das, von dem ich annahm, dass es mein eigentliches Ziel wäre – nämlich unbedingt Unternehmen zu beraten –, losließ, konnte ich erfolgreich werden. Dabei war Erfolg gar nicht in meinem Kopf vorgesehen. Ich wollte doch nur genauso authentisch und souverän werden wie meine Vorbilder. Das war es, wofür ich wirklich brannte! Ich wollte warmherzig und freundlich beraten, humorvoll helfen und meine Weiblichkeit auch im Beruf leben. Und Unternehmensberatung war das Feld, bei dem ich mir vorstellen konnte, diese Art des Arbeitens anzuwenden. Ein anderes kannte ich ja auch nicht. Also imitierte ich schlicht die Vorbilder. Die Souveränität und Authentizität, die ich anstrebte, entwickelte ich aber erst, als ich das machte, was wirklich zu mir passte.

Erst als ich das tat, was meine eigentliche Berufung war,

konnte ich erfolgreich werden. Diese drei Frauen hatten mich bezaubert, weil sie einfach sie selbst waren. Sie waren unabhängig von Moden, von Annahmen, wie man angeblich zu sein hat. Sie beeindruckten mich durch ihre unglaubliche Ausstrahlung. Ich fand diese Frauen inspirierend, denn sie machten nur das, was sie selbst wollten, und sie waren sich ihres eigenen Wertes bewusst. Genauso wollte ich werden! Letztlich wollte ich gar nicht das Gleiche machen wie sie, nahm sie aber als Vorbild für eine Lebensphilosophie. Genau darum geht es bei Vorbildern. Wir müssen sie nicht eins zu eins imitieren, aber sie sind eine hervorragende Inspiration. Seitdem ich das verstanden habe, treffe ich immer wieder Frauen, die für mich Vorbilder sind. Ich will nicht so werden wie sie, aber sie zeigen mir aufregende neue Dinge, die es zu entdecken gilt. Die Uschi-Prinzipien sind eine Lebensphilosophie geworden, doch das bedeutet nicht, dass ich keine Vorbilder mehr brauche. Da ich aber mittlerweile älter und selbstbewusster geworden bin, sind meine jetzigen Vorbilder eher Inspirationen und nicht mehr Idole, denen ich nacheifere.

Uschis Job-Prinzip Nr. 1: Sei eine Königin!

Natürlich sind sie rar, doch es gibt sie: Frauen, die Königinnen sind. Sie sind weise, charismatisch und selbstbewusst. Wenn Sie als Nachwuchs-Uschi auf dem Weg zu einer Königin sind, dann suchen Sie sich königliche Vorbilder und scheuen Sie sich nicht, sich von ihnen inspirieren zu lassen.

Tolle Vorbilder leben uns vor, wie man sich der eigenen Person bewusst wird. Sie kennen sich mit all ihren Stärken und Schwächen, wissen, wohin der Weg gehen soll, und folgen ihm mit großer Lust. Um zu einer Uschi zu werden, braucht man genau das. Eine königliche Haltung und Selbstbewusstsein.

Um dies authentisch zu entwickeln, benötigen Frauen weibliche Vorbilder. Für detaillierte Lebenspläne und konkrete Projekte können wir (zur Not) auch Männer als Orientierungshilfe nehmen.

Kein Erfolg ohne ein Ziel

Uschis neigen nicht zur Bescheidenheit, das habe ich ja schon gesagt. Doch wie bestimmt man Ziele mit einer derartigen Anspruchshaltung? Ich bin ein Kind jener Generation, die in dem Glauben aufgewachsen ist, dass uns alles zusteht: die Klavierstunden, der Schüleraustausch in England, ein Studium nach unserer Wahl und selbstverständlich ein Beruf, in dem wir unsere Interessen ausleben und uns verwirklichen können. Für uns ist es selbstverständlich, dass wir auch im Berufsleben anspruchsvoll sind. Das heißt, wir wollen alles. Aus diesem Grund ist es gar nicht so leicht, sich mit dieser Haltung auf ein einziges Ziel festzulegen! Anspruchsvoll und unbescheiden sein bedeutet aber nicht, dass wir wie verwöhnte Prinzesschen anfangen zu zetern, wenn wir nicht alles und auch noch möglichst sofort bekommen. Erwachsen sein heißt, schon mehr als einmal die Erfahrung gemacht zu haben, dass uns nicht alles in den Schoß fällt, was wir uns wünschen.

Doch wir sind Königinnen! Wir wissen, dass uns die Erfüllung unserer Herzenswünsche zusteht. Deswegen müssen wir genau formulieren, was ein Herzenswunsch ist und welche Vorlieben eher in die Kategorie »nice to have« fallen. Wir müssen wieder Prioritäten setzen. Es gilt, nicht nur eine Rangfolge der Ziele aufzustellen, sondern auch eine der Wünsche. Diese muss so sorgfältig überlegt sein, dass wirklich Ihr Herzenswunsch ganz oben auf der Liste steht. Denn wenn wir strategisch vorgehen wollen, dann können wir uns erst einmal nur auf ein Ziel konzentrieren.

Idealerweise beinhaltet das Ziel die Erfüllung möglichst vieler Wünsche. Also, meine Liebe, was erwarten Sie von Ihrem Beruf? Wollen Sie viel Geld verdienen? Wollen Sie Macht und Status? Wollen Sie in einem netten Umfeld arbeiten? Wollen Sie helfen und kompetent beraten? Wollen Sie Produkte herstellen oder verkaufen, von denen Sie begeistert sind? Überlegen Sie genau. Wie könnte der Beruf aussehen, der wirklich derjenige ist, mit dem Sie Ihre Wünsche erfüllen können? Das wird dann Ihr ganz persönliches Ziel.

Als ich darüber nachdachte, was ich wirklich wollte, wurde mir schnell klar, dass sich mein Berufswunsch deutlich von den Zielen meiner männlichen Freunde unterschied. Geld, Status und Macht standen für mich in diesem Zusammenhang nicht im Vordergrund. Es ging vielmehr darum, herauszufinden, was für mich das Beste war. Als ich meine Wünsche bezüglich meines Arbeitslebens sortierte, standen für mich selbstbestimmtes Arbeiten und zeitliche Flexibilität an oberster Stelle. Als ich meine bisherige Berufstätigkeit rückblickend betrachtete, wurde mir schnell klar, dass ich gerne mit Menschen arbeitete, weil ich dann das Gefühl hatte, etwas Sinnvolles zu tun. Mir wurde auch klar, dass es mir gar nicht so sehr darum ging, *was* ich eigentlich tat, sondern dass ich immer sehr viel Wert darauf gelegt hatte, *wie* das Arbeitsumfeld beschaffen war. Ich ging davon aus, dass ich auch sehr gut Klodeckel verkaufen könnte, wenn es mit dem Gefühl verbunden wäre, die Kunden hätten einen Nutzen davon, wenn ich mir zudem meine Arbeitszeit frei einteilen könnte und nette Kolleginnen hätte. Die Arbeitsbedingungen waren nach dieser Analyse für mein berufliches Glück entscheidend. So ist es auch heute noch. Wenn diese Aspekte gegeben sind, fühle ich mich wohl. Noch schöner ist es allerdings, wenn ich mir die Arbeitsinhalte auch noch aussuchen kann.

Uschis Job-Prinzip Nr. 3: Wünsch dir was!
Es gibt nicht den einen richtigen Job oder den einen typischen Lebensentwurf für Frauen. Also wünschen Sie sich was! Wünschen Sie sich den Job, der in diesem Augenblick für Sie gut und richtig ist.

Grob betrachtet unterscheiden sich die Wünsche der meisten meiner Freundinnen in beruflicher Hinsicht nicht allzu sehr von meinen. Wir alle sind auf der Suche nach einer Arbeit, die irgendwie sinnvoll ist und bei der wir unsere Talente ausleben können. Und vereinbar mit unserem Privatleben soll sie auch sein. Okay, die einen legen mehr Wert auf Spaß, die anderen wollen etwas mehr Geld auf dem Konto haben, aber im Großen und Ganzen geht es uns darum, einen Job zu haben, der uns gut gefällt – egal, ob wir ihn bis zur Rente oder nur die nächsten fünf Jahre machen wollen. Nebenher wollen wir natürlich noch den richtigen Mann finden, eventuell ein paar Kinder haben und hin und wieder auf Reisen gehen.

So, und jetzt wird es tricky. Wenn wir hier nicht genau hinschauen, dann könnte man die Ansicht vertreten, dass es aus diesem Grund nur stimmig sei, wenn Frauen verstärkt Jobs auf der unteren und mittleren Ebene ausüben, weil sie bereit sind, alles Mögliche zu machen, wenn nur die Bedingungen stimmen. Im Gegensatz zu Männern steht bei Frauen oftmals die Vereinbarkeit von Beruf und Privatleben an erster Stelle. Folglich scheinen Frauen die ganz große Karriere gar nicht anstreben zu wollen, sie haben viel zu viele andere Dinge im Kopf. Wer solche Ansprüche hat, kann die wirklich wichtigen Positionen nicht erreichen. Ihnen fehlt der Biss, die Selbstaufgabe, die Härte. Weisen Frauen jedoch diese Eigenschaften auf, dann werden sie als jene »Karriereweiber« verlacht, wie sie nur zu gern in Karikaturen dargestellt werden. Wo bleibt denn da die Weiblichkeit, wird gefragt. Als ob es nur *eine* richtige Weiblichkeit gäbe!

Aber: So einfach ist es nicht. Die These, dass es beruflich nur vorwärts geht, wenn wir uns den Charme einer Margret Thatcher zulegen, ist noch nicht bewiesen. Karriere heißt für uns Uschis, dass wir dort angekommen sind, wo wir hinwollten, in einem Beruf, der genau passend für uns ist. Wenn wir das erreicht haben, strahlen wir mit der Sonne um die Wette, und wenn wir auf dem Weg dorthin die Job-Prinzipien anwenden, dann müssen wir uns auch nicht verbissen durchkämpfen, sondern können wunderbar weiblich und charmant auf unsere Ziele zugehen.

Außerdem habe ich nicht ausschließlich die Posten in den obersten Rängen im Blick, die gemeinhin unter Karriere verstanden werden. Wir Uschis haben ja unsere eigene Definition von Erfolg und Karriere. Uns geht es darum, Aufgaben zu übernehmen, bei denen wir lustvoll unsere Talente einsetzen können und die uns angemessen ernähren. Es geht um Aufgaben, bei denen wir zufrieden sind und unsere Erfolge gewürdigt werden. Das ist in vielen Jobs möglich – aber vor allem in Jobs, die besser sind als die, die wir im Moment haben.

Also sollten wir nicht eher darauf warten, dass sich von selbst irgendetwas ändert? Keineswegs. Es liegt an uns, dafür zu sorgen, dass es uns gut geht. Lässt also der Job, den wir zurzeit haben, zu wünschen übrig, ist er so strukturiert, dass wir dort zwar erfolgreich sein können, aber nicht nach unseren Kriterien und Vorstellungen, dann sollten wir schleunigst etwas ändern. Dabei ist es hilfreich, sich bildlich vorzustellen, was man eigentlich möchte.

Uschis Job-Prinzip Nr. 3: Wünsch dir was!
Träumen Sie von einer großen oder kleinen Firma? Von einem Chefsessel oder einem netten Team? Sehnen Sie sich nach spannenden Aufgaben oder ist Ihnen freie Zeiteinteilung das Wichtigste? Malen Sie sich aus, was für einen Job Sie gerne hätten und bestellen Sie ihn beim Universum. Machen Sie denen da oben Ihr Ziel klar!

Ein wichtiger Aspekt fehlt allerdings noch. Achten Sie darauf, dass Sie ihn ausdrücklich formulieren, wenn Sie Ihren Wunschjob beim Universum bestellen: Sie müssen entscheiden, wo und mit wem Sie arbeiten möchten. Die Unternehmenskultur spielt eine große Rolle, wenn man im Job Zufriedenheit finden will. Ich habe für mich herausgefunden, dass ich mit einem durchschnittlichen Job in einer Firma, die ich ganz wunderbar finde, glücklicher bin als mit einem Traumjob in einem Unternehmen, das viele Leute beschäftigt, die nicht auf meiner Wellenlänge sind, oder das Ziele vertritt, hinter denen ich nicht stehen kann. Es gibt mir enorm viel Schwung, wenn ich von »meinem« Unternehmen und den Produkten, die es herstellt oder verkauft, überzeugt bin. Ich bringe enorme Leistungen zustande, wenn ich in einem Team arbeite, in dem Unterschiedlichkeiten anerkannt und genutzt werden. Letztlich ist es dann meist egal, was genau meine Tätigkeit ist. Aufgrund der Lust, mit der ich jeden Morgen zur Arbeit gehe, mache ich mir meine Aufgaben schon spannend.

Wenn ich mir also einen Traumjob in Gedanken ausmale, dann sehe ich nicht nur meine Traumposition, sondern auch die dazugehörige Umgebung. Ich stelle mir vor, wie alt die Leute sind, mit denen ich arbeiten will, und was für Outfits sie bei der Arbeit tragen. Ich stelle mir auch das Gebäude und die Atmosphäre darin vor. Das Bild wird dadurch immer facettenreicher und das Ziel klarer. Der Rest findet sich dann schon.

Über Umwege das Ziel finden

Es ist gar nicht so leicht, herauszufinden, was man beruflich genau machen will. Bei den meisten Menschen liegt die jeweilige Berufung nicht unmittelbar auf der Hand. Ich weiß noch, wie ich in der Schule diejenigen beneidete, die ein eindeutiges Talent aufwiesen. Was hätte ich dafür gegeben, gut zeichnen, gut rechnen oder besonders schnell laufen zu können. Wenn sich so eine Begabung zeigt, ist schon ziemlich klar, wie es weitergehen könnte. Bei mir ließ sich kein klares Berufsziel bestimmen, meine speziellen Fähigkeiten waren nur mittelmäßig ausgeprägt und meine Interessen wechselten ständig.

Aber genau um unsere Talente geht es. Leider sind die Begabungen, die für Ihre berufliche Laufbahn verantwortlich sind und Ihre Zufriedenheit im Arbeitsleben ausmachen, häufig nicht so leicht zu identifizieren wie die aus der Schulzeit. Sie müssen bei diesen Fähigkeiten etwas genauer hinschauen. Meine sich ständig verändernden Interessen haben beispielsweise dazu geführt, dass ich eher universell talentiert bin. Da hätte ich noch so lange suchen können, ich hätte nichts entdeckt, worin ich besser war als andere. Ich hätte darüber verzweifeln können, dass ich von vielen Dingen immer nur eine gewisse Basis beherrschte, wenn ich nicht für mich erkannt hätte, dass diese Vielfalt gerade meine Besonderheit ausmacht. Ich schalt mich immer dafür, zu viel Verschiedenes zu beginnen, statt mit einer bestimmten Spezialisierung eine große Karriere als Trainerin zu machen. Dabei begriff ich nicht, dass genau diese Bandbreite mich interessant machte. Erst als mir wieder und wieder versichert wurde, wie toll es sei, dass ich eine solche Palette von Kompetenzen aufweisen könne, konnte ich es glauben. Und als ich schließlich mein individuelles Talent, diese Vielfalt, zu würdigen begann, merkte ich, dass ich noch etwas anderes vermochte: Ich kann gut komplizierte Sachverhalte erklären –

wahrscheinlich aus dem Grund, weil ich gerade keine Spezialistin bin. Das machte mir Mut, meine Talente zum Beispiel nicht nur als Trainerin, sondern auch als Autorin auszuleben.

Sie sehen, man muss sehr genau hinschauen, um die eigenen Begabungen zu entdecken. Oft hat man Glaubenssätze, die das Erkennen verhindern. Bei mir war es die Überzeugung, dass man Talent nur hat, wenn man auf einem Spezialgebiet eine Expertin ist, die mich davon abhielt, gezielter hinzusehen. Also, schauen Sie genau hin! Das, was sie gerne machen, könnte schon ein Hinweis auf ein verborgenes Potential sein. Befreien Sie sich von den Sie behindernden Glaubenssätzen. So können Sie Ihr Talent auch richtig würdigen.

Uschis Job-Prinzip Nr. 6:
Lass andere für dich arbeiten!

Falls Ihnen die Suche nach Ihren Talenten schwer fällt, weil Sie Ihre eigenen Begabungen unterschätzen oder Erfolge nur als glückliche Zufälle abtun, dann lassen Sie sich von einem Coach oder Ihren Freundinnen helfen. Talente sind nämlich das A und O für berufliche Zufriedenheit.

Eine unter Managern anerkannte Studie des Gallup-Instituts aus dem Jahr 2001 zeigt, dass Unternehmen nur Höchstleistungen erbringen können, wenn sie die besten Mitarbeiter haben. Um solche zu bekommen und auch zu halten, müssen die Firmen ihre Angestellten nach ihren Talenten einsetzen und fördern. Dieser Führungsansatz klingt sehr plausibel. Wer mit seiner Tätigkeit seine Begabungen ausleben kann, folgt dem Lustprinzip und arbeitet letztlich wieder erfolgreicher und effizienter. Aber wenn Sie, meine Liebe, Ihre Talente noch nicht kennen, dann werden Sie auch nicht das Unternehmen finden, in denen Sie diese entfalten und zum Einsatz bringen können.

Vor nicht allzu langer Zeit hatte ich das Gefühl, noch einmal neu anfangen zu müssen, um das zu machen, was zu mir und meinem Können passt. Auch wenn ich, durch die erneute Selbständigkeit nach der Arbeitslosigkeit, mein Leben ja schon komplett umgekrempelt hatte, fing ich nach zwei Jahren an zu überlegen, was ich als Nächstes tun könnte. Ich konnte von meiner Tätigkeit als Unternehmensberaterin gut leben, aber den richtigen Schwung hatte ich immer noch nicht. Konkreter Auslöser war bei mir, dass ich hauptsächlich mit Männern arbeitete und plötzlich Lust auf die Zielgruppe Frauen hatte. Aus diesem Bedürfnis heraus schrieb ich mein erstes Buch und entwickelte Trainingsangebote rund um das Uschi-Prinzip. Ich hatte einfach das Gefühl, dass ich noch ungenutzte Talente besaß, die es wert waren, sie einfach mal auszuprobieren. Der Erfolg gab mir Recht.

Ich beobachtete dieses Phänomen, diesen Wunsch nach Veränderung auch in meinem Freundeskreis. In den Lebensläufen meiner Freundinnen gab es wesentlich mehr Richtungswechsel als in denen meiner männlichen Freunde und Bekannten. Vielleicht, so überlegte ich, könnte es daran liegen, dass wir Frauen uns nicht so getrieben fühlen wie die meisten Männer. Viele Männer in meinem Freundeskreis stellen ihre Berufswahl und Karriereentscheidungen nie oder nur selten in Frage. Sie machen eben ihren Job. Spätestens wenn sie Väter sind, fühlen sie sich verantwortlich, ihre Familie zu ernähren. Ein sicheres Einkommen ist ihnen dann wichtiger als die Freude an der Arbeit. Aber auch kinderlose Männer wechseln seltener ihren Job. Für sie steht der Wunsch, nach oben zu kommen, im Vordergrund. Seitlich auszuscheren, um möglicherweise etwas Spannenderes zu tun, ist nicht vorrangig in ihren Köpfen.

Bei Uschis ist das anders. Natürlich fühlen wir uns auch verantwortlich, unser Einkommen zu haben oder für die Familie zu sorgen. Aber Uschis fragen sich trotzdem immer wieder in bestimmten Abständen, ob sie auch auf dem richtigen Weg sind. Manchmal quälen sie sich geradezu mit dieser Frage, allein aus dem Grund, weil sie lange nicht mehr über ihre berufliche Situation nachgedacht und das Gefühl haben, dass es mal wieder an der Zeit wäre. In anderen Situationen werden sie durch die äußeren Bedingungen ganz plötzlich in eine Lage gebracht, in der ihnen gar nichts anderes übrig bleibt, als alles noch einmal zu überdenken.

Einer meiner Freundinnen ging es vor kurzem so. Während der stürmischen New-Economy-Phase hatte sie einen tollen Job als Art Director, der sie glücklich machte und sie ausfüllte. Sie arbeitete viele Stunden am Tag, nicht, weil sie dies musste, sondern weil es ihr Spaß machte, etwas Neues aufzubauen und mit ihren Kenntnissen und Fähigkeiten gefragt zu sein. Das Schöne an ihrer Arbeit war, dass sie sich am Ziel fühlte. Endlich hatte sie ihren Traumjob. Das, was sie tat, hätte sie noch für den Rest ihres Lebens machen können, ohne sich auch nur einmal überfordert und ausgelaugt zu fühlen. Das Ende der New Economy, die Insolvenz ihrer Firma und der damit verbundene Verlust ihres Arbeitsplatzes waren furchtbar für sie. Meine Freundin war so glücklich in dem Unternehmen gewesen! Nicht mehr dort tätig sein zu können riss ihr förmlich den Boden unter den Füßen weg. Aber es kam noch schlimmer. Sie, die wenige Monate zuvor noch eine gesuchte und hochdotierte Arbeitskraft gewesen war, wollte auf einmal niemand mehr haben. Sie bewarb sich Monat um Monat, immer ohne Erfolg. Völlig resigniert zog sie sich ins Privatleben zurück und erwog die Flucht in die Mutterschaft. Da sich auch dieser Plan nicht von heute auf morgen umsetzen ließ, sie es aber zu Hause nicht mehr aushielt, überlegte sie angestrengt, wie sie aus diesem Tief wieder herauskommen könnte. Einige Wochen später überraschte sie uns damit, dass sie einen ehrenamtlichen Job bei der Bahnhofsmission angenommen hatte. Darauf wären wir alle im Traum nicht gekommen. So richtig konnten wir uns die Freundin dort nicht vorstellen, doch sie erzählte ganz beglückt davon, dass sie endlich wieder gebraucht würde und wie gut ihr die Arbeit, die Bestätigung und Anerkennung täten.

Es klingt verrückt, aber als meine Freundin damit begann, eine ehrenamtliche Arbeit zu übernehmen, die nichts mit ihrer Qualifikation zu tun hatte, ging es auf einmal bergauf mit ihr. Das Gefühl, nützlich zu sein, wirkte wie ein Katalysator. Wenige Wochen später fand sie eine neue Arbeit. Es war zwar kein Traumjob im Vergleich zu den vorherigen Zeiten, aber die ehrenamtliche Arbeit hatte sie aus ihrem Frust und ihrer Lethargie herausgeholt. Sie hatte begonnen, neu abzuwägen, was gut oder schlecht für sie sei. Sie freute sich über den Job, den sie vorher sicherlich kaum in die engere Wahl gezogen hätte. Und wir freuten uns mit ihr, denn endlich war sie wieder wie früher: Sie war zufrieden und strahlte das auch aus. Toll!

An diese Erfolgsstory erinnerte ich mich, als ich mal wieder meine Berufsbiographie in Frage stellte. Ich war damals zwar nicht so miserabel dran wie meine Freundin, aber keine meiner Tätigkeiten machte mir richtigen Spaß. Ich fragte mich, ob ich sie wirklich noch die nächsten fünf, zehn oder zwanzig Jahre machen möchte. Und weil ich so viel grübelte, liefen auch meine Projekte schlechter. Es bewahrheitete sich erneut die These, dass man nur dann erfolgreich ist, wenn man locker und strahlend durchs Leben läuft. Durch meine Nachdenklichkeit signalisierte ich der Welt, dass es besser wäre, mich in Ruhe zu lassen. Kein Wunder, wenn ich zu dieser Zeit nicht gerade mit Aufträgen überrollt wurde.

Das Problem war, dass ich zwar wusste, worauf ich fortan keine Lust mehr hatte, dass mir dabei aber nicht klar war, was mir denn wirklich Freude bereiten könnte. Ich dachte lange nach, aber eine Lösung kam dadurch nicht in Sicht. Das, was mir einfiel – einfach mal so ein Buch über Männer und Frauen zu schreiben –, erschien mir zu absurd, hatte es doch nur wenig mit meinem alten Beruf zu tun. Eigentlich gar nichts. Stattdessen kreiste in meinem Kopf nur ein Gedanke: Ich hatte so viel Zeit und Geld in meine Ausbildung investiert, mir in den letzten Jahren derart viele Kontakte aufgebaut und eine Menge für meinen »guten Namen« getan – das konnte ich doch nicht so einfach wegwerfen. Ich konnte doch nicht alles hinter mir lassen und etwas völlig Neues anfangen!

Als ich auf dem seelischen Tiefpunkt angelangt war, erinnerte ich mich an das Rezept meiner Freundin. Statt meinen Beruf von einem Tag auf den anderen komplett umzukrempeln und mich einer völlig neuen Sache zu widmen, suchte ich mir eine ehrenamtliche Tätigkeit, die meinen Interessen nahe kam. Seltsamerweise war es gar nicht so leicht, ein Ehrenamt zu finden. Viele Organisationen, bei denen ich mein Interesse bekundete, antworteten nur sehr zögerlich oder gar nicht. Schließlich landete ich mehr oder weniger per Zufall bei der Aids-Hilfe. Diese Organisation war zwar nicht meine erste Wahl, aber die Ziele erschienen mir vernünftig, und mir war es wichtig, wenigstens irgendwas zu tun, um aus meinem Stimmungstief herauszukommen.

Plötzlich passierte etwas ganz Merkwürdiges. Schon bei den ersten Treffen stellte ich fest, wie wertvoll all das, was ich konnte, für die Organisation war. Sie waren ganz begeistert, dass ich ehrenamtlich für sie tätig sein wollte. Zunächst konnte ich es kaum glauben, schließlich fand ich das, was ich in den letzten Jahren gemacht hatte, gar nicht so besonders. Und als Talente hätte ich meine Fähigkeiten schon gar nicht bezeichnet. Viele meiner Freundinnen sind in ähnlichen Aufgabengebieten tätig. In meinem Freundeskreis ist es nicht gerade originell, Trainerin oder Coach zu sein. Das, was ich konnte, erschien mir nicht weiter erwähnenswert zu sein. Allerdings kommt es immer auf das Umfeld an. Klar, beim Vergleich mit anderen Trainern und Coachs kann ich mich natürlich fragen, was an mir so einzigartig ist, dass jemand unbedingt *mich* haben will. Begebe ich mich aber in eine andere

Umgebung, sieht die Sache plötzlich ganz anders aus. Als die Mitarbeiter der Aids-Hilfe bemerkten, wie gut sie mich gebrauchen konnten, wurde ich mir meines Wertes und meiner speziellen Fähigkeiten erst langsam wieder bewusst. Ich registrierte, wie gerne ich doch meinen Beruf ausübte, und kam darauf, dass es keinen Sinn machen würde, wenn ich mich völlig veränderte. Ich sollte etwas Ähnliches weitermachen, aber die Zielgruppe wechseln, mich auf Frauen konzentrieren.

Sie ahnen, wie die Geschichte ausgeht? Es war wirklich wie im Märchen. Kaum hatte ich mit meiner ehrenamtlichen Tätigkeit begonnen und meine Kompetenzen für die Aids-Hilfe eingesetzt, schon registrierte die Welt, dass ich wieder auf dem Markt war. Als hätte ich der Welt laut zugerufen: »Hallo, ich bin wieder da!« Plötzlich interessierte man sich wieder für mich, und ich erhielt Anfragen und Aufträge, deren Wert ich in meiner miesepetrigen Laune, in der ich mich in den Wochen zuvor regelrecht festgebissen hatte, niemals erkannt hätte. Das Buch schrieb ich dann auch noch. Ich hatte so viel Elan, es nebenher zu verwirklichen. Wer hätte das gedacht. Häufig führen gerade die Umwege zum Ziel!

Machen Sie einen Plan

Ohne eine Idee, welche Richtung Sie einschlagen wollen, geht es nicht. Dabei ist es oft nicht einfach, das, was man wirklich will, herauszufinden. Allzu oft lassen wir uns von den Umständen und der Jammerei der anderen Leute davon ablenken, uns genau zu überlegen, was wir wirklich wollen. Doch denken Sie daran: Das Ziel muss klar sein. Sonst haben Sie nicht genügend Drive, um die nächsten Schritte anzugehen. Diese Energie und Motivation brauchen Sie, wenn Sie Ihrem Ziel näher kommen wollen.

Uschis Job-Prinzip Nr. 5: Leg endlich los!

Legen Sie los, wenn Sie ein Ziel vor Augen haben. Selbst wenn Sie noch nicht hundertprozentig sicher sind, dass Sie auf dem richtigen Weg sind, machen Sie den ersten Schritt. Sie werden dabei sehr schnell mit dem Herzen erkennen, ob die Richtung stimmt oder ob Sie Ihr Ziel noch ein wenig modifizieren müssen.

Also, legen Sie los: Wenn Sie wissen, was sie wollen, machen Sie sich einen konkreten Plan. Auch wenn es zugegebenermaßen mühsam ist, Sie tun es für sich. Und Sie werden sehen, dass es sogar Spaß macht. Gehen Sie nach dem Lustprinzip vor und spinnen Sie zunächst einfach nur herum. Sie müssen nicht gleich eine Exceltabelle anlegen und eine grundsolide Strategie vorweisen. Überlegen Sie sich zu Anfang, wie die nächsten Schritte grob strukturiert aussehen sollen. Arbeiten Sie dann immer detaillierter die Einzelschritte aus. Klar, Sie müssen sich sehr konzentrieren. Aber ich verspreche Ihnen, die Mühe lohnt sich!

Wenn Sie das, was Sie vorhaben, ausführlich auf Papier festhalten, dann entsteht ein klares Bild von Ihrem Vorhaben. Je mehr Sie sich mit diesem Bild beschäftigen, umso detaillierter und farbenfroher wird es. Versuchen Sie auf verschiedenen Ebenen ins Detail zu gehen. Scheuen Sie sich nicht, auch scheinbar nebensächliche Einzelheiten auszumalen. Wenn Sie zum Beispiel von einer Beförderung träumen und wissen, dass dies in Ihrem Unternehmen damit verbunden ist, dass Sie ein eigenes, neues Büro erhalten, dann richten Sie im Geiste das Büro schon mal ein. Machen Sie sich eine Liste mit den Dingen, die Sie dann, wenn Sie das Büro bekommen haben, besorgen müssen.

Je konkreter Sie sich Ihr Vorhaben vorstellen, umso leichter wird es, Ihren Plan zu verwirklichen. Nicht nur Sie wissen dann genau Bescheid, was Sie zu tun haben, um an Ihr Ziel zu gelangen, das Universum, ihre Freunde, Kollegen und Bekannte tun dies ebenfalls. Denn nur, wenn diese Ihr Vorhaben genau kennen, können sie Ihnen behilflich sein.

Uschis Job-Prinzip Nr. 6:
Lass andere für dich arbeiten!

Je genauer Sie wissen, was Sie wollen, desto konkreter können Sie anderen davon erzählen. Das laute Aussprechen Ihrer Wünsche zeigt Ihnen, wie konkret diese sind und wie sinnvoll sie sich anhören und anfühlen. Und wer sagt denn, dass Ihnen nicht jemand in diesem Moment zuhört, der Ihnen auf dem Weg zu Ihren Zielen behilflich sein könnte. Unterschätzen Sie die Wirkung von erzählten Wünschen nicht!

Als ich mich 2002 als Beraterin selbständig machte, bestand meine beste Idee darin, ein Geschäftskonzept zu formulieren, also einen Businessplan zu erarbeiten. Diese Pläne sind bei Existenzgründern nicht allzu beliebt, weil sie viel Arbeit machen. Ihren Ruf haben sie aber zu Unrecht. Viele Gründer führen diese nur sehr lieblos aus, vielleicht auch aus dem Grund, weil ihr Bankberater einen solchen Plan bei einem Kreditantrag sehen will. In meinen Augen ein falsches Denken. Wenn man sein Vorhaben detailliert beschreibt, dann macht man das für sich! Erst wenn die Wünsche wirklich konkret sind, erst dann können sie auch vom Universum erfüllt werden.

Ich hatte das Glück, schon zu Beginn meiner Recherche eine Frau kennen zu lernen, die ebenso engagiert wie ich Ihre Ziele verfolgte und nicht, wie viele andere Existenzgründer, Traumschlössern nachjagte. Wir bildeten eine Arbeitsgruppe, eine Existenzgründerinnen-SHG*. Regelmäßig trafen wir uns. Der Aufbau eines freiberuflichen Daseins bedeutet nämlich nicht nur viel Arbeit, sondern ist auch mit vielen Ängsten und Unsicherheiten verbunden. Als wir damit starteten, uns auszutauschen, verschwanden meine Befürchtungen schnell. Ich hatte das Gefühl, dass wir uns sehr gründlich vorbereiteten. Was sollte da schon schief gehen?

Wir begannen damit, unsere Businesspläne aufzuschreiben – und zwar jede für sich. Schließlich wollten wir uns ja in sehr unterschiedlichen Geschäftsbereichen selbständig machen: sie als Eventmanagerin und ich als Unternehmensberaterin. Das Tolle war, dass wir uns dabei immer wieder kritisch über die Schulter schauten. Wir lasen uns gegenseitig unsere Konzepte vor und arbeiteten gemeinsam heraus, was noch recherchiert werden musste, wo es noch etwas zu optimieren oder zu lernen galt. Wow! Plötzlich war so ein Businessplan keine staubtrockene Angelegenheit mehr. Auch fanden wir heraus, dass es ausgesprochen hilfreich für uns war, unser Vorhaben von allen Seiten und zudem in aller Ausführlichkeit zu betrachten. Durch diese gründliche Arbeit gewannen wir eine große Sicherheit. Schließlich konnten wir, hätte man uns nachts geweckt, jede Frage zu unserem Vorhaben im Halbschlaf beantworten – so intensiv hatten wir uns mit dem jeweiligen Businessplan beschäftigt. Nach und nach stellte ich fest, dass so ein Plan die notwendige Grundlage für das eigene Selbstwertgefühl ist, wenn man als Unternehmerin starten möchte. Gerade weil meine Kollegin und ich unsere Businesspläne perfekt beherrschten, konnten wir in jeder Situation unseren Geschäftszweck, die Zielgruppe, das Besondere unserer Unternehmung usw. herunterbeten. Im Vergleich zu anderen Existenzgründern, die wir bei Veranstaltungen trafen, wirkten wir immens souverän. Dadurch konnten wir Schritt für Schritt unsere Vorhaben realisieren.

* Die Abkürzung SHG bedeutet »Selbsthilfegruppe«. Dieses Wort klingt aber ziemlich uncool, deswegen benutzen wir Uschis die Kurzform, wenn wir von den regelmäßigen Treffen mit unseren Freundinnen sprechen.

Denken Sie angemessen groß!

Als ich mit dieser SHG-Kollegin meinen Businessplan aufschrieb, half sie mir noch auf andere Weise. Nicht nur, dass sie wertvolle Tipps für mich hatte, nein, sie war auch in ihrem Engagement ganz anders als ich. Ihr Denken und Vorgehen inspirierte mich. Von ihrer Zielstrebigkeit und ihrem Fleiß konnte ich mir einiges abschauen. Was für mich aber besonders wertvoll war, war ihr Mut zu unbescheidenen Zielen. Wollte ich ganz klein anfangen und nicht zu viel riskieren, hatte sie ein wahrhaft königliches Ziel vor Augen – und nahm dieses auch in Angriff. Sie wollte in den nächsten Jahren eine eigene Agentur mit mehreren Mitarbeiterinnen aufbauen. Zunächst war ich über ihre Beherztheit verwundert. Das hätte ich dieser zierlichen Person zunächst gar nicht zugetraut. Dann aber wurde meine Motivation durch ihre wahrhaft königliche Zielstrebigkeit enorm gesteigert.

Einen gravierenden Unterschied gab es jedoch zwischen uns beiden. Im Gegensatz zu mir wollte meine Kollegin einen Kredit aufnehmen. Damit wollte sie ihrer Existenzgründung einen richtigen Schub geben. Schließlich hatte sie große Pläne. Sie benötigte Fremdkapital, um im großen Stil loslegen zu können. Ich bewunderte ihre Tollkühnheit, sah aber gleichzeitig, wie solide sie ihr Vorhaben plante. Sie wollte von Anfang an ein Büro haben. Ihr Erspartes reichte dafür nicht, also beschloss sie folgerichtig, sich um Fremdkapital zu bemühen. Das »Projekt Büro« wuchs und gedieh, es war nicht zu übersehen. Sie fand einen wunderschönen Raum, ließ ein Logo in ihren Lieblingsfarben entwickeln, und wenige Wochen später stand in dem Raum eine komplette Büroeinrichtung. Bis ins kleinste Detail wirkte alles ungemein professionell, selbst die Ordner hatte sie in Ihren Lieblingsfarben eingekauft. Ich war mächtig beeindruckt.

Die Tatkraft meiner Kollegin steckte mich immer wieder an,

wenn ich mal einen Durchhänger hatte. Sie konnte faszinierend ihr gewünschtes Ziel mit Worten und Bildern ausdrücken. Ich bewunderte sie für ihre großen Wünsche, ihre Tatkraft und den festen Willen, die Wünsche in die Tat umzusetzen. Nach und nach hörte ich auf, mich klein zu machen. Ich lernte von ihr, in größeren Dimensionen zu denken. Das war etwas ganz Neues für mich. Ich war bislang anders vorgegangen. Ich hatte meine erste Selbständigkeit aus den laufenden Einnahmen finanziert. Fremdkapital aufzunehmen, um einen Start hinzulegen, der richtig Wirkung zeigte, war meinem Denken fremd. Bescheiden kalkulierte ich meinen Unternehmerinnenlohn, und jeder zusätzlich eingenommene Euro wurde wieder ins Geschäft investiert. Erst nach und nach hatte ich mein Büro eingerichtet. Auf diese Weise machte ich aber nie richtig große Schritte.

Als ich nun von den großen Plänen meiner Kollegin erfuhr und gleichzeitig verfolgen konnte, wie energisch sie diese umsetzte, wurde mir klar, dass manche Dinge im Leben nicht auf kleinem Niveau realisiert werden können. Wenn man einen Traum hat und diesen verwirklichen will, dann muss man auch etwas riskieren, um ans Ziel zu gelangen. Ich lernte nun Schritt für Schritt, in einem größeren Rahmen zu denken. In Gedanken malte ich mir aus, wie das Leben zu sein hatte, das ich anstrebte.

Uschis Job-Prinzip Nr. 1: Sei eine Königin!

Sie wollen ein wunderbares Leben und fortan von allem nur noch das Beste? Dann verhalten Sie sich königlich! Bescheidenheit ist nichts für Uschis. Verabschieden Sie sich von Ihrer Zurückhaltung und lernen Sie, größer zu denken!

Zunächst war ich versucht, die Ziele und Pläne meiner Kollegin einfach nur zu kopieren. Was sie hat, das will ich auch haben, dachte ich. Ich verhielt mich wie ein Kind im Spielzeugladen, das nicht anderes will als die Puppe, die die beste Freundin besitzt.

Bei genauerer Betrachtung stellte ich jedoch fest, dass es mir nicht gut tat, einfach ihre Pläne zu kopieren. Ihre Wünsche waren nicht meine Wünsche. Als Eventmanagerin musste sie sich genauso perfekt in Szene setzen wie die Ereignisse, die sie organisierte. Dazu brauchte sie ein spektakuläres Büro mit allerlei Schnickschnack. Bei mir war das anders. Mir reichten schicke Visitenkarten, und meine Rechnungen und Angebote gestaltete ich am Computer. Mein Büro musste nicht perfekt sein, denn ich arbeitete hauptsächlich beim Kunden. Mehr Wert legte ich auf eine gute technische Ausstattung und eine schöne Garderobe. Das war für meine Tätigkeit wichtig. Also ging ich wieder in mich und überdachte meinen Plan noch einmal auf allen Ebenen. Sorgfältig prüfte ich, was wirklich wichtig für mich war und worauf ich andererseits verzichten konnte. Es gab einiges, was ich nur bei ihrem Businessplan abgeschrieben hatte, weil es sich klasse anhörte, was aber für mein Geschäft absolut nicht nötig war. Zum Beispiel die Eröffnungsfeier ihrer kleinen Agentur: Für sie war diese ein Muss, denn sie wollte schließlich präsentieren, was sie zu bieten hatte. Für mich war das nicht nötig. Meine Kunden würde ich in der gesamten Bundesrepublik haben, und angesichts einer weiten Anreise könnten sie nicht so einfach zu einem Fest kommen. Ich hätte nett mit Freunden feiern können, aber eine direkte Wirkung aufs Geschäft hätte die Party nicht gehabt. Also strich ich sie von meiner Liste.

Als ich schließlich meine Wünsche klar vor Augen hatte, war es ein Leichtes, daraus ein Ziel zu formulieren. Es war nun *mein* Ziel und *mein* Plan, und ich war stolz darauf. Zum ersten Mal in meinem Berufsleben formulierte ich unbescheidene Ziele, die jedoch perfekt auf meine Bedürfnisse abgestimmt waren. Der Businessplan half mir dann auch wunderbar, meine Pläne zügig zu realisieren.

Frauen sollen nach den Sternen greifen! Die entsprechende Ausbildung für ein solches Unterfangen haben sie in der Regel. Oder sie holen diese nach, wenn es nötig ist. Meist hapert es an einem kleinen Schubs, der ihnen zeigt, dass gar nicht so viel Mut nötig ist, um in großen Dimensionen zu denken. Haben Sie die Courage! Sie müssen nicht unbedingt die Superkarriere im Blickfeld haben, wenn Sie »groß denken«. Es geht darum, dass Sie erfolgreich werden, dass Sie das machen, was Ihnen liegt, und dass Sie dafür adäquat honoriert werden. Wenn Sie an einem beruflichen Scheideweg stehen und der vermeintlich leichtere Weg Ihnen als der verführerischere erscheint, dann fragen Sie sich bitte, ob das nicht wieder eine typische Sackgasse sein könnte, die Sie als Frau von einem Denken im großen Stil abhält. Greifen Sie nach den Sternen! Seien Sie unbescheiden! Nur wenn Sie große Wünsche haben, können diese auch erfüllt werden!

Sehen Sie die Chancen

Es wird Zeiten in Ihrem Leben geben, wo es nicht gerade bestens läuft. Das Gemeine an diesen Phasen könnte sein, dass sie eine Weile andauern. Nichts geht dann mehr. Sie sind vielleicht arbeitslos oder als Selbständige an einem Punkt angelangt, wo nicht der kleinste Auftrag am Horizont zu sehen ist. Eigentlich ist alles sogar noch schlimmer. Nicht nur, dass die Welt nichts von Ihnen will, Sie haben auch das Gefühl, dieser Welt nichts mehr bieten zu können. Sie fühlen sich leer und haben vielleicht zum ersten Mal in Ihrem Leben keine Idee mehr, wie es weitergehen könnte.

In einem solchen Zustand scheint nichts zu gelingen. Sie glauben, Ihre Umgebung nimmt Sie nicht mehr ernst und mag Sie nicht mehr, weil irgendetwas mit Ihnen anscheinend nicht stimmt. Sie sind davon überzeugt: Ohne Job und ohne Perspektive sind Sie ein Nichts. Egal wie sich Freunde und Verwandte tatsächlich verhalten – Sie sind fest von Ihrer scheinbaren Nutzlosigkeit überzeugt und leiden aus diesem Grund entsetzlich.

Ich habe eine Freundin, bei der dieser Zustand nicht nur Monate, sondern Jahre dauerte. Nach ihrem Architekturstudium fand sie einfach keinen Job. Dabei war sie keineswegs arrogant, und sie suchte auch nicht nur nach dem ultimativen Traumjob. Nein, sie war durchaus bereit, weniger gut bezahlte Jobs selbst in anderen Städten und Ländern anzunehmen, sie mussten nicht einmal unmittelbar etwas mit Architektur zu tun haben. Doch es gab einfach zu viele andere arbeitslose Architekten.

Uschi war trotz der verzweifelten Situation nicht untätig. Sie kreierte immer wieder eigene Projekte und verschaffte sich auch einen schicken Auslandsjob für ein halbes Jahr in Peking. Stets war sie auf der Suche, sich selbst ein Auskommen zu organisieren. Zwischendurch gab es aber Phasen, in der ihre Existenz richtig bedroht war. Der Gang zum Sozialamt war der einzige Ausweg. Wie soll man als Wirtschaftswunderkind den eigenen Eltern so etwas erklären? Wie soll man ihnen sagen, dass man mit dem teuer finanzierten Studium nun doch keine Arbeit findet. Sie wollten doch, dass es der Tochter einmal besser ging als ihnen. Der Gang zum Sozialamt war in ihren Augen eine Schande. Es wird viele Menschen geben, denen es wie meiner Freundin ergangen ist oder die gerade ihr Schicksal teilen. Sie benötigen die Unterstützung der Gesellschaft, wollen diese aber am liebsten gar nicht annehmen, weil es bislang nicht in ihre Vorstellung vom Leben passte. Was hatten noch die Eltern vermittelt? Schaffe, schaffe, Häusle baue! Man war mit dem Gedanken aufgewachsen, dass Sozialhilfe nur etwas für die anderen ist.

Uschi sprach mit mir über dieses Dilemma. Ich konnte sie verstehen, denn auch ich war in diesem Weltbild gefangen, in dem ein »Ich kann nicht mehr« einfach keinen Platz hatte. Ich jobbte zu dieser Zeit nachts in einer Kneipe für das Nötigste im Leben, um tagsüber weiter für meine gerade begonnene Selbständigkeit zu kämpfen. Ich kam gar nicht auf die Idee, dass ich mich durch diesen Achtzehn-Stunden-Tag zu sehr aufrieb, um meinen eigentlichen Job wirklich gut zu machen, und dass es möglicherweise Hilfe von außen hätte geben können. Krampfhaft überlegte ich, wie ich sie vor dem endgültigen Absturz – so empfand ich den Bezug von Sozialhilfe – bewahren könnte. Sie sah das anders als ich. Sie war sich nicht zu fein, staatliche Unterstützung anzunehmen, um in der Zeit, in der sie sich bemühte, wieder auf die Füße zu kommen, versorgt zu sein.

Meine damalige Vorstellung, dass Arbeitslosigkeit eine Situation ist, für die man sich schämen muss, relativierte sich sehr schnell. Zu Anfang des neuen Jahrtausends wurden immer mehr meiner Freundinnen und Freunde arbeitslos. Es wurde normal, einen studentischen Lebensstil auch noch mit Ende dreißig zu pflegen. Nein, eigentlich war es sogar so, dass wir weniger Geld zur Verfügung hatten als während unseres Studiums. Finanziell griffen unsere Eltern uns nicht mehr unter die Arme, und Nebenjobs waren plötzlich auch nicht mehr so leicht zu bekommen wie noch vor einiger Zeit. Eine ganze Generation, die eben noch die New Economy stürmisch gefeiert hatte, wurde immer ärmer und verzweifelter.

Aber wir gaben nicht auf. Schon gar nicht meine wunderbare Freundin. Uschi griff in den Monaten und Jahren der Verzweiflung nach jedem Strohhalm, der sich ihr bot. Wir wunderten uns, wieso sie niemals einen Bekannten kontaktierte, der einst in ihrem Haus gewohnt hatte und dem sie das eine oder andere Mal nachbarschaftlich geholfen hatte. Dieser frühere Nachbar war mittlerweile der oberste Boss eines aufstrebenden jungen Unternehmens. Aber meine Freundin wollte ihn nicht um Hilfe bitten. Das ließ ihr Stolz nicht zu.

In der Firma dieses Mannes arbeitete eine Bekannte von Uschi, und zwar im Lager. Als diese Frau mitten in ihren Diplomprüfungen steckte, im Lager aber gerade viel zu tun war, weil eine Messe anstand, fragte diese Bekannte Uschi, ob sie nicht für ein paar Tage ihren Job übernehmen wolle. Natürlich sprang meine Freundin ein, kochte den Kaffee für die ganze Truppe und erbot sich, die ungeliebten Einkäufe für die Freitagsmeetings zu übernehmen, bei denen sich alle Mitarbeiter des Unternehmens einmal die Woche zum Informationsaustausch zwanglos bei Kaffee und Kuchen trafen. Kurzum: Sie machte ihren Job gut, und als die Bekannte durch ihre Prüfungen fiel und ihren Lagerjob aufgeben musste, um stramm zu lernen, bekam Uschi dort einen festen Job als Lageristin. Sie verrichtete diese Arbeit, die weit unter ihren Qualifikationen lag, mit dem für sie typischen freundlichen Lächeln auf den Lippen. Jetzt, wo sie richtige Mitarbeiterin des Unternehmens war, durfte sie auch an den Freitagsmeetings teilnehmen. Uschi blühte auf. Endlich saß sie nicht mehr allein zu Haus. Endlich gehört sie wieder dazu.

Bei einem dieser Meetings erzählte der Verkaufsleiter, dass die Firma nach China expandieren wolle und er einen Verkaufsleiter für die Volksrepublik suche. Da die Kollegen mittlerweile wussten, dass meine Freundin einige Zeit in Peking gearbeitet hatte, berichteten sie dies dem Verkaufsleiter. Uschi und er kamen ins Gespräch, und es stellte sich heraus, dass sie alle Fähigkeiten mitbrachte, die man für diesen Job brauchte. Die Unterschrift unter ihrem Vertrag war schließlich nur noch Formsache, denn der Job und meine Freundin passten zusammen wie der berühmte Topf und der dazugehörige Deckel. Der Geschäftsführer staunte nicht schlecht, als er seine ehemalige Nachbarin sah und von ihr erfuhr, wie lange sie sich mit Gelegenheitsjobs über Wasser gehalten hatte. Er fragte, wieso sie sich nie bei ihm gemeldet hätte, er hätte ihr doch schon viel früher eine Arbeit besorgen können. Uschi konnte ihm das auch nicht richtig erklären, war aber froh, dass sie endlich angekommen war und eine Aufgabe hatte, die sie liebte.

Als Uschi mir in ihrer gewohnt bescheidenen Art diese Erfolgsgeschichte erzählte, berührte sie mich zutiefst. Es freute mich sehr, dass es ihr nun endlich wieder besser ging. Man sah ihr an, wie glücklich sie darüber war, endlich den Platz gefunden zu haben, an dem sie ihre Talente einsetzen konnte. Was mich aber fast noch mehr freute, war die Tatsache, dass solche Erfolgsstorys, die man sonst eher aus dem Lande der unbegrenzten Möglichkeiten, also Amerika, zu hören bekommt, auch bei uns möglich sind. Sie hatte sich nicht mühsam vom Tellerwäscher zum Millionär hochgearbeitet, doch sie war zur richtigen Zeit am richtigen Ort gewesen, hatte ihre Chance gesehen und zugepackt. Dass man ihr diese dann auch tatsächlich gab, lag daran, dass sie sich schon im Vorfeld bewährt hatte. Sie hatte jede Aufgabe, und war sie auch noch so weit von ihren eigentlichen Fähigkeiten entfernt, mit Hingabe, Zuverlässigkeit und Freundlichkeit ausgeführt. Kein Wunder, dass sie entdeckt wurde, welches Unternehmen wünscht sich nicht solche Mitarbeiter! Ich finde es faszinierend, dass es solche Geschichten immer wieder gibt, selbst wenn man sie kaum noch für möglich hält. Wichtig ist, dass man sich niemals aufgibt!

Der elegante Weg zum Ziel: die Vision

Ziele sind wirklich wunderbar. Wenn Sie ein Ziel formulieren und sich Zeit nehmen, dies gründlich zu tun, werden Sie anschließend sehr deutlich sehen, was Sie wirklich wollen. Diese Klarheit bringt Sie Ihrem Wunsch schon einen gewaltigen Schritt näher, denn Sie werden förmlich ausstrahlen, wohin die Reise geht.

Aber Ziele haben auch einen Nachteil. Die Klarheit hat ihren Preis, und das sind Scheuklappen. Wenn Sie sehr genau wissen, was Ihre (vorläufige) Endstation ist, und dazu auch noch einen perfekten Plan erstellt haben, kann es sein, dass Sie einige wertvolle Chancen vertun, weil Sie diese einfach nicht sehen. Denken Sie an meine Freundin. Hätte sie sich um jeden Preis einen Job als Architektin gewünscht, wäre sie vermutlich heute noch arbeitslos statt glücklich in China. Ich will Sie in diesem Zusammenhang an das einstige System der DDR-Planwirtschaft erinnern. Die entsprechenden Mitarbeiter waren Meister darin, Pläne zu erstellen. Leider funktionierten sie nicht immer – und das hatte auch seinen Grund: Ein starres Einhalten einmal formulierter Zielvorgaben behindert nämlich das Entdecken neuer Möglichkeiten.

Das Leben ist keine gradlinige Angelegenheit. Sie alle kennen das: Man nimmt sich etwas vor, geht munter darauf los und es passiert plötzlich etwas Unvorhergesehenes. Machen Sie sich also auf Unerwartetes gefasst. Die wirklich erfolgreichen Leute sind keine Experten bei der Planerfüllung. Es sind Menschen, die kreativ sind und ein großes Improvisationstalent besitzen. Und jetzt, meine Liebe, raten Sie mal, wer die größere Gabe zur Improvisation hat: Männer oder Frauen? Richtig! Wir Frauen natürlich. Wir sind originell, ideenreich und multitaskingfähig. Aus diesem Grund behalten wir auch eher einen kühlen Kopf, wenn wir mit drei schreienden Kindern im Supermarkt für ein Fünf-Gänge-Menü einkaufen, als ein Mann. Männer gehen viel zielgerichteter vor, erkennbar auch an ihrem »Tunnelblick«. Eine Sache wird fokussiert, und ohne nach rechts oder nach links zu blicken, wird diese stur verfolgt. Wir Frauen hingegen haben unsere Augen und Ohren überall. Das kann zwar manchmal störend sein, aber beruflich sollten wir uns diese wunderbare Fähigkeit zunutze machen.

Beherzigen Sie den Tipp von Gail Evans: »Kombinieren Sie gutes, strategisches Spiel mit einer Vision. Ziele verhindern Chancen, Visionen schaffen sie.« Statt also einen Schritt nach dem anderen zu planen, formulieren Sie lieber eine Vision, die

Sie Ihrem Ziel zuführt. Seien Sie dabei nicht bescheiden, sondern kennzeichnen Sie in Ihrer Vision genau das, was Sie wirklich wollen – und sei es der Job als Bundeskanzlerin. Wenn Sie es wirklich wollen, dann werden Sie es auch erreichen.

Bestimmt ist Ihnen auch schon einmal aufgefallen, dass eine neue Mitarbeiterin, kaum war sie in der Firma, sofort befördert wurde. Dabei hatten Sie schon seit längerer Zeit auf diesen Posten gehofft. Das passiert ständig. Es gibt Menschen, die haben einfach einen ausgeprägten Sinn für Chancen. Diesen Sinn sollten auch Sie entwickeln. Unermüdlicher Fleiß und kreative Schritte in Minimalausführung werden uns nur selten gedankt. Nur unverhofft sich auftuende Chancen können uns dorthin katapultieren, wohin wir wirklich wollen. Allerdings ist es notwendig, sie auch beim Schopf zu packen.

Formulieren Sie also eine Vision. Malen Sie sich ein gedankliches Bild davon, wohin Sie wirklich wollen. Die Kriterien, welche Wünsche Ihr zukünftiger Job erfüllen muss, haben Sie ja bereits aufgelistet und priorisiert. Und dann machen Sie es wie die Männer. Die sehen sich jeden Tag, wenn sie das Unternehmen betreten, in dem sie tätig sind, auf dem Chefsessel. Lachen Sie nicht darüber, wenn ein Kollege eine Art »Tarzangeste« macht, sich verbal auf die Brust haut oder sich benimmt, als wäre er bereits der oberste Boss. Registrieren Sie es und nehmen Sie sich ein Beispiel daran. Sie müssen es nicht so plump machen wie Ihr männlicher Mitstreiter, aber halten Sie sich stets Ihre persönliche Vision vor Augen und erzählen Sie anderen davon. Seien Sie unbescheiden. Ihnen steht das Beste zu. Nutzen Sie Ihre Chancen!

Und vergessen Sie eines nicht: Aktualisieren Sie regelmäßig Ihre Vision. Überprüfen Sie in bestimmten Abständen, ob es wirklich noch genau das ist, was Sie wollen. Wenn Sie auf Chancen, die am Wegesrand liegen, achten und reagieren, werden Sie Erfahrungen machen, die Ihnen neue Erkenntnisse bringen. Dabei kann es passieren, dass Sie plötzlich feststellen, dass Ihre Vision nicht mehr stimmig ist. Das macht überhaupt nichts. Jetzt heißt es nur, neu herumzuphantasieren. Aktualisierte Visionen glitzern besonders schön und weisen uns noch deutlicher den Weg.

Die Kraft von Visionen

Wenn Sie Ihre Vision klar vor Augen haben, dann ist das die halbe Miete. Das ‚eiste wird sich nun von ganz allein fügen. Alles, was Sie von diesem Punkt an unternehmen, werden Sie an Ihrer Vision messen. Vor jedem Start werden Sie überlegen, ob das, was Sie gerade vorhaben, Sie Ihren Zielen näher bringt. Morgens werden Sie als Erstes und abends als Letztes an Ihre Vision denken. So festigt sich Ihr inneres Bild und wird mehr und mehr ein Teil Ihrer Persönlichkeit.

Weil Sie so begeistert von Ihrer Vision sind, werden Sie sich ständig bewusst oder unbewusst mit dieser beschäftigen. Sie werden automatisch bestimmte Bücher lesen und in Zeitschriften oder im Fernsehen Informationen finden, die für Ihre Utopie nützlich sind. Ähnlich ergeht es Schwangeren. Kaum weiß man, dass man ein Kind erwartet, schon sieht man um sich herum nur noch dicke Bäuche. Hat man Angst vor dem Fliegen, liest man jeden Bericht über einen Flugzeugabsturz, der in der Zeitung steht. Genauso wird es Ihnen mit Ihrer Vision ergehen. Sie werden plötzlich lauter Menschen treffen, die ähnliche Visionen haben wie Sie, weil Sie gar nicht umhinkommen, allen möglichen Leuten von Ihrem Vorhaben zu erzählen. Diese gleichgesinnten Menschen werden gute Ideen und Tipps für Sie bereithaben, die Ihnen bei Ihrem Weiterkommen behilflich sein können. Vielleicht werden Sie sogar einen Teil des Weges gemeinsam gehen. Oder Sie werden sich von ihrer Energie anfeuern lassen, so dass Sie Ihre Vision mit großem Schwung realisieren können.

Das klingt doch fabelhaft, oder? Ich bin jedes Mal begeistert, wenn ich Menschen treffe, die ihre Vision klar umreißen können. Ich höre gerne zu, wenn sie mir erzählen, was sie beschäftigt. Auch wenn ich mit dem Themengebiet nichts am Hut habe, interessiert es mich, denn die Fröhlichkeit, mit der von bestimmten Inhalten erzählt wird, ist ansteckend wie ein Grippevirus. Diese Menschen glitzern – und wer hat nicht gerne strahlende Personen um sich herum?

Doch neben dem Entrümpeln und dem Entwickeln einer Vision ist es von ebenso großer Bedeutung, sich mit aller Konsequenz für den Erfolg zu entscheiden. Wenn Sie wissen, was Ihnen gut tut und was Sie wirklich wollen, dann müssen Sie nicht nur mit dem Kopf, sondern auch mit dem Herzen ja zu Ihrer Idee sagen. Ihre Vision formuliert Ihr Vorhaben und Ihre Wünsche, zusätzlich brauchen Sie aber eine Haltung, die Sie dabei unterstützt, erfolgreich den Weg zur Realisierung Ihrer Wünsche zu gehen. Wenn Ihre Vision nur eine Kopfgeburt ist und Sie nicht mit Ihrem ganzen Herzen an sie glauben, wenn Ihnen die innere Stabilität und Ausgeglichenheit fehlen, dann kommen Sie unterwegs vom Weg ab oder brechen entkräftet zusammen. Doch keine Sorge. Die Uschi-AG lässt Sie nicht allein. Im nächsten Kapitel nehme ich Sie an die Hand, um Ihnen den Weg zur Erfüllung Ihrer Wünsche zu erleichtern. Folgen Sie mir und werden Sie mehr und mehr zu einer Uschi. Mit den Job-Prinzipien werden Sie eine Haltung erlangen, die Sie stark genug macht, Ihre Wünsche zu verwirklichen.

5. Uschis entscheiden sich für Erfolg

Ja, ich will!

»Ja, ich will ab jetzt erfolgreich sein. Ja, ich will!« Es klingt so einfach. Ist es das auch? Müssen Sie wirklich nur »Ja, ich will« sagen, und schon ist der Erfolg in Ihrem Leben? Genauso ist es, wenn es auch nicht ganz so leicht zu realisieren ist, wie es den Anschein hat.

Wenn man stets davon ausging, dass Erfolg für die anderen bestimmt sei, sich in Jammern und Selbstmitleid erging und zusehen musste, wie ein Coup nach dem anderen an einem vorbeirauschte, dann kommt dieser simple Satz einer persönlichen Revolution gleich. Manche Frauen bringen ihn nicht einmal über die Lippen, weil er in ihrem Kopf gar nicht existiert. Noch einmal zur Wiederholung: »Ja, ich will ab jetzt erfolgreich sein. Ja, ich will!«

Wenn Sie sich mit diesen Worten noch immer schwer tun, dann sind wieder spezielle Glaubenssätze der Grund für die Blockade. Irgendein kleines Teufelchen sitzt Ihnen auf der Schulter und flüstert Ihnen zum Beispiel ins Ohr, dass Sie keinen Erfolg verdient haben oder dass er etwas ganz Schlimmes sei, weil erfolgreiche Menschen nämlich immer einsam sind. Diese teuflische innere Stimme hat sich in der Kindheit gebildet. Entsprechende Äußerungen kursierten in Ihrer Umgebung und wurden von Ihnen aufgeschnappt und zu einer festen Überzeugung installiert.

Das heißt aber noch lange nicht, dass diese Überzeugung tatsächlich auch richtig und sinnvoll ist. Im Gegenteil, sie ist so falsch wie die verbreitete Meinung: »Was Hänschen nicht lernt, lernt Hans nimmermehr.« Jeder Mensch kann zu jeder Zeit neue Fähigkeiten ausbilden. Das hat meine Oma ganz hervorragend bewiesen, als sie mit achtzig Jahren eine elektrische

Schreibmaschine geschenkt bekam und daraufhin das Zehnfingersystem erlernte, weil sie der vornehmen Schreibmaschine ihr »Adlersuchsystem« nicht zumuten wollte. Gleiches gilt für den Erfolg. Nur weil weite Teile der Bevölkerung glauben, Erfolg wäre nur für einige wenige Menschen reserviert, oder weil ausgerechnet Sie bisher glaubten, Sie hätten den Erfolg aus irgendwelchen abstrusen Gründen nicht verdient, stimmt das noch lange nicht. Jeder Mensch hat Erfolg verdient, und Erfolg macht auch nicht einsam. Sie können ihn sich also beruhigt wünschen.

Uschis Job-Prinzip Nr. 3: Wünsch dir was!

Wünschen Sie sich Erfolg. Sie müssen dafür kein originelles Ritual veranstalten oder mit Hilfe eines Priesters den direkten Draht zum Universum organisieren. Wünschen Sie sich einfach Erfolg. Es reicht, wenn Sie es denken oder einfach mal leise aussprechen.

Ich kann Ihnen versichern, ich kenne dieses Teufelchen nur zu gut. Aus irgendeinem Grund ist es mir monatelang kaum gelungen, den »Ja, ich will«-Satz klar und deutlich auszusprechen, obwohl mein Gehirn schon längst verstanden hatte, worin die Selbstblockaden begründet lagen. Irgendetwas sperrte sich in mir.

In dem Buch *Gewonnen wird im Kopf, gestolpert auch* von Gabriele Stöger und Mona Vohl fand ich Antworten, wie die Selbstsabotage bei mir funktionierte. Schöne Ziele und spezielle Vorhaben wurden mit besonderer Vorliebe von mir blockiert. Wenn ich zum Beispiel regelmäßig Sport machen wollte, hielt ich immer nur ein paar Wochen mit den guten Vorsätzen durch. Zunächst war ich ganz begeistert von meinem neuen sportlichen Leben, aber schon nach kurzer Zeit schlich sich der alte Schlendrian wieder ein. Das lag nicht daran, dass die Übungen doch nicht so nützlich waren, wie ich gedacht hatte. Nein, ich vermisste während dieser Zeit nur etwas anderes. Weil ich in den Aktivphasen dreimal die Woche im Fitnessstudio war, hatte ich wesentlich weniger Freiräume, um mit meinen Freundinnen im Café zu sitzen und zu plaudern. Ginge ich nicht mehr zum Sport, verschaffte mir das den Gewinn, wieder häufiger mit meinen Lieben zusammensein zu können. Das war so verlockend, dass ich mich schließlich im Fitnessstudio abmeldete. Der Sekundärgewinn war, dass ich mich nicht ändern musste. Ich wollte meine Freizeit in der gewohnten Art und Weise verbringen und opferte dafür die guten Vorsätze für ein gesünderes Leben.

Mir half der Vorschlag der beiden Autorinnen, sich den heimlichen Sekundärgewinn, also den Vorteil, den man durch die Eigenblockade erhält, näher in Augenschein zu nehmen. Als ich darüber nachdachte, wieso ich mich wohl unbewusst dafür entschieden hatte, erfolglos zu sein, fühlte ich mich ertappt. Ja, klar, so war es! Ich wollte gar keinen Erfolg, ich wollte mich gar nicht wirklich verändern, denn ich hatte Angst davor, einer neuen Situation nicht gewachsen zu sein: Mir wäre es unheimlich vorgekommen, wenn ich auf einmal wie eine Siegerin dagestanden hätte. Ich wusste doch überhaupt nicht, wie es ist, wenn man Erfolg hat. Wie fühlte sich das an? Mit wurde plötzlich bewusst, dass ich mich in meiner Welt des Misserfolges ganz gut eingerichtet hatte. Hier kannte ich mich aus, war vertraut mit meinem damit verbundenen Gefühlshaushalt, hier fühlte ich mich kompetent. Ich war ja in den Jahren zuvor eine regelrechte Expertin im Jammern, beim Selbstmitleid und vor allen Dingen im Anwenden der Kopf-durch-die-Wand-Methode geworden. Genau das war mein Sekundärgewinn. Ich hielt mich selbst davon ab, den simplen Satz »Ja, ich will ab jetzt erfolgreich sein« auszusprechen, weil ich es eigentlich in der mir vertrauten Situation ganz gemütlich fand. Es hatte seine Vorteile, sich nicht zu ändern. Also änderte ich nichts.

Die Sehnsucht nach dem Sekundärgewinn können wir nicht

so einfach überlisten. Es nützt nichts, gute Vorsätze zu haben. Das kennen Sie sicherlich von Silvester: Vieles, was man sich an diesem Abend so großartig vorgenommen hat, versandet oftmals schon nach wenigen Tagen. Aber wenn SieIhren Sekundärgewinn entdeckt haben und verstehen, was Sie davon abhält, neue Ziele zu verwirklichen, ist das schon mal die halbe Miete. Dann können Sie nach Lösungen suchen, wie Sie beides verwirklichen: Ihr Ziel und den Sekundärgewinn. Meine Lust, gesünder zu leben, konnte ich auch erst verwirklichen, als ich meinen Sekundärgewinn erkannte und anschließend nach neuen Resultaten suchte. Für mich ist es nicht das Richtige, dreimal die Woche zum Sport zu gehen. Also brauchte ich eine Alternative. Ich verkaufte mein Auto und fahre seitdem fast alle Strecken mit dem Fahrrad. So komme ich an die frische Luft, bewege mich und habe immer noch genügend Zeit zum Kaffeetrinken.

Uschis Job-Prinzip Nr. 4: Handle strategisch!

Gefahr erkannt, Gefahr gebannt. Wenn Sie Ihrem Sekundärgewinn auf die Schliche gekommen sind, können Sie abwägen, ob er Ihnen tatsächlich so sehr von Nutzen ist, wie Sie bisher glaubten. Sollten Sie zu dem Schluss gelangen, dass Sie von jetzt an Ihrem bisherigen Sekundärgewinn den Erfolg vorziehen, dann ändern Sie Ihre Strategie. Aber sorgen Sie dafür, dass Sie auch eine Befriedigung Ihres Sekundärgewinns sicherstellen, denn sonst macht Ihnen Ihr innerer Schweinehund wieder einen Strich durch die Rechnung.

Bei mir funktionierte die Strategie, den Sekundärgewinn zu integrieren, weil mir klar war, dass ich beides wollte: die Gesundheit und die Zeit für Freunde. Ich entschied mich für eine Lösung, die beide Bedürfnisse befriedigte. Ich überlegte so lange, bis ich sie hatte, denn ich wollte Verantwortung für mein Leben übernehmen und mich nicht von Fitnesswelle zu Fitnesswelle und ihren unvermeidlichen Frustphasen treiben lassen. Und als ich die Lösung hatte, setzte ich sie um. Das Schöne ist: Es funktioniert!

Wenn Sie sich für Erfolg entscheiden wollen, meine Liebe, dann schauen Sie einmal genau hin, welchen Sekundärgewinn Sie bisher aus Ihrem Leben ziehen. Gibt es irgendetwas, was Sie vom Erfolg abhält? Gibt es einen Grund, der Ihr bisheriges Leben attraktiver machen könnte als ein Leben auf der Karriereleiter? Vielleicht sitzen Ihnen ja auch kleine Teufelchen im Ohr, die Ihnen einflüstern, dass Sie nicht erfolgreicher sein dürfen als Ihr Bruder oder dass Erfolg Sie zu einem schlechten Menschen macht. Vielleicht sind alle Ihre Freunde und Bekannten hungerleidende Künstler, und Sie haben Angst, sie zu verlieren, wenn Sie plötzlich gutes Geld verdienen. Sie müssen diese Teufelchen ernst nehmen, denn sonst blockieren diese Sie immer wieder auf dem Weg zu einer Uschi.

Doch wenn Sie gründlich nachdenken und Lösungen gefunden haben, wie Sie die Teufelchen in den Griff bekommen und ihren Sekundärgewinn befriedigen, dann können Sie einen wahrhaft königlichen Schritt tun: Sie entscheiden sich für Erfolg. Sagen Sie ja zum Erfolg und lassen Sie ihn endlich in Ihr Leben.

Wollen Sie wirklich?

Die Entdeckung des Sekundärgewinns brachte mich noch auf eine andere Idee. Immer wieder hatte ich mich gefragt, wieso ich, obwohl die Uschi-Prinzipien doch augenscheinlich funktionierten, Mr Right immer noch nicht gefunden und erobert hatte. Eine Kartenlegerin klärte mich über meine Selbstblockade auf. Als ich mit dieser aufräumte, stand Mr Right vor der Tür – und es hatte nichts, wirklich gar nichts mit Magie zu tun.

Als mir die Frau die Tarotkarten legte, zog ich die Karte »Die Liebenden«. Ha, dachte ich, wie wunderbar! Das konnte nur ein gutes Zeichen sein, denn langsam hatte ich die Nase von den beliebigen Verehrern voll und wollte mir endlich meinen langersehnten »Wüstenrot-Traum« (Mann, renovierte Scheune, Kind im Garten spielend) erfüllen. Ich wartete gespannt auf die Erklärungen der weisen Frau. Allerdings konnte ich mir kaum vorstellen, dass das, was ich zu hören erwartete, nicht eintreten würde. Die Karte hatte für mich eine eindeutige Aussage: zwei Liebende, ein Mann und eine Frau, fast schon miteinander verbunden und gut behütet von einem Engel. Was sollte da nicht stimmen? Ich war überzeugt davon, dass nun alles mit Hilfe des Universums gut werden würde …

Die Kartenlegerin lachte, als ich beim Aufdecken der »Liebenden« erleichtert seufzte. Sie bestätigte mich in meiner Hoffnung. Aber sie wies mich noch auf eine weitere Bedeutung der Karte hin, die ich fast noch beeindruckender fand als die Prophezeiung, dass Mr Right bald in mein Leben treten würde. »Die Liebenden« stehen im Tarot nicht nur für Liebe, sondern auch für einen Entschluss. Die Karte fordert dazu auf, eine Entscheidung aus vollem Herzen zu treffen. Ein Widerspruch zu einer Liebesprophezeiung ist das nicht, denn auch richtiges Verlieben und eine Beziehung funktionieren nur, wenn man sich dazu bekennt.

Ich lernte durch die Kartenlegerin, dass Mr Right erst in mein Leben treten würde, wenn ich wirklich ja zu einer Partnerschaft sagte. Ehrlicherweise gestand ich mir ein, dass ich dies in der Tat in den letzten Monaten nicht getan hatte. Als ich die Uschi-Prinzipien entdeckte, genoss ich eine Zeit lang das glitzernde Leben voller Flirts und Verehrer. Jetzt hatte ich genug davon, meine Sehnsucht nach Bestätigung war befriedigt, nun wollte ich mehr. Ich wollte Qualität statt Quantität, und nach dem Besuch bei der Tarotexpertin sagte ich ohne irgendwelche inneren Zweifel ja zu einer Beziehung. Mr Right ließ dann auch nicht lange auf sich warten.

Erst später begriff ich, dass das, was ich über die Karte der »Liebenden« erfahren hatte, auf alle anderen Lebensbereiche übertragbar war. Ganz gleich, wie meine Wünsche und Ziele aussahen, ich musste ohne Skepsis dahinterstehen. Nur auf diese Weise konnten sie in Erfüllung gehen, nur dann war das Universum bereit, mir dabei zu helfen.

So war es auch beim Thema Erfolg. Erst als ich tatsächlich bereit war, erst als ich ohne Zweifel ja zum Erfolg in meinem Leben sagte, wurde ich auch erfolgreich. Natürlich musste ich zuvor einige Dinge abwägen und herausfinden, welche Form des Erfolges ich eigentlich wollte. Aber als ich wusste, wie mein ganz spezielles erfolgreiches Leben aussehen sollte, konnte ich standhaft beschließen, erfolgreich sein zu wollen.

Bei der Umsetzung half mir ein kleiner Trick. Der Satz »Ja, ich will ab jetzt erfolgreich sein« schien mir vergleichbar mit dem ersten Uschi-Prinzip: »Sei eine Königin!« Wenn ich konsequent nach diesem Prinzip lebe, so überlegte ich mir, müsste es mir doch leichter fallen, diesen verflixten »Ja, ich will ab jetzt erfolgreich sein«-Satz auszusprechen. Gedacht, getan: Es klappte. Und wie!

Uschis Job-Prinzip Nr. 1: Sei eine Königin!

Hat es »klick« bei Ihnen gemacht? Dann legen Sie kurz die Uschi-AG beiseite, gehen Sie ins Badezimmer, schauen Sie in den Spiegel und sprechen Sie den magischen Satz laut aus: »Ja, ich will ab jetzt erfolgreich sein.« Wiederholen Sie ihn mehrmals. Drücken Sie die Brust raus und ziehen Sie den Bauch ein. Lächeln Sie sich an, seien Sie eine Königin und sagen Sie den Satz wieder und wieder, bis er sich überzeugend anhört. Am besten jeden Morgen und jeden Abend vor und nach dem Zähneputzen.

In dem Moment, in dem ich verstand, dass ich eine Königin in allen Lebensbereichen bin, konnte ich den magischen Satz denken und aussprechen. Wieso? Ganz einfach, ich *wusste,* dass es mir, der Königin, zusteht, erfolgreich zu sein. Ich erkannte auf einmal meinen Wert und sah plötzlich deutlich vor mir, wie verlockend der Erfolg glitzerte. Außerdem begriff ich, dass es gar nicht darum ging, den magischen Satz zu formulieren und bereits in der nächsten Sekunde die berühmte Fee vor mir stehen zu haben, die mir meinen Wunsch erfüllt. Nach dem ersten Uschi-Prinzip wusste ich, dass ich erst einmal so tun müsste, als wäre ich erfolgreich, dann würde ich auch erfolgreich werden. Nicht nur die anderen Menschen, die mir helfen würden, erfolgreich zu werden, nähmen mich in der Folge als eine erfolgreiche Person wahr, nein, auch ich hätte die Chance, mich an diesen wunderbaren Gedanken zu gewöhnen: Ich bin erfolgreich!

Wünschen Sie richtig!

Normalerweise schreibe ich die Dinge auf, die ich mir wünsche. Wie Kinder vor Weihnachten, mache ich mir regelmäßig Wunschzettel. Ich weiß, dass ich die Sachen ernster nehme, wenn ich sie aufschreibe. Das ist wie bei einem Einkaufszettel: Den brauche ich danach nicht mehr mit auf den Markt zu nehmen, weil sich das, was ich schriftlich festhielt, in mein Hirn gebrannt hat. Ich schreibe alles auf, was ich mir wünsche, oder ich gestalte eine Collage oder male ein Bild, hänge das jeweilige Werk auf, damit ich immer wieder an meinen Wunsch erinnert werde und alles für dessen Realisierung tue.

Doch als ich herausfand, dass der Satz »Ja, ich will ab jetzt erfolgreich sein« genauso funktionierte wie das erste Uschi-Prinzip »Sei eine Königin!«, war ich derart fasziniert von der sofortigen Wirkung, dass ich meine alte Regel – »Mach dir Notizen und hänge sie sichtbar irgendwo hin, damit du ständig daran erinnert wirst« – vollkommen vergaß. Die Übertragung gelang so perfekt, dass ich regelrecht Zeit brauchte, um den Umgang mit den kleinen Erfolgen zu lernen.

********************************** U

Uschis Job-Prinzip Nr. 3: Wünsch dir was!

Wenn Sie noch ungeübt mit den Bestellungen beim Universum sind, dann beginnen Sie am besten mit vielen kleinen Wünschen, um sich zu versichern, dass der universale Lieferservice auch tatsächlich funktioniert. Was wären kleine Wünsche zum Thema Erfolg, mit denen das Universum Sie überzeugen könnte?

****

Ich gewöhnte mich schnell an den Erfolg. Irgendwann wurde ich mutiger, genoss das königliche Gefühl und wollte hier noch ein bisschen mehr Erfolg und da noch einen Zuschlag. Wie herrlich, endlich bekam ich nicht nur die Krümel vom Kuchen, sondern ganze Stücke. Das Schöne daran war, dass sich langsam immer deutlichere Bilder in meinem Kopf formierten, wie Erfolg für mich persönlich aussehen sollte. Ich wollte das Gefühl der Anerkennung spüren, meine alten Job-Wunden sollten verheilen, auch wollte ich gerne ein beruhigendes Gefühl bezüglich meines Kontostandes haben. Mit diesen Direktiven umriss ich mein individuelles Erfolgskonzept. Aber anscheinend sind solche Formulierungen zu abstrakt für das Universum. Nach den ersten kleinen Erfolgen dauerte es ewig, bis ich die nächste größere Hürde nahm.

Vor einiger Zeit dachte ich, dass es eine feine Sache wäre, wenn ich 30 000 Euro besäße. Eine solche Summe erschien mir ideal, um all die angesammelten Wünsche der letzten Monate zu erfüllen. Deswegen bestellte ich exakt diesen

Geldbetrag beim Universum. Nichts passierte. Nach vier Wochen wurde ich etwas ungeduldig. Also beschloss ich, es »denen da oben« etwas leichter zu machen: Ich kaufte Lotterielose.

Diese Lose brachten mir so ziemlich exakt den Betrag ein, den ich für sie ausgegeben hatte. Zunächst war es so, dass ich mich über die kleinen Gewinne freute. Dann kam eine Phase der Enttäuschung, weil meine Gewinnsumme nie mehr als zehn Euro betrug. Aber ich versuchte, mich nicht weiter darüber zu grämen, sondern beschloss, mich auch über die kleinen Beträge zu freuen. Das war dumm von mir. Bescheidenheit ist einer Uschi wirklich nicht würdig!

Das Spiel mit den Losen betrieb ich fünf Monate lang – ohne Erfolg. Anscheinend wollte mir das Universum die 30 000 Euro nicht geben. Und das wohl aus zwei Gründen. Erstens war es gekränkt, dass ich ihm nicht zugetraut hatte, es allein auf die Reihe zu bekommen. Die Lose waren wirklich nicht nötig gewesen. Der zweite Grund wog aber viel schwerer: Das Universum konnte nicht verstehen, warum ich unbedingt Geld haben wollte. Hätte ich konkrete Wünsche geäußert und etwa gesagt: »Liebes Universum, ich würde mir gerne einen schicken Maßanzug schneidern lassen«, dann wäre das für die da oben leicht zu organisieren gewesen. Aber was will man mit diesem abstrakten Zeug, diesen bedruckten Papierstückchen und Metalldingern? Also stornierte ich meine Bestellung und gab stattdessen einen supertollen Hosenanzug beim Universum in Auftrag – es dauerte keine drei Wochen und der Wunsch erfüllte sich. Ich traf eine Modedesignstudentin, die mir einen Anzug als Seminararbeit fertigte. So bekam ich einen außergewöhnlich schicken Hosenanzug, der weit weniger Geld kostete, als ich dafür eingeplant hatte. So einfach war das. Die 30 000 Euro verloren immer mehr an Bedeutung, denn auch alle meine anderen Wünsche erfüllten sich innerhalb weniger Wochen – aber erst, als ich sie auf eine konkrete Art und Weise formuliert hatte. Mit einem Berg Geld hatten sie alle nichts zu tun. Meine Güte, was war ich damals eine langsame Nachwuchs-Uschi!

Uschis Job-Prinzip Nr. 4: Handle strategisch!
Halten Sie mal kurz inne und überlegen Sie, welche Wünsche Ihnen bisher vom Universum nicht erfüllt wurden, weil sie eigentlich unsinnig waren. Sie fallen Ihnen wieder ein? Wunderbar, dann weg damit! Uschis ändern ihre Strategien, wenn sie nicht mehr funktionieren.

In schlauen Karrierebüchern steht oftmals, man solle seine Wünsche visualisieren. Das klingt nach einem großartigen Tun, ist aber nichts anderes als das, was ich eben beschrieben habe. Man muss sich konkret vorstellen, sich im wahrsten Sinne des Wortes ausmalen, was man erreichen möchte. Und jetzt nicht kneifen: Es ist schon gut, sich in Gedanken und Tagträumen die Wünsche auszumalen, aber noch besser ist es, sie tatsächlich mit Farben zu Papier zu bringen. Sobald Sie sich kreativer Möglichkeiten bedienen (Sie können Ihre Wünsche auch mittels Singen oder Tanzen zum Ausdruck bringen), nutzen Sie nicht nur Ihren schlauen Kopf, sondern setzen zusätzlich Energien aus Ihrem Unterbewusstsein frei, das Ihnen auf direkteste Weise Ihre wahren Wünsche verrät.

Wissen Sie, wie Männer dabei vorgehen? Ich lege dafür nicht meine Hand ins Feuer, aber angeblich stellen sich Männer jeden Tag vor, wenn sie das Unternehmen betreten, in dem sie arbeiten, dass sie eines Tages das Unternehmen führen werden. Sie haben ihr Ziel klar vor Augen, spüren schon das feine Leder des Vorgesetztensessels und haben den Geschmack der teuren Zigarre auf der Zunge. Fangen auch Sie an, Ihr inneres Bild zu gestalten, und beschwören Sie es täglich wie ein Mantra. Wie fühlt es sich an, wenn Sie dort angelangt sind, wo Sie hinwollen? Wie sieht es in dieser Umgebung aus? Was bekommen Sie dann zu hören? Wie riecht der Erfolg? Was macht die Tage schön?

Der erste Schritt zum Erfolg ist, dass dieses Bild immer konkreter und ein Teil Ihres Lebens wird. Wenn Sie selbst an sich glauben, wenn Sie diesen Traum, dieses Ziel wirklich lieben, dann wird es sich auch manifestieren.

Uschis Job-Prinzip Nr. 3: Wünsch dir was!
Je sinnlicher und klarer das Bild ist, mit dem Sie sich etwas Gewünschtes ausmalen, desto leichter fällt es dem Universum, Ihre Wünsche zu erfüllen.

Ich bin fest davon überzeugt, dass 2004 ein wunderbares und erfolgreiches Jahr war, und zwar aus dem Grund, weil meine Lieblingsfreundinnen und ich Silvester 2003 ein Wunschritual durchführten: Nach einem opulenten Menü saßen wir zusammen und bastelten aus alten Zeitschriften Collagen mit unseren Wünschen fürs neue Jahr. Die Atmosphäre war völlig euphorisch, vielleicht auch deshalb, weil wir immer mutiger wurden und richtig große und sogar »verrückte« Wünsche auf unsere Collagen klebten. Bei mir war es zum Beispiel das Wort »Bestseller«. Natürlich wusste ich, dass das *Uschi-Prinzip* ab Mai 2004 in den Buchhandlungen zu kaufen wäre, und insgeheim hoffte ich, dass es nicht nur ein kleiner, sondern ein großer Erfolg werden würde. Aber ein Bestseller? Dieses Wort hatte ich mich bis dahin noch nicht getraut auszusprechen. Ich klebte es intuitiv auf meine Collage, weil ich das Wort in einer Zeitung fand und es mich ansprach. Nur fünf Monate später wurde der Wunsch Wirklichkeit.

We are the champions!

Ich bin etwas unsicher, was ich vom positiven Denken halten soll. Ist das nur abstruser Kram oder gibt es auch ernstzunehmende Aspekte bei dieser Denkmethode? Mir ist klar, dass mich mein langjährig eingeübter Pessimismus auch nicht weitergebracht hat und einer wahren Uschi auch nicht steht. Auf der anderen Seite kann ich mir nicht vorstellen, dass man einfach den Schalter umlegen kann, indem man »Tschakka« ruft, wie manche Motivationstrainer predigen, und alles wird gut. Und wenn etwas nicht klappt, dann ist man auch noch selbst dafür verantwortlich, weil man nicht positiv genug gedacht hat. So richtig toll finde ich das nicht, bei mir hinterlässt das ein mulmiges Gefühl. Dann lebe ich lieber nach den Uschi-Prinzipien. Auch diese empfehlen, etwas wohlgelaunter und zuversichtlicher durch die Welt zu gehen. Sie fordern uns aber nicht dazu auf, einen Zauberspruch zu sagen, und alles wird super. Die Uschi-Prinzipien leiten uns eher dahin, die Frau zu werden, die wir wirklich sind. Sie helfen uns, mehr und mehr unserer eigenen Persönlichkeit bewusst zu werden und unsere Talente zu nutzen. Der Erfolg und die Glitzer-Ausstrahlung kommen dann wie von selbst. Zwar geht es bei den Job-Prinzipien auch darum, an etwas zu glauben, aber nicht an einen Zauberspruch, sondern an uns selbst.

Der Glaube versetzt bekanntlich Berge, und wenn er Berge versetzen kann, dann auch ganze Gebirgsketten. Dies habe ich jedenfalls schon als junges Mädchen erfahren. Damals spielte ich Handball. Mir persönlich war es nicht so wichtig, dass unsere Mannschaft ziemlich erfolglos war, denn sonderlich sportlich war ich noch nie. In einer erfolgreicheren Crew hätte ich vielleicht auch gar nicht mitspielen dürfen. Mir gefiel es also bei meinen »Verlierern«. Meine Freundinnen waren mit im Team, und auch sonst fühlte ich mich im Verein bestens aufgehoben und zu Hause.

Eigentlich waren wir nicht nur schlecht, wir waren grottenschlecht. Wir spielten in der untersten Klasse, auf den untersten Plätzen. Niemand hatte Lust, unsere Spiele zu sehen, sie waren auch nicht wirklich spannend. Unsere Niederlage war so gut wie vorprogrammiert – bis eine neue Mitspielerin in unsere Mannschaft kam. Ich weiß nicht, wie sie ausgerechnet zu unserem Team stieß, jedenfalls veränderte sie alles. Sie fiel dadurch auf, dass sie fast immer und überall einen Ghettoblaster auf den Schultern trug. Sie hatte zwei Lieblingssongs: »We Are The Champions« von Queen und »Lass uns leben« von Marius Müller Westernhagen. »Lass uns leben« dichteten wir in »Lass uns siegen« um, beide Songs grölten wir begeistert mit. Das taten wir eines Tages auch in der Umkleidekabine bei einem Turnier. Für die anderen Mannschaften muss das wohl recht einschüchternd gewesen sein. Berauscht von der Musik, konnten wir das Singen auch auf dem Spielfeld kaum lassen, und ein Wunder nach dem anderen passierte. Wir gewannen Spiel um Spiel und schließlich das Turnier. Das hatte die Welt noch nicht gesehen! Anschließend, unter der Dusche, lachte unsere neue Spielerin und prophezeite uns den Gewinn der diesjährigen Meisterschaft. Wir waren zwar sehr euphorisch ob unseres Triumphes, aber auch noch die Meisterschaft zu gewinnen, das konnten wir uns beim besten Willen nicht vorstellen.

Der Erfolg des Turniers beflügelte uns. Die Musik setzten wir ab sofort wie ein Ritual ein. Immerzu hörten wir die beiden Songs. Doch das reichte unserer neuen Mitspielerin noch nicht. Sie hatte eine weitere Idee. Sie besorgte uns die *Rocky*-Filme, in denen der heruntergekommene Boxer Rocky Balboa, alias Sylvester Stallone, hart für seine Wettkämpfe übt. Wir kopierten die Trainingsszenen und schnitten diese zusammen. Wieder und wieder sahen wir uns unseren »Trainingsfilm« an. Wir kauften uns schwarze Jogginganzüge und weiße Handtücher, um so auszusehen wie Rocky, und wenn wir durch die Landschaft joggten, sangen wir dazu Songs aus dem Rocky-

Soundtrack. Wir klangen wie die US-Armee samt Drillmaster. Es war eine verrückte Zeit.

******************************** U

Uschis-Job-Prinzip Nr. 4: Handle strategisch!

Hängen Sie den Begriff »Strategie« nicht zu hoch. Nicht, dass Sie sich davor noch fürchten. Strategisches Handeln ist planvolles Handeln in Hinblick auf ein Ziel. Auch wenn man verrückte Dinge tut, kann das eine Strategie sein und sich am Ende als sinnvoll erweisen.

****

Unser außergewöhnliches Programm funktionierte jedoch: Wir gewannen Spiel um Spiel. Das sprach sich herum. Nach wenigen Spielen hatten wir sogar Zuschauer. Es begeisterte unsere Fans, dass wir stolz wie die Handball-Nationalmannschaft das Spielfeld betraten und dabei so selbstsicher wirkten, dass unsere Gegnerinnen zitterten. Wir glaubten an die Magie unser Songs. Egal, woran es letztlich lag – wir gewannen, und das nicht nur einmal.

Seit diesen Siegen weiß ich, dass der Glaube nicht nur sprichwörtlich Berge versetzen kann. Manchmal, wenn alte Zweifel wieder in mir hochkommen wollen, dann summe ich ein munteres Liedchen vor mich hin. Manchmal »We Are The Champions«, manchmal »Lass uns siegen« oder den Rocky-Soundtrack. Und es funktioniert.

******************************** U

Uschis Job-Prinzip Nr. 2:
Lebe nach dem Lustprinzip!

Seien Sie nicht immer so ernst, sondern betrachten Sie die Welt ruhig einmal mit einem Augenzwinkern. Glauben Sie an sich und leben Sie nach dem Lustprinzip. Sie werden sehen, was plötzlich alles möglich ist.

****

Und wie immer, bevor Sie richtig loslegen, sollten Sie sich ein wenig aufrüschen. Frauen lieben es, vor dem großen Start noch einmal shoppen zu gehen. Zu Recht. Der Schritt in ein neues Leben ist viel einfacher, wenn man gut angezogen ist und sich wohl fühlt. Aber vergessen sie nicht, dann auch wirklich loszulegen. Nur vom Shoppen erfüllen sich Ihre Träume nicht!

Ich will hier noch ein paar weitere Worte über Businessoutfits hinzufügen. Eine wahre Königin kümmert sich mit Sorgfalt um ihre Robe, denn Sie weiß um deren Wirkung. Glitzern Sie aber hauptsächlich von innen heraus, gehen Sie aufrecht und selbstbewusst durchs Leben, strahlen Sie vor Energie – und alle wichtige Vorhaben gehen Ihnen viel leichter von der Hand.

Wie schon gesagt, das Businessoutfit muss zu Ihnen und Ihrer Umgebung passen, kann also demzufolge sehr verschieden sein. Eine Faustregel gibt es aber: Ziehen Sie sich immer einen Tick besser an als Ihre Kolleginnen. Wählen Sie kostbare und edle Accessoires, wenn Sie sich nur günstige Kleidung leisten können oder in Ihrem Beruf nur dezente Kostüme oder Uniformen erlaubt sind. Verzichten Sie nicht auf eine außergewöhnliche Spange im Haar oder ein schickes Halstuch, besonders wenn Sie Arbeitskleidung tragen müssen, die im Laufe des Tages auch noch schmutzig wird. Mit diesen Kleinigkeiten sind Sie besser gekleidet als andere. Sie sind Ihr Markenzeichen und geben Ihnen den königlichen Glitzer, der Sie zum Strahlen bringt.

Sie sind eine Frau. Achten Sie auf Ihr Äußeres! Männern verzeiht man eine gewisse Strubbeligkeit und Schlampigkeit schon eher. Ihnen nicht! Zu kurze Hosen, ein offenes Hemd, ein Fleck auf der Krawatte werden bei Männern oft augenzwinkernd entschuldigt. Ein zu enger oder zu kurzer Rock oder Schokoladeneis auf der Bluse bei Frauen dagegen nicht. Durch Nachlässigkeiten bei Kleidung, Haaren oder Fingernägeln legen Sie sich selbst nur Steine in den Weg. Natürlich ist es Ihre eigene Entscheidung, wie viel Wert Sie auf Ihre äußere Erscheinung legen, aber Sie sollten sich der »Kosten« für die Missachtung dieser Regel bewusst sein. Wenn sie ungepflegt, nachlässig angezogen oder übergewichtig sind, werden Sie es schwerer haben. Männer mit Macht und einem gewissen Alter dürfen ihren Wohlstandsbauch stolz vor sich hertragen. Frauen wird oft fehlende Disziplin und mangelnde Willensstärke unterstellt, wenn sie runde Hüften haben. Ich darf das sagen, denn ich kämpfe schon seit ewigen Zeiten mit meinem Gewicht und weiß sehr wohl, dass ich weitaus überzeugender meine Zielstrebigkeit unter Beweis stellen muss als eine sportlich gestählte Kollegin. Die Entscheidung liegt bei Ihnen: Wollen Sie sich den gängigen Maßstäben unterordnen, um Karriere zu machen, oder ist Ihnen das persönliche Wohlfühlgewicht lieber. Egal, welchen Entschluss Sie fassen: Wichtig ist, dass Sie zu Ihrer Persönlichkeit stehen, denn dadurch werden Ihre Vorteile erst richtig zum Glitzern gebracht.

Für Frauen gibt es so viele Möglichkeiten, sich gut zu kleiden, Stärken hervorzuheben und Mängel zu kaschieren. Machen Sie sich hübsch und achten Sie auf Markenzeichen! Was aber nicht gerade ein zu tiefer Ausschnitt sein sollte. Der ist schick, wenn Sie sich ins nächtliche Szeneleben stürzen, nicht aber im Büro. Gefallen Sie den Männern nicht zu sehr. Es könnte Ihrem Ruf schaden.

Uschis Job-Prinzip Nr. 6:
Lass andere für dich arbeiten!

Outfit-Fragen sind wunderbare Gelegenheiten, Freundinnen einzuspannen. Wenn diese ein Gefühl für die Branche haben, in der Sie arbeiten, werden sie Ihnen sicherlich den einen oder anderen Tipp geben, wie Sie Ihr Outfit optimieren können, oder Sie mit einer kritischen Bemerkung vor einem falschen Fummel bewahren.

Meine Freundin Uschi wurde einmal wegen sexueller Belästigung am Arbeitsplatz zu einem Gespräch mit ihrem Vorgesetzten gebeten. Sie arbeitete auch als Trainerin und bevorzugte in ihren Seminaren den Stuhlkreis. Es war Sommer und sie trug keine Strümpfe. Ihr Rock war knielang, und hin und wieder schlug sie die Beine übereinander. Nun hatte sich ein Teilnehmer ihres Seminars beschwert, dass er die »Unterseite ihres Oberschenkels« gesehen hätte, er fühle sich dadurch sexuell belästigt. Uschi erzählte uns diese Geschichte bei einem unserer Frauenabende. Wir waren empört und mit ihr der Meinung, dass diese Anschuldigung doch wohl ein bisschen übertrieben sei. Und trotzdem stimmte sie uns nachdenklich. Meiner Freundin erging es nicht anders. Sie war extrem beschämt über die Aussage des Mannes und trug während Ihrer Seminare seitdem nur noch Hosen. Selbst wenn sie diesen Mann, der sich beschwert hatte, niemals wiedersehen würde, noch einmal sollte ihr so etwas nicht passieren. Als Frau musste man ausgesprochen vorsichtig bei der Wahl des Outfits zu sein, das lernten wir aus dieser Geschichte. Natürlich erwartet man von uns, dass wir uns hübsch machen. Aber sollten wir das übertreiben, wird uns sofort unterstellt, dass wir versuchen, mit unseren sexuellen Reizen Macht auszuüben. Ein gefährliches Terrain, meine Liebe, seien Sie auf der Hut! Kleiden Sie sich attraktiv, aber nicht aufreizend!

Natürlich können Sie aussehen, wie Sie wollen, wenn Sie dazu stehen und bereit sind, die Konsequenzen zu tragen. Aber seien wir mal ehrlich: Die pubertären Zeiten, in denen wir mit verrückten Outfits gegen Konventionen rebellieren mussten, sind vorbei. Wir sind erwachsene Frauen und übernehmen die Verantwortung für unser Leben – und damit auch für unser Outfit. Sorgen Sie dafür, dass bei Ihrer Kleiderwahl die positiven Konsequenzen überwiegen. Mit diesem Wissen werden Sie sich wohler fühlen und damit auch besser aussehen. Eben wie eine strahlende und erfolgreiche Uschi.

Nur Mut!

Also, meine Liebe, nun sind Sie gerüstet und können endlich loslegen. Sie wissen, was Sie wollen. Sie haben sich für Erfolg entschieden. Sie sehen gut aus. Dann sollten Sie Ihr neues Leben auch angehen. Was Sie noch brauchen: Mut für den ersten Schritt. Der Rest kommt dann von allein.

Meine Freundin Uschi war vor einiger Zeit mehr und mehr von ihrem Job genervt. Genauer gesagt, von ihrem Zweitjob. Um ihr Studium und ihren Lebensunterhalt zu finanzieren, reichte ein Job leider nicht aus. Da sie zwei Jobs hatte, konnte sie sehr genau benennen, was ihr an ihrem Zweitjob nicht gefiel. Leider war es nicht möglich, die erste Arbeitsstelle um einige Stunden auszubauen. Monatelang quälte sie sich. Und sie quälte uns, ihre Freundinnen, mit ihrer Jammerei. Es nützte auch nichts, ihr zu raten, sich einen anderen Zweitjob zu suchen. »Wann soll ich das denn noch machen?«, stöhnte sie. Ihr war einfach nicht zu helfen, und sie wollte sich nicht helfen lassen. Lieber jammerte sie uns die Ohren voll.

Dann begann von einem Tag auf den anderen der Frühling. Alle Menschen waren gut gelaunt, und auch mit meiner Freundin ging eine wundersame Wandlung vor sich. Ihr Entschluss wurde spontan gefasst: Noch an diesem ersten Frühlingstag kündigte sie den Job, der sie in den letzten Monaten so sehr belastet hatte. Sie wollte auch fröhlich sein und sich über das herrliche Wetter freuen, statt weiter zu lamentieren. Und siehe da: Nachdem Uschi die Kündigung ausgesprochen hatte, fiel ihr wie durch ein Wunder ein paar Stunden später ein neuer Job zu. Eine Bekannte sprach sie an, ob sie nicht Lust hätte, in ihrem Laden zu arbeiten, nachdem sie von ihrer Kündigung gehört hatte. Freudestrahlend erzählte sie mir die Geschichte. Es war, als hätte sich das Problem allein durch den Entschluss zur Kündigung gelöst. In meinen Augen hatte es das auch.

Ich weiß, bei einigen von Ihnen regt sich Widerspruch, und zwar nach dem Motto: »Na, so einfach ist es in den seltensten Fällen.« Oder Sie denken: »Jobs fliegen einem nicht zu, schon gar nicht in diesen schweren Zeiten.« Das mag ja sein. Trotzdem bin ich davon überzeugt, dass es genau dieser erste Schritt war, der das Wunder bewirkt hat. Nachdem Uschi ihren Entschluss gefasst hatte, glitzerte sie wieder. Ihre Ausstrahlung war gänzlich verändert, und das ist immens wichtig, um Wunder anzuziehen. Natürlich war es Zufall, dass die Erste, der sie von der Kündigung berichtete, einen netten Job für sie hatte. Aber selbst wenn sie nicht am selben Tag eine neue Arbeit gefunden hätte, so bin ich davon überzeugt, dass es nicht lange gedauert hätte. Es hätte sich noch die eine oder andere Möglichkeit für sie ergeben.

Wieso ich da so sicher bin? Ich weiß es einfach. Es ist immer so. Seitdem ich meine Umwelt daraufhin beobachte, finde ich immer weitere Belege für meine Behauptung. Das Universum hält so viel für uns bereit, wir müssen es nur annehmen – und uns nicht selbst im Wege stehen. Wenn wir schlecht drauf sind, sehen wir die Chancen nicht. Wir lamentieren, was uns nur eine miese Ausstrahlung beschert und zudem noch gewaltige Scheuklappen. Aber kaum haben wir eine Entscheidung getroffen, kaum sind wir innerlich dazu bereit, den ersten Schritt zu tun, passiert etwas. Wir gehen los und sehen uns auf einmal einer völlig neuen Situation gegenüber. Kaum haben wir uns bewegt, bewegt sich auch die Welt um uns herum, und wir können den großen Reichtum an Chancen erkennen. Wir müssen nur mit wachen Augen und offenen Ohren durch die Welt gehen und begreifen, dass uns der Reichtum auch wirklich zusteht. Dann gilt es zuzugreifen!

Uschis Job-Prinzip Nr. 5: Leg endlich los!
Also, jetzt nicht drei Jahre darüber nachdenken, was Sie wirklich wollen. Informieren Sie sich, was zurzeit aussichtsreich sein könnte, und fühlen Sie, was für Sie gut ist. Und dann legen Sie los. Wenn Sie es nicht versuchen, können Sie auch nicht wissen, ob Sie es mögen!

Und keine Sorge, Sie brauchen nicht allein zu gehen. Wenn Sie sich einmal dazu entschlossen haben, eine Uschi zu werden, dann sind Sie nicht allein. Es ist ganz wunderbar, immer mehr Frauen entscheiden sich für diese Haltung. Immer mehr Frauen beschließen, sich nicht mit dem abzufinden, was sie bisher hatten, sondern ihr Leben in die Hand zu nehmen und nach den Job-Prinzipien vorzugehen. Das bedeutet, meine Liebe, dass Sie nicht allein sind. Es gibt eine ganze Menge Unterstützung, Sie müssen sie nur sehen und annehmen. Am leichtesten geht das, wenn Sie sich mit anderen Frauen zusammenschließen und eine SHG gründen. Genau darum geht es im nächsten Kapitel.

6. Uschis Job-SHGs: With a little help from my friends

Hinter jeder erfolgreichen Frau steht ihre SHG

Früher war ich eine Einzelkämpferin. Ich dachte, das wäre normal, schließlich arbeitete ich in meinem Beruf als Trainerin vorwiegend allein. Meine sozialen Bedürfnisse lebte ich mit Freundinnen und Freunden aus. Ihnen erzählte ich auch von meinen beruflichen Problemen. Erfahrungsgemäß war das nicht allzu befriedigend. Oft war das, was ich berichtete, meinem Gegenüber fremd, so dass die Freundin wirklich nicht verstehen konnte, worauf meine Sorgen beruhten oder was mein Problem war. Noch schwieriger war es beim Partner oder Freunden. Männer haben oftmals die Angewohnheit, sofort mit Lösungen zu kommen, wenn ihnen eine Frau von ihren Schwierigkeiten erzählt. Das ist zwar sehr nett gemeint und aus ihrer Perspektive sicherlich auch zweckdienlich, aber wir Frauen reagieren auf solche Vorschläge häufig gereizt. Das liegt daran, dass wir andere Erwartungen haben.

Manchmal reicht es, sich den Schlamassel von der Seele zu reden. Noch während wir unser Herz ausschütten, sortieren sich unsere Gedanken, so dass wir am Ende selbst zu einem Ergebnis gelangen. Oder aber das Erzählen entlastet uns dermaßen, dass wir endlich mal wieder eine Nacht durchschlafen können, statt uns im Bett von einer Seite auf die andere zu wälzen und krampfhaft nach einer Lösung zu suchen. Wenn wir dann am nächsten Tag entspannt und ausgeschlafen zur Arbeit gehen, sehen wir die Lösung plötzlich vor uns und können sie sogar annehmen. Wenn aber Männer schon Lösungen parat haben, obwohl wir erst mal erzählen wollen, reagieren wir häufig ungehalten. Deswegen empfehle ich Frauen, sich in Job-Dingen allein mit Frauen zu beraten.

Als ich mich selbständig machte, tat ich das in einer Stadt, in der ich noch nicht lange wohnte. Ich besuchte Existenzgründungskurse und ließ mich von vielen Menschen beraten. Überall spitzte ich die Ohren, ob nicht nette und interessante Leute in meiner Nähe waren.

*********************************** U

Uschis Job-Prinzip Nr. 5: Leg endlich los!

Wenn Sie nur zu Hause im stillen Kämmerlein sitzen, werden Sie keine Frauen finden, die Sie unterstützen. Also gehen Sie raus! Es gibt unzählige Netzwerkveranstaltungen, etwa Visitenkartenpartys, Vorträge oder Seminare, bei denen Sie Kolleginnen – oder Frauen anderer interessanter Berufsgruppen – treffen können. Nehmen Sie Ihren Mut zusammen und sprechen Sie fremde Menschen an. Niemand wird Ihnen den Kopf abreißen. Sie werden sehen, jeder wird dankbar und freundlich sein, wenn Sie den ersten Schritt wagen.

****

Auf diese Weise ergab es sich, dass ich eine Hand voll toller Frauen kennen lernte – und zwar auf einer Veranstaltung, die zum Thema »Networking« gemacht wurde. Auf dem Podium saßen neunmalkluge Leute und im Auditorium lauter Frauen, die gerade dabei waren, sich selbständig zu machen, oder bereits freiberuflich arbeiteten. Die Veranstaltung war nur mäßig interessant. Ich war nahe daran, aufzustehen und zu gehen. Viel lieber hätte ich mich mit einer von diesen Frauen unterhalten, statt diese selbstgefälligen Vorträge zu hören. Es schien nicht nur mir so zu gehen. Irgendwann stand eine Frau auf und sagte, dass wir alle doch gekommen seien, um Kontakte aufzubauen, sie sich aber nicht vorstellen könne, dass diese Podiumsdiskussion dazu geeignet wäre, sich kennen zu lernen. Lauter Applaus zeigte, wie sehr ihre Bemerkung den Nerv der

Anwesenden getroffen hatte. Die Vortragenden auf dem Podium waren höchst irritiert. Um die aufsässige Frau aus dem Publikum zu beschwichtigen, boten sie ihr und den anderen aufmüpfig murrenden Frauen an, dass man sich ja zusammensetzen könne, um über ein neuartiges Veranstaltungskonzept nachzudenken. Der Vorschlag wurde angenommen, Visitenkarten ausgetauscht. Ich war natürlich dabei, denn ich fand nicht nur die Frau, die aufgestanden war, um ihren Unmut zu bekunden, sympathisch, sondern es war meiner Meinung nach auch ideal für mich, in einer solchen Vorbereitungsgruppe mitzumachen, weil ich in der gemeinsamen Arbeit austesten konnte, mit welcher Frau ich möglicherweise bei anderer Gelegenheit etwas anfangen könnte.

Es fanden sich etwas mehr als zehn Frauen, um ein neues Veranstaltungskonzept zu entwerfen. Wir trafen uns ein paarmal, entwickelten ein klasse Konzept, aber es gab Probleme, dieses in die Realität umzusetzen. Veränderungen waren von den Organisatorinnen der ursprünglichen Veranstaltung nicht wirklich erwünscht. Zunächst waren wir enttäuscht. Viele Stunden hatten wir in dieses schöne neue Konzept investiert und jetzt wollte es niemand haben. Aber die Frustration dauerte nicht lange an. Bei den Treffen zur Ausarbeitung eines neuen Konzepts hatten wir uns zusammengerauft und waren uns näher gekommen. Wir waren ein Haufen toller Frauen. Das war viel mehr wert als eine Veranstaltung für Leute, die uns gar nicht verdient hatten. Wir beschlossen, uns regelmäßig weiter zu treffen, um gemeinsam Projekte anzuschieben.

Dieser Haufen Frauen gründete eine Unternehmerinnen-SHG, also eine Selbsthilfegruppe, um berufliche Themen zu besprechen. Das klingt nach »im Kreis sitzen«, nach Frauen, die es unheimlich wichtig finden, gemeinsam zu weinen, und es klingt nach den siebziger Jahren. Wie auch immer, unabhängig davon ist eine solche SHG eine tolle Sache. Gemeint sind damit regelmäßige Treffen mit Frauen. Sie interessieren sich für ein bestimmtes Thema, das kann ein bestimmtes berufliches Feld sein, aber auch der Umgang mit Männern. Die Frauen in einer SHG müssen nicht unbedingt die besten Freundinnen werden. Wichtig sind allein das Engagement für das Thema und spezifische Eigenschaften wie Hilfsbereitschaft, Offenheit und Vertrauen. Eine SHG kann eine organisierte Veranstaltung mit regelmäßigen Treffen und festen Regeln sein – es muss aber nicht so sein. Eine solche Gruppe kann aber auch eine Verbindung von Frauen sein, die sich hin und wieder zum Kaffeetrinken treffen oder auch online über die ausgewählten Themen diskutieren.

Uschis Job-Prinzip Nr. 6:
Lass andere für dich arbeiten!

Wenn Sie keine Frauen kennen, mit denen Sie eine SHG gründen könnten, dann schauen Sie auf die Internetseite www.uschi-und-uschi.de. Dort finden Sie ein Forum, auf dem Sie mit anderen Uschis diskutieren können – auch wenn Sie nur eine ganz spezielle Frage haben.

Wir Frauen der Unternehmerinnen-SHG trafen uns fortan einmal im Monat für drei bis vier Stunden. Von Anfang an schworen wir uns, dass diese Treffen nicht bloß Kaffeekränzchen werden sollten. Wir wollten uns bei Jobfragen beraten, voneinander lernen und uns gegenseitig helfen. Natürlich wurden unsere Sessions gemütlicher als die üblichen Sitzungen in Konferenzräumen mit den ewig gleichen Keksen. Bei unseren Treffen gab es immer leckere Kleinigkeiten zu essen, aber vor allen Dingen erhielten wir wertvollen Rat.

Wir nannten uns »Nutzwerk«. Wir wollten nicht einfach nur netzwerken, sondern wir wollten für den jeweils anderen aus der Gruppe nützlich sein. Außerdem beschlossen wir, dass wir uns gegenseitig weitere empfehlen, für den anderen arbeiten und dafür auch Geld nehmen wollten. Wir waren schließlich Unternehmerinnen und kein Häkelclub.

Uschis Job-Prinzip Nr. 6:
Lass andere für dich arbeiten!
Vergessen Sie nie, dass es auch bei diesem Prinzip stets um eine Win-win-Situation geht. Geben und Nehmen heißt die Devise, denn Sie wollen bestimmt niemanden ausnutzen. Wenn Sie mit anderen netzwerken, dann seien Sie »nützlich«. Sie werden es tausendfach zurückbezahlt bekommen!

Sehr schnell stellte sich heraus, dass unsere SHG eine geschlossene Gruppe sein sollte. Wir wollten keine weiteren Frauen aufnehmen, weil wir herausgefunden hatten, dass Vertrauen eine wichtige Basis dafür ist, wirklich nützlich zu sein. Um nicht als elitär verschrien zu werden, beschlossen wir, allen Frauen, die bei uns anfragten, unser Konzept und unsere Erfahrungen mit dem »Nutzwerk« zu schenken. Uns gefiel die Idee, dass noch viele weitere »Nutzwerke« entstehen würden.

Seit über vier Jahren treffen wir Frauen uns einmal im Monat, um uns gegenseitig nützlich zu sein. Wir starten die Treffen damit, dass jede Frau kurz erzählt, was in den letzten vier Wochen passiert ist. Obwohl die Redezeit pro Frau auf fünf Minuten begrenzt ist, dauert die Runde meist doch länger. Es gibt ja so vieles zu berichten. Trotzdem versuchen wir uns an die Fünf-Minuten-Abmachung zu halten, denn es trainiert, in einer bestimmten Zeit das Wesentliche herauszustellen. Anschließend bearbeiten wir »Anliegen«.

Anliegen sind Probleme, die einzelne Frauen zu den Treffen mitbringen. Das Themenspektrum ist dabei weit. Anstrengende Kunden können im Mittelpunkt stehen, die Frage, warum es so schwierig ist, nein zu sagen, aber auch eine konkrete Hilfestellung, wenn es beispielsweise darum geht, ein Angebot zu erstellen. Auch die Art und Weise, wie wir gemeinsam nach einer Lösung des Problems suchen, variiert von Fall zu Fall. Bei so vielen klugen Frauen fällt immer mindestens einer eine Methode ein, wie man sich systematisch an die Lösung heranarbeiten könnte.

Diese Treffen bestärken mich in meinem Tun. Weiß ich dann doch, dass ich mit meinen Unsicherheiten und Schwierigkeiten nicht allein bin. Einige meiner Nutzwerk-Unternehmerinnen haben schon ähnliche Erfahrungen durchstanden. Oder sie haben für das, was mir wie ein riesiges Problem erschienen war, eine ideale Lösung gefunden. Selbst wenn die anderen Frauen ihre persönlichen Fälle einbringen und ich »nur« bei der Lösung helfe, lerne ich jedes Mal eine ganze Menge.

Wir wissen genau, was jede von uns besonders gut kann. Wenn ich eine von den »Nutzwerkerinnen« weiterempfehle, dann kann ich das guten Gewissens tun. Ich weiß, dass ich meine Hand für sie ins Feuer legen kann. Auch außerhalb der Treffen helfen wir uns gegenseitig und leiten Informationen weiter. Schließlich wissen wir, was die anderen zu bieten haben oder auch brauchen könnten.

Uschis Job-Prinzip Nr. 6:
Lass andere für dich arbeiten!

Menschen werden Sie gerne weiterempfehlen, wenn sie einen genauen Eindruck davon haben, was Sie können, wie Sie arbeiten und was Sie zu bieten haben. Erzählen Sie ausführlich von Ihrem Job und geben Sie konkrete Beispiele, damit die anderen die Chance haben, Sie gut kennen zu lernen.

Besonders gefällt mir am »Nutzwerk«, dass wir auch unsere Erfolge teilen. Wenn ich bei diesen Treffen etwas aus den vergangenen Wochen erzähle, wird mir oftmals erst bewusst, was ich alles geleistet habe und wie gut manche Geschichte ausgegangen ist. Vor lauter Schufterei und Anstrengung hatte ich überhaupt nicht mitbekommen, was ich auf die Beine gestellt hatte. Erst meine »Netzwerkerinnen« machen mich dann darauf aufmerksam, wie klasse das Ergebnis ist und was ich alles aus der Geschichte gelernt habe. Wenn wir uns dann gemeinsam über ein Erfolgserlebnis freuen, fühlt sich das doppelt toll an.

Zwei magische »f« für den königlichen Erfolg: feiern und fördern

Missgunst und Neid sind mir fremd geworden. Ich widme mich nur noch weitaus vielversprechenderen Tätigkeiten, wie dem Mitfreuen, dem Mitfühlen und Mitfeiern. Wenn beispielsweise eine meiner SHG-Freundinnen etwas Tolles erreicht hat, dann freue ich mich mit ihr. Ich bin fast genauso berauscht von ihrem Erfolg wie sie. Es kribbelt überall in meinem Körper, und ich spüre, wie sich dabei meine Batterien aufladen. Komme ich von einem solchen Treffen, dann habe ich Lust, Bäume auszureißen. Da die armen Bäume das nicht verdient haben, kümmere ich mich in diesem energiegeladenen Zustand um anstehende spannende Aufgaben. Reicht mein Fleiß, dann gibt es bald den nächsten Erfolg zu feiern – und zwar meinen.

Soll die Welt um uns herum behaupten, man müsse konkurrieren und kämpfen, um zu überleben und erfolgreich zu sein, uns »Nutzwerk«-Frauen ist das gleichgültig. Wir gehen einfach davon aus, dass vom Kuchen genug für alle da ist und dass wir, wenn wir zusammenhalten, glücklich, zufrieden und erfolgreich unseren Weg gehen werden. Mit dieser Haltung fördern wir uns gegenseitig. Sie bestärkt uns und gibt uns Energie. Sogar eine unglaubliche Energie.

Viele Männer sehen das anders. Sie gehen davon aus, dass das Arbeitsleben Krieg bedeutet. Sie glauben, Territorien erkämpfen zu müssen, um am Ende als Sieger dazustehen. Männer machen Karriere, indem sie Netzwerke bilden, bei denen sie sich gegenseitig in ihrem Willen zur Macht unterstützen. Wenn ein Mann Karriere macht, dann hat er meist einen Gönner, einen älteren Mentor, der ihm beibringt, wie das Geschäft da oben funktioniert, der ihm die richtigen Projekte zuschustert und der ihn schützt, wenn es mal hart auf hart kommt. Ist ein solcher Mann an der Spitze angelangt, dann kümmert er sich wiederum um eigene Zöglinge und lässt sie Karriere machen. Das ist auch nicht dumm, denn er tut dies, um notfalls Rückendeckung zu haben. Indem er die Wahl seiner Begleiter persönlich trifft, versichert er sich, dass er nur diejenigen mitnimmt, die ihm zumindest mittelfristig nicht in die Quere kommen und nicht an seinem Stuhl sägen wollen.

Uschis Job-Prinzip Nr. 4: Handle strategisch!

Gefällt Ihnen die Männer-Strategie? Dann setzen Sie diese ein. Sie mögen sie nicht? Auch gut, dann wählen Sie eine andere. Doch seien Sie sich darüber im Klaren, dass Ihre Haltung, Ihre Sicht auf die Welt und Ihre Strategie zusammenpassen müssen, damit sich Erfolge einstellen.

Natürlich bedienen wir uns auch dieser kriegerischen Mechanismen. Allerdings nur, wenn wir viel mit »Männer-Vereinen«, etwa großen Unternehmen, zu tun haben, bei denen wir kämpferisch und hierarchisch denken müssen. Dann ist es auch für uns »Nutzwerkerinnen« wichtig, dass Frauen uns in diese Gesellschaft einführen und uns »mit nach oben ziehen«. Dann geht es nicht ohne Rückendeckung. Wir haben allerdings festgestellt, dass es uns gar nicht so gut tut, zu häufig mit derartigen Unternehmen zu tun zu haben. Letztlich machen sie uns krank. Diese Kampfplätze sind nicht die Bereiche, in denen meine Freundinnen und ich uns wohl fühlen. Laut unserer Definition von Erfolg ist es nicht notwendig, dort siegreich zu sein. Also suchen wir uns lieber Tätigkeitsgebiete, in denen wir sein können, wie wir sein wollen – eben königlich. Dort fördern wir uns auf unsere Weise.

Das Geheimnis erfolgreicher Uschis ist feiern und fördern. Früher dachte ich immer, ich könnte erst dann Frauen unterstützen, wenn ich eine entsprechende Position erreicht hätte. Ich sah mich immer »oben«, um von dieser gehobenen Warte aus Frauen aus dem Sumpf herauszuziehen. Dabei übersah ich, dass man auch schon viel früher fördern kann – und mit viel weniger Kraftaufwand! In diesem Sinne heißt fördern: aufmerksam zuzuhören, andere Frauen in ihren Ideen zu bestärken, hilfreiches Feedback zu geben, Informationen zu teilen, Kontakte herzustellen, sich gemeinsam über Erfolge zu freuen.

Meine beruflichen Fortschritte kommen nicht nur daher, dass ich nach den Uschi-Prinzipien lebe. Die helfen mir zwar dabei, das Leben leichter und schöner zu gestalten, aber meine wirklichen Erfolge aber verdanke ich meiner SHG. Wir »Nutzwerkerinnen« coachen uns gegenseitig, wenn mal etwas nicht nach Plan läuft. Ich kann jeder Königin, die noch erfolgreicher werden möchte, nur raten, sich auch für berufliche Fragen eine SGH zu suchen – und das müssen nicht zwingend dieselben Freundinnen sein, mit denen eine Uschi ausgeht und über Männer redet.

Geschäftsfreundinnen?

Die Unternehmerinnen-SHG gibt mir unendlich viel Kraft für meine Vorhaben. Aber bezeichne ich diese Frauen, die ich dort treffe, als Geschäftsfreundinnen? Sind diese Frauen überhaupt Freundinnen?

Sie kennen das sicherlich: Spätestens vor Weihnachten wird darüber nachgedacht, wer ein Geschäftsfreund ist und wer nicht. Geschenke erhalten die Freundschaft, also bekommen auch die lieben Geschäftsfreunde kleine Gaben. Manche werden mit einer Weihnachtskarte bedacht, andere mit etwas mehr. Eine gute alte Sitte. Aber was sind Geschäftsfreunde wirklich? Sind es tatsächlich Freunde? Wie tief geht eine Beziehung zwischen sogenannten Geschäftsfreunden? Oder besser gesagt: Was unterscheidet eine Geschäftsfreundschaft von einer üblichen Freundschaft?

Frauen neigen dazu, alles harmonisch zu gestalten und ein gutes Klima herzustellen. Ein Gespräch ist dafür eine willkommene Gelegenheit. Allzu schnell wird dann auch recht Persönliches erzählt. Diese Vertraulichkeiten sind wie Geschenke, die Gegengeschenke erfordern. Erzähle ich dir was, musst du mir auch was erzählen – und schon verbindet zwei Frauen ein Reigen aus Vertraulichkeiten.

Ich kenne diese Verführung nur zu gut. Anfangs rede ich über das Geschäft, und weil ich sowieso Schwierigkeiten habe, meine persönlichen Belange von der Arbeit zu trennen, berichte ich auch etwas über mich. Arbeit ist mir wichtig, Arbeit macht mir Spaß – die Grenzen zwischen meinem Privatleben und meinem beruflichen Dasein sind nicht so klar voneinander zu trennen wie bei einer Angestellten. Ich kann meine Gedanken, die sich um meinen Job drehen, nicht am Freitagnachmittag an der Garderobe abgeben und sie mir dort am Montagmorgen wieder abholen. Aber es geht noch weiter: Bei mir vermischen sich nicht nur Arbeitszeit und Freizeit. Ich habe auch persönliche Kontakte zu Menschen, mit denen ich beruflich zu tun habe und umgekehrt. Habe ich einen Auftrag erhalten, bei dem auch eine Spezialistin für ganz bestimmte Dinge gebraucht wird, und besitzt eine meiner Freundinnen gerade diese gesuchten Fähigkeiten, dann liegt es nahe, dass ich sie als Erste frage, ob sie Lust hat, bei diesem Projekt mitzumachen. Warum auch nicht – man kennt und vertraut sich ja.

Uschis Job-Prinzip Nr. 6:
Lass andere für dich arbeiten!

Fördern Sie Freundinnen und Bekannte, wo immer Sie können. Die Welt wird es Ihnen danken und Sie ebenso fördern.

Aber ist das wirklich immer die beste Wahl? Jahrelang habe ich es so gehandhabt und bin auch häufig gut damit gefahren, bis ich dann eines Tages enttäuscht wurde und lernte, dass es eben doch einen Unterschied zwischen Freundinnen und Geschäftsfreundinnen gibt. Diese Erfahrung machte ich, als ich für ein Unternehmen arbeitete. Als Festangestellte vermisste ich meine Pausen, die ich als Selbständige frei gestalten konnte und in denen ich mich oft mit Freundinnen traf, um zwischendurch einen Plausch zu halten. Also befriedigte ich meine Sehnsucht nach einem netten Gespräch nun mit meinen Kolleginnen in der Küche, an der Kaffeemaschine oder beim gemeinsamen Mittagessen. Es ergab sich, dass wir nach und nach auch über persönlichere Dinge sprachen. Schnell hatte ich das Gefühl, dass ich mit einigen dieser Frauen auch gut befreundet sein könnte, und lud sie aus diesem Grund auch zu meiner Geburtstagsfeier nach Hause ein. Ein weiterer Schritt der Annäherung war damit getan: Ich ließ sie nicht nur in meine Wohnung, sondern zeigte ihnen auch, mit welchen Menschen ich mich sonst umgab. Damit gab ich ihnen einen tieferen Einblick in mein Leben.

Alles verlief zunächst prima. Mit der Zeit wurde es mir aber immer unangenehmer, dass einige »Firmenfreundinnen« zu viel von mir wussten. Ich hatte einen verantwortungsvollen Job, in dem ich auch mit vertraulichen Informationen umgehen musste. Es war klar, dass ich meinen neuen Geschäftsfreundinnen von diesen nichts erzählen durfte, selbst wenn es sie persönlich betraf. Es war ein seltsames Gefühl, ihnen gegenüber nicht offen sein zu können, aus Loyalität dem Unternehmen gegenüber schweigen zu müssen. Aber ich tat es und erkannte, dass ich mit meiner Plauschfreude zu naiv und zu offen gewesen war.

Ich zog mich von meinen Kolleginnen zurück. Sie hatten ein äußerst feines Gespür dafür, dass ich mich distanzierte und ihnen Manches nicht kundgab. Ich wollte sie nicht kränken, doch ich hatte keine andere Wahl. Plötzlich wurde es unangenehm. An kleinen Einzelheiten merkte ich, wie sich die Geschäftsfreundinnen nicht nur von mir abwendeten, sondern zudem spitze Bemerkungen machten, wenn ich in ihrer Nähe war. Ich brauche hier nicht ins Detail zu gehen, die meisten von Ihnen kennen das: Aus der netten Atmosphäre hatte sich eine sehr unangenehme Situation entwickelt.

Ich tat, was ich in einer derartigen Lage immer tue, ich holte mir Rat. Ich sprach eine von mir geschätzte und erfolgreiche Businessfrau auf das Problem an. Auf meine Frage hin, ob sie damit auch schon unangenehme Erfahrungen gemacht hätte, schaute sie mich verblüfft an. Dann sagte sie, dass ihr der Ausdruck »Geschäftsfreundinnen« fremd sei. Das Geschäft sei Geschäft und Privates eben Privates. Ich war zunächst überrascht über ihre strikte Antwort, denn ich hatte sie als eine überaus fürsorgliche und hilfsbereite Frau wahrgenommen, obwohl wir uns nur beruflich kannten.

Ja, meine Liebe, genau das ist das Geheimnis. Ich beobachtete diese vorbildliche Frau daraufhin eine Weile und stellte fest, dass sie in der Tat warmherzig und freundlich mit den Menschen umging, mit denen sie zu tun hatte. Aber sie verwechselte

Ihre Zuwendung nicht mit Offenheit. Sie interessierte sich für den Menschen, mit dem sie gerade sprach, sie hörte genau zu und überlegte, ob und wie sie behilflich sein könnte. Sie nahm die Person und ihr Anliegen in ihrem Herzen auf. Aber sie öffnete sich selbst nur so weit, wie sie es für richtig hielt. Mal mehr, mal weniger. Tendenziell eher weniger. Deswegen war sie nicht weniger liebenswert. Ihr Händedruck war warm, sie hatte freundliche Augen und half und förderte, wo sie nur konnte. Aber Geschäftsfreunde waren eine fremde Spezies für sie.

Die Verführung ist groß, Kolleginnen oder Bekannte aus dem beruflichen Umfeld zu Freundinnen zu machen. Es fühlt sich im ersten Moment schön an, wenn man sich der Businessfreundin gegenüber öffnen kann. Aber besser ist es, ein solches Verhalten für unseren Partner und für enge Freunde zu reservieren. Und weil man es dann nicht beliebig macht, verliert die Offenheit auch nicht an Wert. Und mal ganz ehrlich: Interessiert es Sie tatsächlich, wenn Kolleginnen Ihnen gesundheitliche Probleme oder intime Details ihrer Partnerschaft verraten? Sicher, manchmal gehört es dazu und manchmal will man es wirklich wissen. In einem solchen Fall haben Sie dann einen Menschen getroffen, der es wirklich wert ist, unser Freund zu werden. Aber oft ist ein Weniger in diesen Angelegenheiten einfach ein Mehr.

Uschis Job-Prinzip Nr. 1: Sei eine Königin!

Eine Königin verhält sich niemals beliebig. Sie wählt sorgsam aus, wer ihre Freundin sein soll und wem sie sich vertrauensvoll öffnet. Dafür ist sie selbst auch eine gute Freundin, wenn sie jemanden in ihr Herz geschlossen hat. Allen anderen Menschen hilft eine Königin natürlich auch gern – den Titel »Freundin« verleiht sie deswegen aber noch lange nicht jedem.

Nur weil wir nicht mit jedem Freundschaft schließen, müssen wir nicht gleich kalt und verschlossen sein. Wichtig ist es, auf elegante Art und Weise einen Weg zu finden, um die eigenen Grenzen zu definieren. Was auch bedeutet, dass man für sich selbst klären muss, welche Dinge man von sich erzählen und wie viel man von anderen wissen möchte. Wer letztlich freundlich und hilfsbereit ist, wird nicht erfahren, dass einem die eigene Abgrenzung übel genommen wird. Es ist sehr wohl möglich, ein herzliches Verhältnis zu Geschäftspartnern und Kollegen zu haben, ohne sie gleich zu Freunden zu machen. Diese wählt eine Uschi sorgfältig aus, weil sie weiß, wie wertvoll Freundschaften sind.

Unterstützung gibt es an jeder Ecke

Das Universum hält jede Menge Beistand für unsere Vorhaben bereit, wir müssen die Hilfe nur erkennen und annehmen. Das ist manchmal gar nicht so leicht. Mir war lange Zeit nicht bewusst, dass es so etwas wie Entlastung überhaupt gibt. Bei uns zu Hause fielen häufig Sprüche wie: »Nur die Stärksten kommen durch.« Sätze wie diese lehrten mich, zu kämpfen und nicht zu weinen. Dass es in vielen Dingen oft gar keines Kampfes bedarf, war in meinem Kopf nicht existent. Es dauerte eine Weile, bis ich einen Blick dafür bekam, dass ich mich nicht allein durch die Welt schlagen musste, sondern auch auf Unterstützung vertrauen konnte.

Eine Uschi erzählte mir dazu eine schöne Geschichte. Kurz vor Geschäftsschluss eilte sie in einen Supermarkt, um noch schnell den Wochenendeinkauf zu machen. Sie rannte förmlich durch die Regalreihen, lud ihren Wagen voll und hoffte, dass sie nichts vergessen hätte. Am nächsten Tag sollten die zukünftigen Schwiegereltern zum Essen kommen, da wollte sie sich schließlich nicht blamieren. An der Kasse lud sie ihre

Waren aufs Band. Die Kassiererin sah genervt aus, längst war Ladenschluss und sie wollte endlich nach Hause. Aber es kam noch schlimmer. Als sämtliche Einkäufe durch den Scanner gezogen waren, stellte meine Freundin fest, dass sie ihr Portemonnaie vergessen hatte. Wie peinlich! Wie selbstverständlich erbot sich die ältere Dame hinter ihr, ihren Einkauf zu bezahlen. Uschi war nicht nur verblüfft, sie hatte auch das Gefühl, dieses großzügige Angebot nicht annehmen zu können. Die ältere Dame ließ sich nicht davon abbringen, denn einige Monate zuvor hatte dies auch ein Fremder für sie getan, als wiederum sie ihre Geldbörse zu Hause hatte liegen lassen. Es gab keine andere Lösung, Uschi brauchte ihre Einkäufe, und es war zu spät, nach einer anderen Lösung zu suchen. Sie nahm das Angebot der älteren Dame verschämt an. Es dauerte nicht lange, und auch meine Freundin erlebte eine Wiederholung dieser Situation. Einige Monate später hatte nämlich ein junger Mann sein Geld bei einem Einkauf vergessen, und sie zahlte nun für ihn. Erst dann konnte sie sich über die Geste der älteren Dame wirklich freuen. In dem Augenblick, als sie dem jungen Mann aushalf, begriff sie, wie wundervoll es ist, wenn man Hilfe geben und vor allen Dingen auch annehmen kann.

Uschis Job-Prinzip Nr. 6:
Lass andere für dich arbeiten!

Die Welt wird jedes Mal ein bisschen besser, wenn Sie über Ihren Schatten springen und Hilfe annehmen, auch wenn es Ihnen schwer fällt. Sie werden zu einer anderen Zeit Gelegenheit bekommen, sich dafür zu revanchieren.

Seitdem ich diese Geschichte von Uschi gehört habe, kommen mir ständig solche Begebenheiten zu Ohren. Eine Bekannte berichtete mir, dass sie in einem Café mit einer fremden Frau ins

Gespräch gekommen sei. Diese Frau erzählte von ihrem anstrengenden Tag und dass sie sich im Wäschegeschäft nebenan nun eine kleine Belohnung gönnen würde. Die beiden Frauen fanden sich gegenseitig so nett, dass sie die Idee hatten, gemeinsam den Dessousladen aufzusuchen. Als sie im Wäschegeschäft waren, berieten sie sich gegenseitig und kicherten wie alte Freundinnen über verwegene Teile. Die im Prinzip fremde Frau zeigte meiner Bekannten begeistert einen edlen Bikini, den sie sich zu gerne gekauft hätte, wären da nicht die Kinder, die Arbeitslosigkeit und das teure Leben. Sie schaute sich, nachdem sie sich für etwas Günstigeres entschieden hatte, noch einmal den Traum-Bikini an. Der Abschied musste sein, die beiden Frauen verließen den Laden. Meine Bekannte erinnerte sich in dem Moment daran, dass ihr einmal ein Fremder, mit dem sie eine Weile getrampt war, zum Abschied Geld in die Hand gedrückt hatte, damit sie den Rest der Strecke mit der Bahn fahren konnte. Er hatte Angst, dass sie sich durch das weitere Anhalten von Autos in Gefahr brachte. Sofort war ihr klar, was sie jetzt tun musste. Sie bat die fast unbekannte Frau, einen Augenblick zu warten, betrat erneut die Dessousboutique, kaufte den Bikini und schenkte ihn der Frau. Diese hatte zunächst große Schwierigkeiten, das Geschenk anzunehmen. Sie tat dies erst, als sie sich mit einem weiteren Cafébesuch revanchieren durfte.

Uschis Job-Prinzip Nr. 6:
Lass andere für dich arbeiten!

Geben Sie, wann immer Sie können. Eine Uschi kennt keinen Geiz. Sie werden ein Vielfaches zurückbekommen, wenn Sie selbst einmal Hilfe brauchen.

Bald darauf erzählte mir eine andere Freundin folgende Geschichte: Uschi steckte in einer peinlichen Situation. Sie befand sich in einem Bus und hatte kein Kleingeld, um sich eine Fahrkarte zu kaufen. Keiner der Fahrgäste war bereit, ihr den Schein zu wechseln. Ein Mann, der das Dilemma beobachtet hatte, öffnete schließlich sein Portemonnaie und schenkte ihr das Fahrgeld. Diese mitmenschliche Aktion hatte ihr so gut gefallen, dass sie einige Monate später einem jungen Mädchen in der Disco das Geld für eine Taxifahrt nach Hause gab. Wahrscheinlich würde dieses junge Mädchen einmal ähnlich handeln, wodurch sich möglicherweise eine Geschenkkette in Bewegung setzte.

Mich erinnerte das freigebige Handeln des Mannes im Bus an eine Situation, in der ich kein Geld für ein Busticket bei mir hatte. Es war wieder typisch: Mein Portemonnaie war in einer anderen Handtasche, ich hatte am Morgen vergessen, es mitzunehmen. Als ich feststellte, dass ich völlig mittellos war, war es schon sehr spät, der nächste Bus sollte der letzte sein. Ein Gefühl der Panik beschlich mich. Es war mitten im Winter und ich trug Stiefel mit hohen Absätzen. Würde ich den Weg zu Fuß nach Hause gehen, so überlegte ich, würde es mehr als anderthalb Stunden dauern, und das schon mit flachen Schuhen. Aber ich hatte hochhackige Stiefel an. Was also sollte ich tun? Ich nahm all meinen Mut zusammen und fragte eine Frau, die ebenfalls an der Bushaltestelle wartete, ob sie mir vielleicht aushelfen könnte. Ich wusste nicht recht, wie ich meine Bitte formulieren sollte. Also fragte ich sie, ob sie mir das Geld leihen könnte, ich würde es ihr dann am folgenden Tag vorbeibringen. Sie lachte nur freundlich, sagte, sie wolle das Geld nicht mehr zurückhaben, sie würde es mir schenken. Ich habe diese Frau nie wiedergesehen, obwohl ich im gleichen Stadtteil wie sie wohnte. Aber ich hatte meine Lektion gelernt.

Nicht immer ist es möglich, wenn man Unterstützung erfahren und Geschenke erhalten hat, sich auf die richtige Weise zu revanchieren. Man beginnt genau aufzurechnen und will sich möglichst erkenntlich zeigen, was aber nicht in allen Fällen geht. Oder man übertreibt es mit der Dankbarkeit, so dass der Beschenkte von der Größe der Wiedergutmachung peinlich berührt ist. Natürlich sollte man sich bedanken, wenn einem geholfen wird. Natürlich gebietet es die Höflichkeit, sich erkenntlich zu zeigen, wenn jemand einen Kontakt hergestellt hat. Aber wichtig ist, die dargebotene Hilfe anzunehmen und sie zu genießen.

Uschis Job-Prinzip Nr. 6:
Lass andere für dich arbeiten!

Bekommt man einen Kontakt vermittelt, der zu einem Auftrag führt, ist es unter Selbständigen üblich, dem Helfer eine Provision zu bezahlen. Doch nicht überall gibt es feste Regeln, in welcher Form man sich bedanken soll. Auf jeden Fall sollten Sie »Danke« sagen und von der Wirkung, die die Hilfe für Sie hatte, erzählen. Falsch wäre es, wenn Sie sich nach einer Unterstützung, die man Ihnen gegeben hat, schuldig fühlten. Sie müssen im Nachhinein keine Schuld abtragen. Aber ganz sicher können Sie sich bei einem Dritten für die erfahrene Hilfeleistung revanchieren!

Wenn Sie Hilfe akzeptieren können, dann sind Sie eine Königin – auch wenn die meisten Leute besser geben als nehmen können. Doch ohne die Hilfe von Mitmenschen kommen wir nicht weit. Falls wir unsere Ziele dennoch allein erreichen, dann oftmals nur mit sehr viel Kraftaufwand. Einfacher ist es, wenn es in unserem Leben durch die Unterstützung anderer so richtig flutscht. Wenn Sie in der Lage sind, Hilfeleistungen anzunehmen, werden Sie auch selber mehr Unterstützung geben. Sollten alle Menschen das tun, würden wir in einer wirklich wunderbaren Welt leben!

Hilfe annehmen ist gar nicht so leicht

Als meine Freundin Uschi vor kurzem einen Blumenladen eröffnete, musste auch sie lernen, Hilfestellung anzunehmen. Wer in dem Ruf steht, eine Frau zu sein, die es versteht, sich durchs Leben zu schlagen, kann es sich kaum erlauben, Schwächen zu zeigen. Das glaubt man wenigstens als kampferprobte Frau. Natürlich hat jede selbstbewusste Frau hin und wieder Sehnsucht nach einer starken Schulter, an die sie sich anlehnen kann. Aber in der Realität ist das Anlehnen eine verdammt schwierige Sache.

Meine Freundin Uschi gehört zu den starken Frauen. Voller Power tobte sie als alleinerziehende Mutter durchs Leben. Der Kindsvater drückte sich stets um die Alimente, aber irgendwie ging es immer weiter. Als ihre Tochter fast erwachsen war, wollte sie sich einen Wunsch erfüllen, nämlich einen eigenen Blumenladen eröffnen, in dem sie die Gestecke verkaufen wollte, für die sie im Freundeskreis schon berühmt war.

Vom Entschluss zur Selbständigkeit bis zur Eröffnungsfeier verging fast ein Jahr, Rückschläge und Erfolge inklusive. Das Beeindruckendste war, zu beobachten, wie viele Leute sich an dem Projekt beteiligten und sich vor Mithilfe förmlich überschlugen. Einer, der ein großes Auto besaß, half dabei, die Ladeneinrichtung zu transportieren, ein anderer bot an, bei der Renovierung zu helfen, andere liehen ihr Geld. Aber nicht nur Freunde griffen Uschi unter die Arme. Der Beamte vom Arbeitsamt, der das Projekt betreute, gab viele unbürokratische Tipps, der Termin zur Begutachtung des Businessplans ließ sich auf wundersame Weise schon in wenigen Tagen realisieren, obwohl andere Existenzgründer Monate darauf warteten. Es flutschte einfach.

Kurz vor der Eröffnung des Blumenladens saß Uschi erschöpft, aber glücklich in meiner Küche. Nicht nur, dass ihr Traum handfeste Formen angenommen hatte, nein, sie war auch froh über die viele Unterstützung, die sie bekommen hatte. Sie fragte sich nur, ob sie die überhaupt verdient hätte. Sie war eben noch eine Nachwuchs-Uschi, aber auf dem besten Wege, eine richtige Uschi zu werden. Uschis haben es selbstverständlich verdient, dass ihnen von allen Seiten geholfen wird!

Für mich war es völlig logisch, warum sie so viel Hilfestellung erhielt: Sie glitzerte. Wenn meine Freundin von ihren Plänen erzählte, strahlten ihre Augen vor Begeisterung. Sie wusste einfach, dass ihr Vorhaben das Richtige für sie war. Die anderen ließen sich dadurch anstecken. Es ist so schön, einem begeisterten Menschen zuzuhören. Seine Energie überträgt sich auch auf den Zuhörenden. Alle waren gespannt zu erfahren, wie es mit dem glitzernden Plan weitergehen und wann sie denn endlich den Laden eröffnen würde. Damit es möglichst schnell ging, halfen alle Freunde und Bekannten mit, wo immer sie nur konnten.

************************************** U

Uschis Job-Prinzip Nr. 6:
Lass andere für dich arbeiten!

Sie brauchen kein schlechtes Gewissen zu haben, wenn Sie Hilfe annehmen. Sie glauben gar nicht, wie viel Sie zurückgeben, wenn Sie die Helfenden mit Ihrer Begeisterung und Ihrer guten Laune anstecken!

****

Es gab noch einen zweiten Grund, warum so viele mithalfen: Meine Freundin ließ es zu. Zum ersten Mal in ihrem Leben erzählte sie schon zu Beginn des Projekts einer großen Menge von Leuten von ihrem Plan. Früher wollte sie immer alles allein schaffen und der Welt am Ende das Ergebnis präsentieren, ihr zeigen, dass sie es geschafft hatte. Deswegen fasste sie stets stillschweigend ihre Entschlüsse und setzte diese ebenso stillschweigend um. Vieles funktionierte auch, aber das meiste nur sehr mühsam. Bei ihrem Blumenladen war das anders. Weil es ihr Herzblutprojekt war, konnte sie es gar nicht für sich behalten. Sie musste einfach ständig darüber reden, ließ jeden, der es hören wollte, daran teilhaben. Durch die gemeinsame Begeisterung glitzerte das Projekt immer mehr. Die Zuhörer fühlten sich willkommen, wenn sie helfen wollten – und so wurde meine Freundin zu einer wahren Uschi.

Bei unserem Gespräch erkannte sie am Ende, dass es völlig in Ordnung ist, Unterstützung anzunehmen. Sie sah ein, dass es den Helfenden Freude bereitete, ihr bei dem Projekt unter die Arme zu greifen. Meine Freundin hatte keine Ahnung gehabt, wie viel sie ihnen mit ihrem Enthusiasmus zurückgab. So begannen einige Helfer in dieser Zeit mit der Verwirklichung eigener großer oder kleiner Träume. Weil man miteinander teilte, verdoppelte und verdreifachte sich die Begeisterung! Meine Freundin war zunächst ganz irritiert, als ich ihr das sagte. Hatte sie ihren Freunden und Bekannten in den letzten Jahren etwas vorenthalten, weil sie immer alles allein schaffen wollte? In der Tat, das hatte sie. Als sie das verstand, räkelte sie sich genussvoll wie eine Katze und lachte herzhaft und zufrieden. Endlich war sie eine Königin geworden!

Schreibe Wunderlisten!

Eine Uschi weiß, dass sie nicht alles im Alleingang machen muss. Sie fühlt sich niemals verloren, weil ihr klar ist, dass andere ihr helfen und das Universum Wünsche erfüllt. Und sie wird auch niemals das Gefühl der Verlassenheit erfahren müssen, wenn sie sich klar macht, dass diese Unterstützung aus einer nie versiegenden Quelle kommt.

Leider sind wir nicht immer königlich und fallen allzu oft in alte Denkweisen zurück, die unseren Kopf bestimmten, als wir noch keine Uschis waren. Ich nehme mich davon nicht aus. Immer wieder passiert es mir, dass ich mich allein fühle, weil ich nicht darauf vertraue, wertvoll genug zu sein, und komme zu dem Schluss, dass mir schon aus diesem Grund keiner helfen wird. Um diesen Rückfällen entgegenzuwirken, schreibe ich Wunderlisten.

Wunderlisten erinnern mich an schlechten Tagen, wie wunderbar es mir eigentlich geht und wie gut es das Leben mit mir meint. Auf die Wunderlisten kommen all die netten Dinge, die mir im Laufe eines Tages oder einer Woche passiert sind: Unterstützung und Hilfe durch andere Menschen, Wunder und Zufälle, die ich niemals erwartet hätte, und angekommene Bestellungen beim Universum. Lauter kleine und große Freuden, die mir den Tag oder die Woche versüßten.

Uschi Job-Prinzip Nr.5: Leg endlich los!

Nehmen Sie sich ein Blatt Papier und schreiben Sie das erste Wunder auf, das Ihnen einfällt. Sie werden sicherlich schon den einen oder anderen geheimnisvollen Zufall erfahren haben, wenn Sie bereits bis hierhin gelesen haben.

Wunderlisten sind nicht nur eine hervorragende Vorsorge für schlechte Zeiten. Jedes Mal, wenn wir uns an die vielen wunderbaren Dinge erinnern, denken wir fast demütig daran, wie gut es uns geht. Diese Form der Dankbarkeit ist die Gegenleistung für die vielen schönen Begebenheiten, die wir erleben. Wer nicht dankbar nehmen kann, dem wird auch nicht mehr so häufig gegeben.

Wenn ich nicht zu müde bin, dann lasse ich mir am Abend noch einmal die vielen schönen Momente des Tages durch den Kopf gehen. Oftmals ertappe ich mich dabei, wie ich selig vor mich hingrinse. Es macht einfach gute Laune, wenn man diese kleinen Wunder Revue passieren lässt. Irgendwann kam mir die Idee, dass das, was ich da praktizierte, möglicherweise eine Form des Betens sein könnte. Schließlich tat ich nichts anderes, als mich für den schönen Tag zu bedanken. Mag dies tatsächlich ein Gebet sein, es hat für mich aber nichts mit vorgegebenen Formulierungen zu tun, auch nicht damit, dass ich mich bei einem speziellen Gott bedanken würde. Es ist mir egal, wie man das Durchgehen der Wunderlisten nennt. Für mich hat dies etwas mit dem Universum zu tun, weil mir dadurch immer wieder vor Augen geführt wird, dass wirklich alles mit allem zusammenhängt. Deswegen erfreue ich mich an meinen Wunderlisten und sagte zum Abschluss danke.

*********************************** U

Uschis Job-Prinzip Nr. 5: Leg endlich los!

Erzählen Sie Ihren Mitmenschen von Ihren Wundern. Zeigen Sie ihnen Ihre Wunderliste. Andere werden dadurch beflügelt. Sie wollen auch Uschis Job-Prinzipien anwenden, wenn dadurch das Leben so wunderbar wird.

****

Networking: die königliche Art, um Hilfe zu bitten

Eine Nachwuchs-Uschi fragte mich letztens um Rat, weil sie ein gut bezahltes Praktikum suchte. Nun ist mir auf Anhieb niemand eingefallen, der unbedingt eine hochdotierte Praktikantin einstellen würde. Trotzdem fand ich die Idee gar nicht schlecht. Wieso sollte nicht jemand eine tolle Praktikantin auch entsprechend bezahlen? Schließlich fielen mir einige Leute ein, die zumindest in der gesuchten Branche arbeiteten. Ich hätte also mühelos die eine oder andere Telefonnummer herausgeben können, um der Nachwuchs-Uschi zu helfen. Doch etwas hielt mich zurück. Ich hatte gewisse Bedenken, denn schließlich fällt es immer wieder auf mich zurück, wenn ich jemandem einen Kontakt herstelle, und dieser jemand hält nicht das, was er verspricht. Hinsichtlich der Qualifikationen meiner Freundin hatte ich keinerlei Bedenken, aber ihre Bedürftigkeit ließ mich zaudern. Ich hatte das Gefühl, dass sie regelrechte Wunder von mir erwartete. Ich bin zwar eine Uschi, aber zaubern kann ich deshalb noch lange nicht. Außerdem hatte ich den Eindruck, dass sie noch nicht wusste, wie berufliche Netzwerke funktionieren. Also gab ich ihr am Ende unseres Gesprächs die Telefonnummer von einer anderen Uschi, die sie zwecks Suche nach einem Praktikum um Rat fragen sollte.

Merken Sie den Unterschied? Ich sagte nicht: »Meine liebe Freundin A, rufe doch meine Freundin B an und frage sie nach einem Job.« Das hätte nämlich nicht funktioniert. Die Wahrscheinlichkeit, dass B gerade zufällig so jemanden wie meine Freundin A sucht, war gleich null. Folgendes wollte ich mit meiner Strategie bezwecken: Meine beiden Freundinnen sollten miteinander ins Gespräch kommen. Egal, ob die Jobsuchende die Bitte äußert: »Könnten Sie mir jemanden nennen, der eine Praktikantenstelle für mich hat?« und dadurch die Anzahl der potentiellen Arbeitgeber (samt Telefonnummer und persönlicher Empfehlung) erhöht oder ob sie eine andere Frage stellt, es ergeben sich auf jeden Fall neue Informationen. By the way: Die direkte Frage nach einer Arbeit kann letztlich nur mit einem Ja oder Nein beantwortet werden, und schon ist das Gespräch zu Ende. Wird dagegen ein allgemeiner Angang gewählt, ist die Wahrscheinlichkeit groß, dass eine

Unterhaltung in Gang kommt, in der viele brauchbare Hinweise fallen können – vielleicht sogar wertvollere, als man ursprünglich suchte. Probieren Sie es aus!

********************************** U

Uschis Job-Prinzip Nr. 3: Wünsch dir was!

Wenn Sie sich Unterstützung erhoffen und damit konkret an eine Person herantreten, wundern Sie sich nicht, wenn Ihr Wunsch nicht unmittelbar erfüllt wird und Sie nur einen weiteren Ansprechpartner genannt bekommen. Manchmal kann Ihnen die erste Person, die Sie aufsuchen, tatsächlich nicht helfen. Doch der Kontakt, den sie Ihnen herstellt, ist durchaus gut gemeint. Sie können wertvolle Informationen erhalten oder sogar schon im nächsten oder übernächsten Schritt Ihrem Ziel näher kommen.

****

Als ich *Das Uschi-Prinzip* geschrieben hatte, wusste ich nicht, wie man als unbekannte Autorin einen Verlag findet. Eine Freundin riet mir, einen Kollegen aus ihrer Bürogemeinschaft zu fragen, immerhin hatte dieser auch schon Bücher veröffentlicht. Ich telefonierte mit ihm, es war ein sehr nettes Gespräch. Er gab mir am Ende die Telefonnummer einer Autorin, die im Gegensatz zu ihm auch Sachbücher verfasste. Dort sollte ich doch weiter um Rat fragen, ich könne mich ruhig auf ihn berufen. Ich rief also diese mir unbekannte Autorin an, richtete freundliche Grüße von ihrem Kollegen aus und unterhielt mich eine Weile mit ihr. Schließlich sagte sie mir, sie könne mir gerne die Telefonnummer ihrer Lektorin geben, aber vielleicht sei es sinnvoller, mit einer Buchagentur zu reden, die zwischen mir und einem Verlag vermitteln würde. Doch da würde sich eine Freundin von ihr besonders gut auskennen. Ich bekam auch diese Telefonnummer und rief dort sofort an. Wieder war es ein freundliches Gespräch. Ich lernte einiges über die

Buchbranche und am Ende hatte ich eine Liste mit mehreren Agenturen – den Netzwerken sei gedankt!

Für mich war das eine wunderbare Geschichte. Ich hatte an diesem Nachmittag von wildfremden Leuten so viel gelernt, wie ich es in so kurzer Zeit aus schlauen Büchern niemals hätte erfahren können. Zuvor hätte ich mich wahrscheinlich niemals getraut, einfach jemanden anzurufen und um Hilfe zu bitten. Aber an diesem Tag ergab ein Gespräch das andere. Für jedes Telefonat hatte ich einen »Türöffner«, eine Person, auf die ich mich beziehen konnte, und das machte es leichter, mein Anliegen vorzubringen. Jeder, der mir einen weiteren Ansprechpartner nannte, sagte ausdrücklich, ich solle von ihm oder ihr grüßen. Ich war ganz erstaunt, wie bereitwillig mir fremde Menschen halfen.

Wer in dieser komplexen Geschäftswelt überleben will, kann es nur durch Networking. Es kommt nicht nur darauf an, besonders wichtige Leute im eigenen Adressbuch stehen zu haben. Richtig wichtige Leute schaden natürlich nie, aber seien wir doch mal ehrlich: Wer kennt schon richtig wichtige Leute? Oft wissen wir auch gar nicht, in welchen Fragen diejenigen die in unserem Adressbuch stehen, entscheidend für uns sein können. Vielfach ergibt sich eine Hilfestellung sowieso erst, wenn wir hier und da nachgefragt haben. Also unterschätzen Sie Ihr Adressbuch nicht, wichtige Leute müssen nicht entscheidend sein. Wenn Sie wissen, was Sie konkret suchen, dann fragen Sie Ihre Bekannten, ob sie jemanden kennen, der Ihnen weiterhelfen könnte.

Kennen Sie die Theorie, dass man angeblich jeden prominenten Menschen auf dieser Welt über höchstens sieben Ecken kennt? Die *Zeit* nahm sich dieser Theorie vor längerem einmal an. Die Wochenzeitschrift wollte herausfinden, ob sich diese Theorie bei einem Dönerverkäufer und Marlon Brando beweisen ließ. Und siehe da, es funktionierte. Es waren tatsächlich sieben Ecken. Wenn das bei einem Dönerverkäufer klappt, dann auch bei Ihnen. Pflegen Sie Ihre Kontakte. Und vergessen Sie nicht: Networking ist Nehmen und Geben!

Geben macht Spaß

Von einer Freundin bekomme ich pro Woche mindestens zwei informative E-Mails. Sie liest diverse Zeitungen und Newsletter, und wenn sie eine für mich potenziell interessante Nachricht entdeckt, leitet sie diese an mich weiter. Jedes Mal, wenn ich eine E-Mail von ihr erhalte, freue ich mich, dass sie an mich denkt.

Es kann keineswegs schaden, wenn Freundinnen, Kolleginnen oder Geschäftspartnerinnen sich hin und wieder gegenseitig ihrer Zuneigung versichern. Klar, es kommt natürlich auf das Ausmaß an. Selbstverständlich würde es mich nerven, wenn ich von meiner Newsletter durchforstenden Freundin täglich mehrere E-Mails erhalten würde. Die Informationsflut würde mich ersticken. Uschi hat aber auf elegante Art und Weise die Menge der Mails richtig dosiert.

Es kommt nicht darauf an, dass der Gefallen, den man einem anderen Menschen tun möchte, wie eine gewaltige Investition erscheint. Es sind oft Aufmerksamkeiten oder Kleinigkeiten, die das Herz berühren, weil sie liebevoll und *bewusst* ausgesucht sind. E-Mails in Massen können einfach nicht mehr persönlich ausgewählt und zusammengestellt sein, ein solches Bombardement wird eher als Belästigung empfunden. Auch hier gilt: »Weniger ist mehr.«

Bringen Sie sich regelmäßig mit gut gemeinten Geschenken in Erinnerung, aber überhäufen Sie die Leute nicht damit. Sie werden mit der Zeit Übung darin bekommen, das richtige Maß und die passenden Dinge für die jeweiligen Menschen zu finden. Unabhängig davon, wann Ihre Mühen belohnt werden (der »Return on Investment« wird nicht ausbleiben!), werden Sie entdecken, wie sehr dieses Geben Spaß macht und Ihre Kontakte festigt.

Eines sollten Sie dabei nicht vergessen: Auch bei diesem Thema sollten Sie auf Zurückhaltung verzichten. Reden Sie darüber, wenn Sie Gutes tun. Erzählen Sie nicht nur, wieso andere Ihre Gaben besonders toll fanden, sondern sagen Sie auch, welche Freude Ihnen das Geben bereitet. Wie glücklich Sie waren, als Sie andere glücklich machen konnten. So gehört es sich für eine Königin!

************************************** U

Uschis Job-Prinzip Nr. 6:
Lass andere für dich arbeiten!

Erzählen Sie Ihren Freunden und Ihrer Familie, was Sie besonders gut können. Erzählen Sie von Ihren Erfolgen. Und passen Sie auf, was sich alles daraus ergeben könnte! Ihre Freunde und Ihre Familie haben Bekannte, Verwandte und Kollegen, denen sie möglicherweise im richtigen Augenblick von Ihnen erzählen werden. Wer weiß, welchen Job, welchen Auftrag oder welche Chance Sie bekommen, wenn Sie Ihre Begabungen nicht mehr bescheiden verschweigen, sondern begeistert von Ihren Erfolgen berichten!

****

Sonnen Sie sich im Glanz Ihrer Geschichten. Kosten Sie sie aus. Wenn Sie mit der Zeit zu einer großen Geberin und Gönnerin, also einer wahren Uschi geworden sind, dann lassen Sie sich ruhig dafür bewundern. Geben Sie mit großzügiger Hand und genießen Sie es. Lassen Sie es geschickt einfließen, wenn Sie anderen von Ihren Tätigkeiten erzählen, denn so erleben Sie Ihre Freude am Geben gleich noch einmal und machen einen guten Eindruck. Lassen Sie sich dafür bewundern! Die Welt wird Ihnen dann noch mehr als zuvor zu Füßen gelegt.

Willkommen im Club der Königinnen

Und, haben Sie Ihre SHG für ein perfektes Networking nun schon zusammen? Wenn nicht, dann legen Sie los und suchen Sie sich Frauen, die Sie auf Ihrem Weg zu einer erfolgreichen Frau unterstützen. Es gibt viele Möglichkeiten, sich mit anderen zusammenzutun: Schauen Sie im Internet nach, welche Frauennetzwerke es in Ihrer Region gibt. Sie werden überrascht sein, was Sie dort alles finden. Oder melden Sie sich im openBC, dem größten deutschen Internetportal, zum Netzwerken an. Unter www.openbc.com können Sie sich selbst präsentieren, gezielt nach gleichgesinnten Frauen suchen oder in spannenden Foren diskutieren. Existiert in der Branche, in der Sie arbeiten, ein Verband? Wenn ja, fragen Sie dort nach, welche Formen der Vernetzung und Informationen er Ihnen anbietet. Oder besuchen Sie meine Website: www.uschi-und-uschi.de. Hier können Sie ebenfalls Frauen treffen, die eine SHG zur Umsetzung der Job-Prinzipien suchen. Es gibt so viele Möglichkeiten. Legen Sie los!

Seien Sie dabei nicht schüchtern. Gehen Sie offen auf andere Frauen zu. Dieses Verhalten ist nicht aufdringlich. Wenn Sie freundlich sind, wird sich jede Frau, die Sie ansprechen, auch darüber freuen. Glauben Sie mir, die anderen stehen genauso verunsichert und hilflos auf Veranstaltungen herum. Nehmen Sie Ihren Mut zusammen und machen Sie den ersten Schritt. Niemand wird Ihnen den Kopf abreißen, denn genau zu diesem Zweck, um Frauen kennen zu lernen, besuchen die meisten solche Veranstaltungen.

Sollten Sie schon in einer SHG sein, dann seien Sie großzügig. Alles, was Sie von Herzen geben, wird vielfach zu Ihnen zurückkommen. Wenn wir mit unseren Informationen nicht knausern, andere unterstützen und gerne Hilfe anbieten, dann werden auch wir Unterstützung erhalten. In welchem Umfang das geschieht, wird Sie letztlich überraschen. Unglaubliche Vorteile sind einem gewiss, wenn man eine Uschi ist.

Aber erzwingen Sie nichts! Gehen Sie aufgeschlossen auf andere Menschen zu, doch überrennen Sie niemanden. Networking kann man nicht erzwingen. Es passiert oder es passiert eben nicht. Gegenseitige Unterstützung ist von Zuneigung und Vertrauen abhängig. Entwickeln Sie ein Feingefühl, mit wem Netzwerken geht, dazu gehört auch das richtige Tempo. Ihr Gefühl wird Ihnen schon sehr schnell sagen, wer aus Ihrer SHG ein wertvolles Mitglied für Sie sein wird. Die Chemie muss die richtige sein, und es muss eine Übereinstimmung in dem geben, was Sie jeweils zu bieten haben. Uschis wissen, dass sie nichts erzwingen können. Sie vermögen alles zu erreichen, wenn Sie mit dem Flow gehen. Und genau darum geht es im nächsten Kapitel.

7. Uschis, take it easy!

Gehen Sie mit dem Flow

Eines Tages erzählte mir eine Freundin etwas, was mir sehr zu denken gab. Wir sprachen über unsere Lebensläufe, darüber, wie wir zu der Person geworden sind, die wir jetzt darstellen. Da wir beide ungefähr gleich alt sind, bot es sich an, Bilanz zu ziehen und unsere Biographien miteinander zu vergleichen. Im Gegensatz zu mir, die recht zielgerichtet losgezogen war und sich lange Zeit mit der nicht wirklich erfolgreichen Kopf-durch-die-Wand-Strategie durchs Leben schlug, wies Uschi eine ganz andere Lebensgeschichte auf. Sie berichtete, sie hätte schon während des Studiums bei einer Firma gejobbt, die ihr gut gefallen habe. Also war es nur schlüssig gewesen, nach dem Studium das Angebot, das ihr diese Firma machte, anzunehmen. Sie hätte zwar gerne einen anderen Beruf ausgeübt, aber sie war sich nicht sicher, ob sie sich das auch zutraute. Also entschied sie sich lieber für den Spatz in der Hand als für die Taube auf dem Dach. Uschi machte zunächst keine große Karriere, aber in kleinen Schritten ging es stetig voran. Sie schwärmte nicht von irgendwelchen Traumjobs, folglich war sie stets zufrieden mit dem, was sie tat.

Ich wurde fast eifersüchtig, als ich ihr zuhörte. Spontan rutschte mir der Satz heraus: »Du bist genau der Frauentyp, den ich früher glühend beneidet und deswegen zugleich gehasst habe. Du bist eine Uschi, eine Frau, der die Dinge einfach zufallen und die das Leben leicht nehmen kann.« So hatte sie das noch nie gesehen. Weil wir gute Freundinnen sind, wurde sie wegen meiner klaren Worte glücklicherweise nicht böse, sondern konnte die neue Sichtweise an sich heranlassen.

Uschi hatte immer darauf vertraut, dass ihr das Leben etwas

bieten würde. Sie wollte nicht wie ich nach den Sternen greifen, und so gab sie sich auch mit Aufgaben zufrieden, die ich damals nur als »Besser-als-nichts-Jobs« bezeichnen konnte. Aber damit tat ich ihr unrecht. Denn heute ist sie an einem Punkt ihrer beruflichen Laufbahn angekommen, der mich durchaus reizen könnte. Mittlerweile ist ihre Karriere so weit gediehen, dass sie ihre Aufgaben und ihren Arbeitsalltag weitestgehend selbstbestimmt organisieren kann. Als angestellte Personalentwicklerin macht sie etwas Ähnliches wie ich – nur eben mit einem sicheren Einkommen und netten Kollegen. Eigentlich könnte ich sofort mit ihr tauschen. Es war auch nicht so, dass meine Freundin nicht unter den »Besser-als-nichts-Jobs« gelitten hätte. Doch Selbstverwirklichung und Selbsterkenntnis mussten für sie nicht zwingend im Job stattfinden. Also ließ sie einiges fließen. Ich wäre da mit meiner Zielorientiertheit ganz anders vorgegangen. Das Glück aber war ihr gewogen, und immer wieder zog sie das große Los.

Dieses Fließenlassen ist etwas, was ich von Uschi lernen kann. Damit ist nicht gemeint, dass man alles auf sich zukommen lässt, nichts mehr plant, wahllos akzeptiert und das Leben in aller Bescheidenheit nimmt, wie es gerade ist. Ein solches Verhalten passt nicht zu einer Uschi. Vielmehr bedeutet es, sich auf etwas einzulassen, um das Sein kennen zu lernen. Wer im Fluss ist, sieht sich jede Chance genau an, um besser zu verstehen, worum es sich dabei handelt. Der wirkliche Nutzen zeigt sich oft erst auf den zweiten Blick. Wer im Flow ist, probiert Dinge aus, um herauszufinden, ob sie vielleicht doch etwas für ihn sind. Kurz und gut: Es geht darum, ein Gespür dafür zu entwickeln, die Fülle des Universums zu genießen, Geschenke anzunehmen und trotzdem die eigenen Wünsche und Bedürfnisse im Auge zu haben, ohne krampfhaft für diese zu kämpfen. Man ist gelassen und zugleich äußerst achtsam – so verhält sich auch eine richtige Uschi.

Merkwürdig war nur, dass meine Freundin ständig wiederholte, sie sei gar nicht so richtig glücklich, weil sie viel zu risikoscheu sei, auch schäme sie sich dafür, immer nur vernünftige Entscheidungen getroffen zu haben. Ich war total perplex. Ihre Entschlüsse waren allemal rational, aber aus meiner Sicht war das eine sehr positive Einschätzung. Erst als ich ihr sagte, dass ich ihren Weg bewunderte und dass ich einiges von ihr lernen könnte, begann sie ihre Entscheidungen in einem positiveren Licht zu sehen. Das, was sie als Schwäche bezeichnet hatte, war genau dieses »Fließenlassen«, das Uschis auszeichnet und ihnen das Leben leichter macht. Es ist alles eine Frage der Bewertung. Diese Erkenntnis bewahrheitet sich immer wieder. Mir wurde wieder einmal klar, wie gut der Name »Uschi« gewählt war. Uschis sind Frauen, von denen wir etwas können, weil sie sich das Leben leichter machen. Meine Freundin hätte niemals gedacht, dass sie ein Vorbild sein könnte, dass ihr Verhalten für mich und andere Frauen wertvoll sein könnte.

Mit allen Sinnen die Juwelen entdecken

Schon als ich *Das Uschi-Prinzip* schrieb, hatte ich viel über die »Besser-als-nichts«-Geschichten nachgedacht. Zu oft blieb ich allein, weil ich zu hohe Ansprüche an das männliche Geschlecht gestellt hatte. Diese Engstirnigkeit hinderte mich daran, Männer genauer anzuschauen, da sie gleich zu Anfang durch mein Raster gefallen waren. Ich plädierte schon damals nicht für Bescheidenheit. Keinesfalls wollte ich mich jedem x-beliebigen Typen an den Hals zu werfen; das wäre einer Königin auch nicht würdig gewesen. Aber durch meine Arroganz hatte ich schlichtweg einige klasse Männer verpasst, die erst beim zweiten Hinsehen interessant ewesen wären.

Wenn ich mir die Geschichte meiner Freundin durch den

Kopf gehen lasse, dann entdecke ich deutliche Parallelen zwischen meinem früheren anmaßenden Blick auf Männer und meinem wenig gewinnbringenden Ehrgeiz, nur zielorientierte Dinge machen zu wollen. Ich fühlte mich jahrelang getrieben, weil ich immer auf der Suche nach dem perfekten Job war, nach einer Herausforderung, durch die ich mich persönlich weiterentwickeln könnte, nach Kohle ohne Ende (wie sich das für eine Uschi gehört) und nach Arbeitsbedingungen, die noch ein Leben neben dem Job zuließen. Ich hatte stets Ziele vor Augen, die mindestens fünf bis zehn Jahre in die Zukunft reichten. Bis zur Erreichung meiner Fernziele strengte ich mich ordentlich an und lebte bescheiden, weit von dem entfernt, was ich eigentlich einnehmen wollte. Zwischendurch wunderte ich mich, wieso andere sich zweimal im Jahr einen schicken Urlaub gönnen und ein Auto obendrauf leisten konnten und ich nicht.

Heute weiß ich: Der Blick auf die weitgesteckten Ziele hat mich das Nächstliegende meist übersehen lassen. Mit arrogant gen Himmel gestrecktem Näschen strebte ich auf meine Fernziele zu, ohne darauf zu achten, ob nicht versteckte Chancen am Straßenrand auf mich warteten. Chancen gleich Rohdiamanten, die man erst einmal putzen und weiterverarbeiten muss, bevor ihr eigentlicher Wert zum Vorschein kommt.

Statt gehetzt durchs Leben zu rennen, weil ich einzig meine Ziele im Blick hatte, hätte ich besser daran getan, mal nach links und mal nach rechts zu schauen. Ich dachte, wenn ich nur fest genug an meine Ziele glaube, dann werde ich sie auch erreichen. Nur wusste ich damals noch nicht, dass es nicht nur sehr kräftezehrend ist, mit dem Kopf durch die Wand zu wollen, sondern eigentlich auch unmöglich.

Uschis Job-Prinzip Nr. 7:
Geh niemals ohne Glitzer!
Wer jahrelang verbissen seinen Zielen nachgerannt ist, kann nicht charismatisch und charmant wirken. Um leichter voranzukommen, gilt es, Gelassenheit zu entwickeln. Dann wird sich der innere Glitzer entwickeln und der Erfolg einstellen.

Am Straßenrand lassen sich Chancen finden, die zunächst den Anschein haben, als könnten sie den, der sich ihrer annimmt, vom direkten Wege abbringen. Doch dem ist nicht so. Meist müssen wir nur um eine Ecke denken, um die Ziellinie zu erkennen. Hätte ich einige dieser Chancen am Wegesrand ernst genommen und ausprobiert, hätte ich vielleicht spannende Leute kennen gelernt, die mir weitergeholfen hätten. Vielleicht hätte ich Fähigkeiten an mir entdeckt oder unter Beweis gestellt, die mir eine ganz neue Orientierung gegeben hätten. So vieles wäre möglich gewesen, wenn ich nicht stur wie jener Esel gewesen wäre, der hinter seiner Karotte hertrottet, natürlich immer nur im Kreis.

Heute weiß ich, dass das Leben für jede Frau wunderbare Möglichkeiten bereithält. Es gibt diese Menschen, die Rohdiamanten auf den ersten Blick erkennen können und sich nicht zu fein dazu sind, sich zu bücken und sie aufheben. Andere wiederum spazieren erhobenen Hauptes durch die Welt und warten auf die Erfüllung ihrer hochtrabenden Träume. Na, das klingt doch fatal nach der Suche nach dem Traummann, oder? Ich erinnere noch mal an das Zitat von Cher, mit dem ich *Das Uschi-Prinzip* einleitete: »Ein Mädchen ist immer auf der Suche nach dem Richtigen. Aber zwischendurch kann sie viel Spaß mit den Falschen haben.« Ja eben! Das Gleiche gilt auch für die Arbeitswelt: Natürlich sind wir alle auf der Suche nach dem Traumjob, aber in der Zwischenzeit können wir eine Menge Spaß haben und eine Menge lernen, wenn wir die Chancen am Wegesrand erkennen und einfach mal ausprobieren.

Das ganz Besondere

Als ich mich als Beraterin selbständig machte, wollte ich gerne ein tolles Büro haben. Früher hatte ich als Trainerin Kurse in den Räumen des Kunden oder in Seminarhäusern gehalten, ein richtiges Büro brauchte ich damals nicht, mir reichte für die Schreibtischarbeiten ein Zimmer in meiner Wohnung. Das sollte sich nun ändern. In Zukunft sollten meine Kunden zum Coaching in mein Büro kommen. Ich wollte, dass sich die Kunden bei mir wohl fühlten. Ich hatte zwar genügend Geld gespart, um das Büro schick einzurichten, doch wenn man sich selbständig macht, muss man für alle Fälle ein paar Monatsmieten und einen Notgroschen für den Lebensunterhalt in der Hinterhand haben. Also bemühte ich mich um einen staatlich geförderten Kredit bei der Bank. Ich erhielt nur Absagen. Die offizielle Begründung der Geldinstitute war, dass ich keine Sicherheiten hätte. Klang logisch, aber irgendwie auch wieder abwegig. Natürlich hatte ich nicht viel gespartes Eigenkapital oder sonstige finanzielle Sicherheiten, aber genau deshalb bemühte ich mich ja um eines der staatlich geförderten Darlehen, die extra für Frauen gedacht waren. Ich konnte nur die Sicherheit vorweisen, gut ausgebildet und sehr motiviert zu sein. Doch das zählte leider nicht. Ich fand es absurd. Meine Laune schwankte zwischen Hysterie und Wahnsinn.

Die wahre Begründung für die Absagen verstand ich erst später: Ich unterschied mich einfach nicht von den Tausenden von Frauen, die sich zur selben Zeit als Trainerinnen, Coachs und Beraterinnen selbständig machen wollten. Die Banken vertrauten mir nicht ausreichend und wollten mir nicht glauben, dass ich genügend Kunden akquirieren, vom Coaching leben und den Kredit zurückzahlen könnte.

Ich wollte aber endlich das machen, wozu ich Lust hatte, schließlich hatte ich ja auch viele Jahre und nicht zuletzt viel Geld in meine Ausbildung investiert. Ich wollte nichts völlig anderes tun. Meine Gedanken gingen im Kreis herum. Immer wieder fragte ich mich, wie ich das nennen könnte, was ich vorzugsweise machen wollte. Davon hing ja auch ab, ob genügend potenzielle Kunden mich finden und meine Dienstleistungen kaufen würden. Löbliche Gedanken, aber die Methode meines Denkens war immer gleich, ich wollte »mehr vom Selben«. Mit einem enormen Kraftaufwand versuchte ich ein künstliches Gebilde zu schaffen. Ich dachte, wenn ich mich nur genügend anstrengen und genügend nachdenken würde, dann käme mir irgendwann schon die Idee, wie ich meine Einzigartigkeit, mein besonderes Merkmal beschreiben könnte. Was ich damals nicht wusste: Es ging nicht um Wörter. Es ging ums Tun. Nachdenken reicht oft nicht. Es geht darum, etwas auszuprobieren und loszulegen.

Diese Erkenntnis hatte ich auf einer großen Veranstaltung eines Frauennetzwerkes. Sie traf mich wie ein Blitz. Nach der Anmeldung bekam ich eine Gästeliste zugeschickt, auf der ich die beruflichen Angaben der teilnehmenden Frauen nachlesen konnte. Ich fiel fast vom Stuhl, als ich las, dass ungefähr 70 Prozent der Frauen als Tätigkeit Coach angegeben hatten. Sollte dies der neue Lieblingsberuf sein, weil Frauen in ihm ihr oft beschworenes Helferinnensyndrom ausleben könnten? Ich konnte es nicht so recht glauben. Immerhin hatten nicht alle Frauen ihren Beruf angegeben. Ich war also gespannt, was mich sonst noch erwartete.

Zu Beginn der Veranstaltung gab es vor der Garderobe einen Stau. Irgendetwas war bei der Organisation falsch gelaufen. Drinnen spielte schon die Musik, und viele der Gäste standen noch im Vorraum. Manchmal packt es mich in solchen Momenten, freche Dinge zu sagen, von denen ich eigentlich weiß, dass man so etwas nicht tun sollte. Ich konnte mich aber nicht beherrschen, seufzte also laut und theatralisch: »Ha, ich brauche dringend ein Coaching!« Unzählige Frauen stürzten sich auf mich, um mich kennen zu lernen und mir ein Coaching zu verkaufen. Als ich grinste und sagte: »Das war ein Witz«, wäre ich fast gelyncht worden. Ich hatte mich definitiv unbeliebt gemacht. Keine gute Voraussetzung fürs Netzwerken. Es war besser, so befand ich, auf den Besuch dieser Veranstaltung zu verzichten. Wieder zu Hause, überlegte ich, ob ich nun verzweifelt sein sollte, weil ich anscheinend einen allzu typischen Frauenberuf gewählt hatte, oder ob mich dies anspornen sollte, eine kreative Möglichkeit zu finden, trotz einer unglaublich großen Anzahl von Kolleginnen in meiner Stadt, meine Dienstleistungen zu verkaufen. Es existierten doch so viele unterschiedliche Probleme. Warum sollte es da keinen Platz für mich geben? Diese Unmenge von Mitbewerberinnen, mit denen ich mich an diesem Abend konfrontiert sah, gaben mir letzten Endes den entscheidenden Kick, nicht mehr verzweifelt über meine speziellen Fähigkeiten nachzudenken, sondern endlich loszulegen.

Uschis-Job-Prinzip Nr. 2:
Lebe nach dem Lustprinzip!

Manchmal braucht man eben diesen Kick, diesen kleinen Anstoß, um endlich motiviert zu sein. Wenn Sie durch diesen Kick Ihr Problem als Herausforderung sehen, dann werden Sie plötzlich nichts lieber tun, als so lange herumzutüfteln, bis Sie eine Lösung gefunden haben. Und Sie werden sehen: Das Tüfteln macht sogar Spaß!

Statt tagelanger, wochenlanger, ja monatelanger Grübelei hätte ich schon lange loslegen sollen. Ich hätte meinen Schreibtisch verlassen und das anbieten sollen, was ich schon die längste Zeit meines Lebens gemacht hatte: Trainings zu geben. Schließlich war die Arbeit als Trainerin nicht sehr viel anders als die eines Coach. Es ging schließlich um die gleichen Themen. Der einzige Unterschied besteht darin, dass ich es als Trainerin mit Gruppen zu tun habe und im Coaching einzelne Personen berate. Ich musste nur herausfinden, welche Inhalte mir besonders am Herzen lagen und gleichzeitig marktgängig waren, welche speziellen Themenkombinationen mich auszeichneten. Das war gar nicht so schwer, schließlich hatte ich eine gute Mischung aus kaufmännischen und psychologischen Kenntnissen vorzuweisen. Genau diese Mehrfachqualifikation mit den dazugehörigen praktischen Erfahrungen galt es hervorzuheben. Nachdem ich dann meine Lieblingsthemen festgelegt hatte, musste ich nur noch herausfinden, ob es für sie überhaupt eine Nachfrage gab.

Als ich grünes Licht bekam, legte ich los, wenn auch nicht gerade mit dem größten Enthusiasmus. Schließlich hatte sich von außen betrachtet nicht viel geändert. Nach wie vor gab ich Trainings, obgleich ich weitaus mehr Lust auf Beratung statt auf große Gruppen hatte. Aber in mir hatte sich etwas geändert. Ich achtete ganz genau darauf, welche Themen sich verkaufen ließen und warum. Außerdem befragte ich meine Trainingsteilnehmer, was sie gut und weniger gut an mir fanden. Nach kurzer Zeit hatte ich ein klareres Bild davon, was ich als Coach speziell anbieten könnte. Jetzt musste ich nur noch meine Werbestrategie ändern, um dies der Welt mitzuteilen.

Uschis Job-Prinzip Nr. 5: Leg endlich los!
Nachdenken ist schön und gut, aber irgendwann macht Grübeln schlechte Laune. Legen Sie los, starten Sie durch und tun Sie etwas. Alles, was Sie anpacken, kann Sie Ihrem Ziel näher bringen – auch wenn es sich noch nicht um das dreht, wovon Sie träumen. Bei allem, was Sie tun, können Sie etwas lernen und neue Menschen treffen. Und vielleicht bringt Sie gerade das Ihrer Vision einen Schritt näher!

Ich suchte das Spezielle, das mich bei meiner Tätigkeit auszeichnete. Und ich fand es. Ich erkannte, dass ich tatsächlich Besonderheiten entwickelt hatte, die ein Kunde vermutlich nur bei mir bekommen konnte. Nur ich besaß genau diese Kombination aus Erfahrung und Fähigkeiten. Diese Erkenntnis erlangte ich nicht, indem ich still auf dem Sofa saß und über das Leben philosophierte, sondern durch das Tun. Ich machte meine Arbeit, entdeckte wiederkehrende Muster und fand heraus, was das ganz Spezielle war, das ich anzubieten hatte.

Ein weiterer wichtiger Faktor kam noch hinzu: Ich erkannte nicht nur die Besonderheiten, die ich in einer individuellen Form anbieten konnte, sondern ich erarbeitete mir auch die Dinge, die *gefragt* waren. Ich wollte schließlich gut bezahlt werden. Was nützen uns unsere Talente und unsere Vorlieben, wenn es dafür keine Nachfrage gibt? Sie können sie nur zu Geld machen, wenn es irgendwo auf der Welt jemanden gibt, der das, was Sie zu bieten haben, besitzen möchte und bereit ist, dafür Geld auszugeben. Der letzte Nachsatz ist übrigens entscheidend. Natürlich existieren unendlich viele Bedürfnisse auf der Welt, und ganz sicherlich gibt es eine ganze Reihe von Leuten, die vielleicht sogar gerne das hätten, was Sie zu bieten haben. Doch von Bedeutung ist, dass diese Menschen Ihre

Dienste bezahlen wollen – und zwar mit einem angemessenen Betrag, von dem Sie leben können und der Ihnen das Gefühl gibt, dass das, was Sie offerieren, auch wertgeschätzt wird.

Damit will ich Ihnen nicht den Rat geben, irgendetwas zu tun, was gerade »in« ist, nur weil damit leicht Geld zu verdienen ist. Nein, das meine ich nicht. Ich schlage Ihnen nur vor, genau zu schauen, welche Ihrer Begabungen und welches Ihrer Talente einen Tauschwert hat. Sie können zum Beispiel noch so schöne Salzteigfiguren herstellen, doch wenn Sie niemanden kennen, der diese kaufen möchte, dann ist ein solches Vorhaben sinnlos. Dann können Sie noch so fleißig herumtelefonieren und Ihre Figuren anbieten, viel Geld für Werbung ausgeben und mit dem Preis heruntergehen – Sie werden vom Verkauf Ihrer Figuren nicht leben können. Das ist das berühmte Gesetz von Angebot und Nachfrage.

Testen Sie also aus, welches Ihrer speziellen Qualifikationen marktgängig ist. Machen Sie eine Umfrage mit hinreichend vielen Leuten. Probieren Sie herum, modifizieren Sie Ihr Produkt nach den Wünschen der potentiellen Käufer. Bieten Sie etwas an, was Sie »mit links« herstellen können und was marktgängig, aber vielleicht nicht unbedingt Ihr Traumprodukt ist. Doch erzählen Sie Ihren Kunden so ganz nebenher, was Sie noch Besonderes zu bieten haben. Sie werden dadurch herausfinden, ob es nicht doch eine Nachfrage dafür gibt, wenn Ihre Kunden Sie kennen gelernt und Vertrauen zu Ihnen gefasst haben.

Ich musste tief durchatmen, als ich diese Lektion lernte. Bunt und schön hatte ich mir meine zukünftige Berufswelt ausgemalt. Fortan wollte ich nur noch das machen, was ich gerne tat – und dann, so glaubte ich, würde alles schon laufen.

Uschis Job-Prinzip Nr. 2:
Lebe nach dem Lustprinzip!

Die Lust kommt in der Regel beim Machen. Besser lostoben und etwas tun, als zu Hause zu sitzen und still darüber nachzudenken, wie schön es wäre, wenn sich Ihr Traum verwirklichen ließe. Woher wollen Sie denn wissen, ob Ihnen etwas Spaß macht, wenn Sie es gar nicht ausprobiert haben? Der erste Erfolg wird Ihnen mit Sicherheit Laune auf mehr machen – und schon leben Sie wieder nach dem Lustprinzip.

Ich brauchte eine Zeit, bis ich meine eigenen Widerstände überwand. Aber schließlich sah ich ein, dass ich mit dem Ausprobieren anfangen musste. Ich musste aus meiner Höhle herauskommen und mit der Welt kommunizieren. Und tatsächlich: Auf diese Weise lernte ich, welche meiner individuellen Fähigkeiten überhaupt gefragt war. Nach und nach konnte ich mein Angebot so gestalten, dass ich wirklich das tat, wozu ich Lust hatte. Ich konnte sogar davon leben. Aber von einem Tag auf den anderen war das nicht zu verwirklichen. Rückblickend bin ich froh, dass ich diese Phase des Ausprobierens durchgehalten habe. Also, worauf warten Sie noch? Legen Sie los und finden Sie heraus, welche Ihrer Spezialitäten marktgängig sind.

Eine Königinnendisziplin: Selbstmarketing

Wenn Sie Anerkennung für Ihre Arbeit und immer wieder spannende Folgeaufträge erhalten wollen, dann müssen Sie sichtbar sein. Die Menschheit muss wissen, dass genau Sie für die phantastischen Ergebnisse Ihrer Projekte verantwortlich sind. Sie müssen Selbstmarketing für sich betreiben. Nur wenn die anderen wissen, was sie an Ihnen haben, wird man Sie weiterhin mit interessanten Aufgaben betrauen.

Werden Sie zu einer Marke! Marken helfen bei der Unterscheidung von scheinbar ähnlichen Produkten, Marken können deswegen leichter wiedererkannt und sogar »liebgewonnen« werden. Werden Sie zu einer einzigartigen Marke! Zeigen Sie, was das Besondere an Ihnen ist, was Sie von Ihren Kolleginnen oder Mitbewerberinnen unterscheidet. Zeigen Sie, wie Ihre Haltung zur Arbeit ist, damit die Leute sich mit Ihnen und Ihrer Tätigkeit identifizieren können. Und zeigen Sie, was Sie wirklich einzigartig macht.

Gar nicht so leicht, werden Sie denken. Da muss ich Ihnen leider zustimmen. Selbstmarketing ist schwierig. Selbstmarketing verlangt, dass Sie sich selbst gut kennen und das hervorheben, was besonders toll an Ihnen ist und Sie zumindest von einem Großteil der Konkurrenz unterscheidet.

Uschis Job-Prinzip Nr. 7:
Geh niemals ohne Glitzer!

Denken Sie an Berlins ehemaligen Bürgermeister Walter Momper und seinen roten Schal. Er war unübersehbar und leicht wiederzuerkennen. Denken Sie an Verona Pooth, eine wahre Selbstmarketingkönnerin. Von ihr können Sie einiges lernen. Wahrscheinlich gibt es auch »Marken« in Ihrem näheren Freundes- oder Kollegenkreis. Entdecken Sie sie und lernen Sie von ihnen.

Gehen Sie in sich und entdecken Sie Ihre Stärken. Suchen Sie nach dem, was Sie einzigartig macht. Meist ist es eine ganz spezielle Kombination von Eigenschaften, Fähigkeiten und Erfahrungen, die Ihrem Unternehmen oder Ihren Kunden nützlich sein kann. Verstecken Sie diese nicht, sondern zeigen Sie sie. Machen Sie sich sichtbar.

Machen Sie sich als Expertin sichtbar. Schweigen Sie nicht, wenn Sie etwas wissen. Wie oft wird ein Großteil der Zeit in Sitzungen von Leuten in Beschlag genommen, die sich gerne reden hören, die aber nicht immer wirklich zum Gelingen des Meetings beitragen. Melden Sie sich zu Wort und sagen Sie, was Ihre Meinung zu der verhandelten Sache ist. Man hat Sie zu der Sitzung eingeladen, weil man Ihnen etwas zutraut!

Uschis Job Prinzip Nr. 4: Handle strategisch!

Eine der wichtigsten Regeln für professionelles Auftreten im Beruf ist, sich für ein Meeting intensiv vorzubereiten. Viele Menschen erscheinen unvorbereitet zu Besprechungen, deshalb können Sie sich leicht als Expertin outen und sind damit ganz schnell auf der Überholspur.

Wenn Sie einen Vortrag besuchen oder in einer Konferenz sind, stellen Sie Fragen. Am besten gleich die erste nach Ende des Vortrags. Keiner wird sich später mehr an Ihre Frage erinnern, aber jeder an Ihre Person. Sie werden sich vor Kontakten kaum retten können. Als ich mich selbständig machte, besuchte ich viele Veranstaltungen, weil ich nach Kolleginnen Ausschau hielt, mit denen ich netzwerken konnte. Allerdings wusste ich nicht recht, wie ich das anstellen sollte. In den Büchern, die ich dazu las, fand ich keine passende Gebrauchsanweisung für dieses Problem. Auf den Veranstaltungen wiederum wimmelte es von Menschen, wodurch ich eingeschüchtert wurde. Sollte ich einfach auf die Leute zugehen und sie ansprechen?

Auf einer mehrtägigen Tagung beobachtete ich eine Frau, die in den Pausen ständig von Menschen umgeben war. Wie ich später feststellte, war sie stets in ihren Firmenfarben Blau und Grün gekleidet. Das erhöhte ihren Wiedererkennungswert immens. Nach jedem gehaltenen Vortrag stellte sie eine Frage. Dazu stand sie jedes Mal auf. Das hatte nicht nur den Vorteil, dass man sie und ihr farbenprächtiges Outfit gut sehen konnte, sondern sie fiel auch auf und blieb auf diese Weise gut in Erinnerung. Bei den Mahlzeiten war sie umringt von Menschen, die ihr Fragen stellten. Anfangs dachte ich, sie sei eine Expertin. Aber als ich sie ansprach, stellte sich heraus, dass sie wie ich eine Existenzgründerin war. Allerdings ging sie geschickter als ich vor. Ich beschloss, von ihr zu lernen. Unmittelbar nach dem nächsten Vortrag warf ich eine Frage in den Raum. Wenige Minuten später gab es eine Kaffeepause. Plötzlich war auch ich von Menschen belagert, die Interesse an mir hatten. So einfach war das also! Ich hatte eine grundlegende Regel des Selbstmarketings kennen gelernt.

Jetzt hieß es, mich sichtbar und unterscheidbar zu machen. Es war ein hartes Stück Arbeit, bis ich mein persönliches Profil erkannt hatte. Doch das Erlebnis auf der Konferenz hatte mir Mut gemacht und gezeigt, dass auch kleine Schritte eine enorme Wirkung haben können.

Es kommt im Berufsleben nicht immer nur auf Leistung an. Sie können Ihren Job noch so solide machen und kommen trotzdem nie voran. Das Arbeitsleben ist kein Märchen. Auf den Prinzen, der Sie eines Tages entdeckt, werden Sie vergeblich warten. Es geht nicht anders: Sie müssen die Werbetrommel rühren, damit die entscheidenden Leute auf Sie aufmerksam werden.

Verkaufen macht Spaß

Sich selbst zu verkaufen und die eigenen Leistungen anzupreisen ist keinesfalls leicht. Eine Freundin, die auch freiberuflich tätig ist, lieferte dafür den besten Beweis. Sie rief mich eines

Tages an und jammerte, sie könne keine Kunden gewinnen und sich und ihre Leistungen nicht richtig verkaufen. Auffällig war, dass sie ständig das Wort »muss« verwendete. Selbst wenn ich ein Wesen von einem anderen Stern gewesen wäre, so hätte sie mir allein durch ihre Sprache vermittelt, dass es sich beim Verkaufen eigener Leistungen um etwas ganz Schreckliches handeln müsste.

Was aber ist eigentlich am Verkaufen so furchtbar? Wieso hassen es alle? Da es auch nicht zu meinen favorisierten Beschäftigungen zählt, fällt es mir nicht schwer, entsprechende Argumente für diesen Widerwillen zu finden. Ich glaube, es liegt tatsächlich am »Müssen«. Wieso, so überlegt man, ist man eigentlich »Frei-Beruflerin«, wenn man trotzdem noch Dinge tun muss, zu denen man keine Lust hat? Schließlich will man doch frei arbeiten, um freier zu sein! Aber wer sagt, dass sich eine Uschi wie Sauerbier anpreisen »muss«? Ich weiß, das ist ein heikles Thema, denn ohne Geld und ohne Aufträge können wir nicht leben, aber irgendwie widerstrebt mir dieses »Müssen« dennoch.

Wenn ich etwas tun *muss,* dann drücke ich mich zunächst einmal tagelang darum. Aus den Tagen können sogar Wochen werden, je nach innerer Befindlichkeit. Besonders wenig hilfreich ist auch meine schlechte Angewohnheit, mir im Vorfeld, bevor ich überhaupt mit dem Unangenehmen angefangen habe, schon mal präventiv schlechte Laune heranzuzüchten. Wenn ich beispielsweise am Anfang des Monats weiß, dass ich am Ende dieses Monats eine stressige Woche haben werde, dann fange ich gleich an zu leiden. Völlig unnötig, denn so quäle ich mich drei Wochen statt einer.

Im nächsten Schritt bereite ich mich auf das Unangenehme, das ich nun doch endlich erledigen *muss*, vor. Wahlweise tue ich das, indem ich einkaufen gehe, damit ich für die schlimme Zeit gut verpflegt bin, oder ich gehe vorher in die Badewanne. Manchmal suche ich dann den ganzen Kram zusammen, den ich für die unangenehme Aufgabe brauche, nur um festzustellen, dass ich mal wieder meine Fotos vom letzten Urlaub sortieren könnte …

Bei Verkaufstelefonaten, die auch nicht zu meinen beruflichen Lieblingstätigkeiten gehören, lege ich als ersten Schritt eine Tabelle an, um Buch über meine Gespräche und deren Ergebnisse zu führen. Während ich im Begriff bin, diese Tabelle zu erstellen, kann ich natürlich schnell mal im Internet recherchieren – eine hervorragende Möglichkeit, um auf andere Gedanken zu kommen. Oder ich beschäftige mich endlich einmal ausführlicher mit dem mir noch recht unbekannten Tabellenkalkulationsprogramm. Das wollte ich doch schon immer mal tun!

All diese Ablenkungsmanöver sind im Grunde völlig abwegig. Jeder kennt das Glücksgefühl, wenn man unangenehme Sachen endlich erledigt hat. Ein Stein fällt vom Herzen, und auf einmal ist man voller Tatkraft. Jegliche Müdigkeit ist wie weggeblasen. Wieso machen wir es uns also so schwer?

Das zweite Job-Prinzip fordert uns auf, nach dem Lustprinzip zu leben. Stellt sich die Frage, wie man es hinkriegt, dass man Lust aufs Verkaufen hat. Kann man sich solche Momente selbst schaffen? Ich denke: nein. Ich glaube nicht, dass man sich derartig umpolen kann. Letztlich ist das so etwas wie Selbstbetrug. Die Positivdenker wären wohl davon überzeugt, dass das funktionieren würde, für mich ist das Quatsch. Vielleicht liegt es eher daran, dass wir von einer falschen Vorstellung ausgehen, wie das Verkaufen unserer Begabungen eigentlich aussehen sollte. Vielleicht bedarf es gar nicht der ausgefuchst formulierten Massenmailings oder der unzähligen Telefonate, zu denen wir uns zwingen. Uschis überlegen sich lieber kreativ und lustvoll andere Möglichkeiten, wie sie auf sich aufmerksam machen können. Warum immer nur die Standardwege einschlagen, wenn dort die ganze Konkurrenz unterwegs ist? Sie werden sehen, es macht großen Spaß, sich Schleichwege, also andere Vorgehensweisen zur Kundengewinnung zu überlegen. Sie müssen nur Ihren Widerwillen gegen das Verkaufen ablegen.

Uschis Job-Prinzip Nr. 3: Wünsch dir was!

Wissen Sie eigentlich, wie Ihr Lieblingskunde oder Ihr Lieblingsarbeitgeber aussieht? Wissen Sie, wo Sie diese Menschen treffen können? Lassen Sie sich vom Universum helfen und bestellen Sie, dass Sie in den nächsten Tagen die richtigen Leute treffen wollen. Überlegen Sie jetzt schon mal, was Sie über sich erzählen können. Vertrauen Sie darauf, dass das Universum die richtigen Begegnungen arrangiert. Lassen Sie sich überraschen, was dann passiert!

Manchmal kann man sich selbst überlisten. Meine Freundin Uschi erzählte mir, dass sie begonnen hätte, nebenher ein paar Stunden in einem Callcenter zu arbeiten. Ich schaute sie betroffen an. Bekam sie so wenige Aufträge als PR-Beraterin, dass sie dazuverdienen musste? Sie lachte und meinte, dass ihre Situation nicht lebensbedrohlich sei, aber dass es schon der eine oder andere Auftrag mehr sein könnte. Um das zu erreichen, hatte sie sich überlegt, einen Job in einem Callcenter zu suchen, um von den Profis zu lernen, wie man »richtig« telefoniert. Das, so ihre Überlegung, würde ihr kurzfristig Geld und langfristig einen großen Erkenntnisgewinn bringen. Und so war es dann auch. Uschi verkaufte am Telefon Zeitschriftenabonnements und lernte dort, mit Ablehnung umzugehen. Für sie ging die Welt nicht unter, nur weil ein Großteil der Leute, die sie anrief, kein Interesse an einem Abo hatte und manchmal sogar unfreundlich wurde.

Diese Geschichte ist ein gutes Beispiel dafür, wie man mit einer ungeliebten Sache umgehen kann – und sich selbst zu verkaufen ist nun mal für viele Leute eine unerfreuliche Aufgabe. Uschi trainierte das Verkaufen am Telefon so intensiv, dass sie den Umgang mit Einwänden und Absagen bald elegant beherrschte. Erst als sie sich dadurch richtig fit fühlte, begann sie wieder, in eigener Angelegenheit zu telefonieren. Zusätzlich zu ihren neuen Fähigkeiten am Telefonhörer hatte sie noch etwas gelernt: Sie bezeichnete ihre Dienstleistungen seitdem als Produktpakete. Der Unterschied: Sie bot dadurch nicht sich selbst, sondern ein Produkt an, nämlich ihre Fähigkeiten. Das half ihr, Ablehnungen nicht persönlich zu nehmen. Wenn auch die Telefonakquise immer noch nicht zu ihren Lieblingsbeschäftigungen zählt, so macht sie ihr nun zumindest mehr Spaß. Und das ist wichtig, schließlich ist sie eine Uschi, die das zweite Job-Prinzip – »Lebe nach dem Lustprinzip!« – sehr ernst nimmt.

Wenn ich mich zu etwas zwinge, bereitet dies weder mir noch meinen Mitmenschen Freude, weil sie sich mein Fluchen anhören müssen. Der Aufgabe ist mit einer solchen Herangehensweise erst recht nicht gedient. Erledige ich etwas unter Druck und ohne Elan, dann schustere ich zwar irgendetwas zusammen, bin aber jedes Mal nahe dran, alles hinzuschmeißen. Ich bin in solchen Situationen immer heilfroh, wenn es endlich fertig ist. Das Ergebnis lässt meistens zu wünschen übrig, aber irgendwie habe ich es erledigt. Diese Strategie mag bei meiner Steuererklärung funktionieren, denn schließlich habe ich eine wunderbare Steuerberaterin, die mit einer Engelsgeduld meinen unordentlichen Papierkram sortiert. Bei einer Telefonakquise kann ich aber die Hauptverantwortung nicht an eine andere Person abgeben. Akquirieren kann nur ich selbst. Wer könnte auch besser als ich meine Produkte erklären? Stopp! Eine Uschi hat mir letztens erzählt, dass sie eine Frau beauftragt habe, telefonisch Akquisetermine für sie zu vereinbaren, zu denen sie dann persönlich vorbeikommen würde. Diese Frau arbeitete schnell und ohne irgendwelche

Bedenken die Adressenliste meiner Freundin ab, während sie sich um andere Dinge kümmerte. Dafür war Uschi, die das Anpreisen am Telefon abgrundtief hasst, gerne bereit, etwas zu bezahlen. Es gilt also zu überlegen, ob es nicht Teilaufgabengebiete gibt, die man delegieren kann.

************************************ U

Uschis Job-Prinzip Nr. 6:
Lass andere für dich arbeiten!
Gibt es etwas, was Sie sehr ungern machen, was Sie vielleicht aber delegieren könnten? Uschis zahlen gerne für Hilfeleistungen, die ihnen Raum für kreative Tätigkeiten lassen. Sie wissen, wie viel ihnen diese freie Zeit wert ist. Überlegen Sie, was Sie abgeben können. Genießen Sie die Unterstützung anderer! Auf diese Weise können Sie sich auf das Wesentliche konzentrieren.

****

Machen Sie es einfach gut!

Es kann sein, dass Sie gerade einen Job haben, der Sie nicht sonderlich erfüllt. Einen Job, den Sie nicht lieben. Einen Job, bei dem Sie das Gefühl haben, in einer Sackgasse zu stecken. Ja, das kann sein. Aber es ist nicht schlimm.

Allein der Umstand, dass Sie Ihre Unzufriedenheit erkennen, ist schon ein Gewinn. Oft fällt es uns leichter herauszufinden, was wir wirklich wollen, wenn wir in uns in einer Situation befinden, die uns überhaupt nicht behagt. Wir haben tagtäglich ein Übungsfeld, um unsere Wünsche zu formulieren. Bei jeder Aufgabe, die wir übernehmen, können wir überprüfen, was uns daran nicht behagt. Ist es die Aufgabe an sich? Interessiert Sie vielleicht nicht, was Sie gerade tun? Haben Sie das Gefühl, Sie verstehen nicht genügend von der Materie und verspüren eine große Unlust, sich mehr Wissen darüber zu verschaffen? Wunderbar! Dann ist das gewiss nicht das richtige Aufgabengebiet für Sie. Oder machen Sie das, was sie tun, gerne, aber es gefällt Ihnen nicht, wer Ihre Produkte anschließend bekommt? Auch wunderbar! Immerhin haben Sie schon einmal eine Tätigkeit gefunden, die Ihnen Spaß macht. Jetzt gilt es nur noch, ein Unternehmen zu suchen – oder vielleicht selbst zu gründen –, das Ihre Produkte der Zielgruppe anbietet, die Sie im Auge haben.

Es könnte aber auch sein, dass eigentlich alles stimmt. Sie arbeiten in einer Firma, die genau die Zielgruppe bedient, die Sie schon immer angestrebt haben, und die Obliegenheiten, die Sie dort ausführen, sind genau die, die Ihnen vorgeschwebt haben. Trotzdem stehen Sie morgens nicht gerne auf. Trotzdem gehen Sie nicht mit Schwung zur Arbeit. Woran könnte das liegen?

Finden Sie es heraus! Wie? Ganz einfach. Statt wie sonst mit muffeligem Gesicht zum Job zu gehen und möglicherweise mechanisch Ihre Aufgaben zu verrichten, erledigen Sie diese ab sofort mit Hingabe. Ein Yogalehrer erzählte mir einmal, dass wir alles im Leben bewusst und mit Hingabe tun sollten. Ich fand, dass das, was er sagte, ziemlich gut klang, die Umsetzung konnte ich mir aber nicht so recht vorstellen. Also fragte ich ihn, wie das mit der Hingabe im Beruf und beim Toilettenputzen funktionieren solle. Er lächelte mich weise an, wie das erleuchtete Lehrer gerne tun, und erklärte mir, dass ich fortan beim Saubermachen der Toilette die schönen runden Formen genießen solle, immerhin könne man diese so wunderbar mit fließenden Bewegungen wischen. Ich könne mich über die Beschaffenheit des Materials freuen. Mich an dem glatten und glänzenden Porzellan ergötzen und mit diesem nach der Reinigung um die Wette strahlen. Glauben Sie mir, ich muss seither *jedes* Mal an diese Worte denken, wenn ich die Toilette putze. Das mit der Hingabe gelingt mir zwar nicht immer, aber zumindest muss ich beim Wischen schmunzeln. Das ist schon die halbe Miete.

Uschis Job-Prinzip Nr. 7:
Geh niemals ohne Glitzer!
Schmunzeln ist purer Charme. Nutzen Sie diesen Nebeneffekt! Was glauben Sie, was für eine tolle Ausstrahlung Sie haben, wenn Sie etwas mit Hingabe tun und dabei schmunzeln. Ihre gute Laune wird auf andere abfärben – und man bemerkt ganz nebenbei Ihr Engagement. Wer weiß, was Ihnen als Nächstes angeboten wird!

Erledigen Sie Ihre Aufgaben mit Hingabe. Machen Sie das, was Sie zu verrichten haben, gut. So gut, wie Sie es eben können. So als wäre das, was Sie in Ihrem Job tun, Ihre Lieblingsbeschäftigung. Genießen Sie die Arbeit und die Ergebnisse, die Sie damit erzielen. Seien Sie zur Abwechslung mal wieder stolz auf das, was Sie getan haben. Wissen Sie noch, wie sehr Sie sich damals über die Stelle gefreut haben, als nach Ihrem Vorstellungsgespräch die Zusage kam? Und mit welchem Elan Sie in den ersten Wochen zur Arbeit gingen? Was hält Sie davon ab, es jetzt genauso zu tun? Machen Sie Ihren Job ein paar Wochen lang mit Hingabe – und Sie werden sehen, dass sich ganz schnell einiges verändern wird!

Brauchen Sie noch etwas Motivation, weil Sie sich partout nicht mehr an die Glücksgefühle der ersten Wochen erinnern können? Dann bedenken Sie: Alles, was Sie gerne machen, machen Sie hervorragend. Alles, was Sie mit Hingabe tun, ist von außerordentlicher Qualität. Gehen Sie auf diese Weise neu an Ihren Job heran, und Sie werden entdecken, dass eine Reihe von Aufgaben innerhalb Ihres Arbeitsfeldes Sie immer noch begeistern kann. Sie hatten schlichtweg nur vergessen, wie gerne Sie bestimmte Dinge tun und wie befriedigend es sein kann, ein bestimmtes Ergebnis vor Augen zu haben. Meine Liebe, bitte keinen Zweifel! Sie kennen diese Erfahrung. Vielen Frauen fällt es schwer, sich für Sport zu motivieren. Wenn man sich dann aber doch aufgerafft hat, fühlt man sich hinterher einfach grandios. Beim Job ist es nicht anders. Arbeiten Sie mit Hingabe – und Sie können anschließend stolz auf Ihre Leistungen sein.

Uschis-Job-Prinzip Nr. 2:
Lebe nach dem Lustprinzip!
Sobald Sie etwas mit Hingabe machen, werden Sie mit einem Mal ganz fasziniert davon sein, was es an dieser auf den ersten Blick so ungeliebten Tätigkeit noch alles zu entdecken gibt. Lassen Sie sich überraschen!

Motivieren Sie sich auch zu Tätigkeiten, die Sie im ersten Moment nicht so spannend finden. Meist sind es Zwischenschritte, die Sie Ihren eigentlichen Zielen näher bringen. Lieben Sie Ihre Arbeit! Es ist nichts, wofür man sich schämen müsste. Durch Ihre Hingabe, wenn sie nicht nur einen Tag anhält, wird sich Ihr Leben ändern. Ihre Arbeitsergebnisse und ihre neu gewonnene Energie werden anderen Menschen auffallen. Es könnte passieren, dass sich plötzlich Aufgabenfelder auftun, von denen Sie schon lange träumten. Und es könnte sein, dass man bei der Vergabe neuer und spannender Aufgaben an Sie denkt und nicht an Ihre Kollegen. Interessante Projekte werden an strahlende Menschen vergeben, an Menschen, die positiv auffallen. Also tun Sie das, was Sie ohnehin erledigen müssen, mit Hingabe. Dadurch bekommen Sie den Schwung zurück, den Sie als strahlende Königin brauchen, um richtig zu glitzern.

Ich weiß, das ist nicht immer leicht. Aber es eine bezaubernde Idee, und es lohnt sich, sie auszuprobieren. Sie werden sehen, sie wird Ihnen recht leicht und schnell selbstverständlich, und Sie können damit Ihren Alltag wesentlich angenehmer und erfolgreicher gestalten. Damit sind nicht die großen Projekte gemeint, bei denen sowieso schon vieles schief gegangen ist. Diese müssen Sie nicht mit aller Macht noch mit Hingabe zu Ende bringen. Das funktioniert sowieso nicht. Gemeint ist der Sand im Getriebe, der Ihr Wohlbefinden bei der Arbeit stört. Diese kleinen Ärgernisse, die manchmal in großen Frust ausarten, können Sie mit Hingabe sehr gut in den Griff bekommen und zu Erfolgen umwandeln. Um die wirklich großen Probleme kümmern wir uns im nächsten Kapitel.

8.
Uschis
lassen sich
von Problemen
nicht
umhauen!

Auch Uschis geraten manchmal ins Schwitzen

Das Leben hält immer wieder Überraschungen für uns bereit. Gerade lief alles noch wie am Schnürchen, erste Erfolge motivierten uns, noch mehr nach den Uschi-Prinzipien zu leben, und gaben uns das gute Gefühl, auf dem richtigen Weg zu sein. Und plötzlich klappt nichts mehr. Von einem Moment auf den anderen ist das Leben kein Zuckerschlecken mehr.

Freundinnen geben dann gerne kluge Sprüche von sich, wie etwa: »Krisen gehören dazu, irgendwann wird wieder alles besser.« Von wegen! Die haben leicht reden, denke ich in solchen Situationen, die wissen ja überhaupt nicht, wie ich mich fühle. Ich bin ungerecht, denn in diesem Moment denke ich nicht daran, dass sie sehr wohl wissen, was zugespitzte Situationen sind. Jede von ihnen hat schon eine oder mehrere durchgestanden. Das Problem ist, dass es uns in dieser Klemme so schwer fällt, mit ein wenig Abstand auf unsere Schwierigkeiten zu schauen und auf gute Ratschläge zu hören. Krisen haben es an sich, dass man in völliger Verblendung nur noch leidet.

»Glück gibt es nur im Kontrast«, sagt meine Freundin Uschi. Natürlich stimmt das, aber im Moment des Tiefpunktes möchte ich es nicht hören. Klar, an ein dauerhaftes Glück gewöhnt man sich verdammt schnell. Folglich fühlt man es erst wieder, wenn nach einer Phase des Regenwetters die Sonne wieder scheint. Glück ist eben Kontrast!

Außerdem hat man nach einer Krise, wenn man so richtig durch den Sumpf gewatet ist, Neues hinzugelernt. Nach jedem Erdrutsch findet man sich auf einer höheren Stufe des Lebens wieder. Plötzlich hat man Juwelen im Gepäck, von denen man vorher noch nicht einmal etwas geahnt hatte. Das Leben fühlt sich leichter an, obwohl man mehr mitschleppen muss als vorher. Ist das nicht wunderbar?

Krisen sind nötig. Auch für Königinnen. Durch sie können Sie herausfinden, was Sie wirklich wollen. Sie können sich die schönsten Visionen ausdenken, denn erst in einer Zwangslage merken Sie, wie wertvoll sie tatsächlich sind. Manche Visionen erweisen sich in dieser Situation als Kopfgeburten. Sie klingen hervorragend, passen aber nicht zu Ihnen. Eine Krise gibt Ihnen die Chance, Ihre Kopfgeburten zu erkennen, zu betrauern und zu beerdigen. Visionen sind nur dann das richtige Hilfsmittel, wenn es wirklich Ihre Visionen sind, wenn Sie fühlen, dass sie genau das implizieren, was Sie schon immer tun wollten. Sollten Sie Ihre Wünsche unter dem Einfluss von Freunden und Bekannten gestrickt oder unbewusst versucht haben, mit ihnen wieder einmal alles richtig machen zu wollen, dann funktioniert die Krise als Korrektiv.

************************************ U

Uschis Job-Prinzip Nr. 2:
Lebe nach dem Lustprinzip!

Manchmal ist es sinnvoll, richtig zu leiden. Lustvoll zu leiden. Manche Enttäuschungen lassen sich nicht wegreden, sie schmerzen zu sehr. Wir müssen dann erst einmal richtig leiden, bevor wir wieder zu uns kommen oder der miesen Situation überdrüssig werden und kreativ nach Auswegen aus der Krise suchen.

****

Nach einem Tiefschlag wissen Sie definitiv, wie es weitergehen soll und was Ihnen wirklich wichtig ist. Aber erst müssen Sie die Krise überstehen. Hätte ich dafür ein Patentrezept, ich würde es Ihnen sofort verraten. Leider habe ich keins anzubieten. Ich weiß nur eins: Man muss durch das Dilemma hindurch – und man kommt hindurch. Irgendwann ist das absolute Stimmungstief erreicht, dann geht es nur noch bergauf.

Krisen treten häufig unverhofft auf, und genauso schnell lösen sie sich vielfach wieder in Luft auf. Ist der Knoten geplatzt, fliegen einem förmlich neue Chancen zu. Das ist immer so. Vorausgesetzt, Sie lassen sich vom Universum auf die Sprünge helfen. Vertrauen Sie auf Ihre Bestellungen. Sie sind nicht allein. Alles wird gut. Aber erst müssen Sie da durch.

Nix klappt? Wunderbar!

Manchmal scheint überhaupt nichts zu gelingen. Eben war man noch toll in Schwung, und auf einmal kommt ein Tiefschlag nach dem anderen. Es ist wie verhext. Das Ziel war gefunden, man hatte sich auf den Weg gemacht, es schien auch alles zu flutschen – und jetzt auf einmal das. Nichts rührt sich, nichts kommt in Gang. Die Nachwuchs-Uschi ist verzweifelt, am Boden zerstört. Wieso das? Was ist geschehen? Wieso wird man aus heiterem Himmel ausgebremst? Ich weiß darauf auch keine Antwort. Es tut mir leid, aber ich muss Sie in dieser Hinsicht ebenfalls enttäuschen. Ich habe keine Ahnung, was schief gelaufen sein könnte. Wenn ich das wüsste …

Projekte, das wiederum weiß ich mit Sicherheit, können immer aus dem Ruder laufen. Das gehört einfach dazu. Zu jedem Vorhaben. Zu jedem Wunsch. Zu jedem Ziel. Eine Freundin sagte mal zu mir, als es bei mir gerade wirklich unbequem wurde: »Das passiert, um daraus zu lernen.« Bah, das wollte ich in so einem Moment natürlich gar nicht hören. Eher mochte ich es, wenn sie ihren anderen Lieblingsspruch verkündete: »Alles wird gut!« Der gab mir die Hoffnung, dass wenigstens das Wetter am nächsten Tag besser sein könnte. »Um daraus zu lernen.« Verdammter Mist! Doch ich fürchte, ich muss ihr im Nachhinein Recht geben.

Jedenfalls scheint es so zu sein, dass alles, was uns passiert, von denen da oben im Universum so eingefädelt wird, um daraus irgendetwas Bestimmtes zu erfahren. Begründen kann ich das nicht, das ist einzig meine tiefe Überzeugung. Es war einfach bisher immer so. Alles, was ich erlebte, jeder Mensch, dem ich begegnete, war dazu da, dass ich meine ganz persönliche Lektion lernen konnte. Nur so konnte ich eine neue Ebene erreichen. Ommm.

Das klingt jetzt ein bisschen abgehoben, als würden mich Krisen überhaupt nicht mehr tangieren. Meine Liebe, es ist alles andere als das. Ich bin die Erste, die bei Tiefschlägen wie ein Häufchen Elend herumsitzt, mit den Tränen kämpft, sich depressiv ins Bett verzieht oder anderen die Ohren voll jammert. Aber erfreulicherweise dauern meine verzweifelten Phasen nicht mehr so lange wie früher. Um aus diesen herauszukommen, sage ich mir jetzt: »Es sollte nicht sein! Es war noch nicht der richtige Zeitpunkt!« Oder eine meiner Freundinnen fragt mich: »Kannst du sagen, was du daraus lernen sollst?«

*********************************** U

Uschis Job-Prinzip Nr. 4: Handle strategisch!

Um Krisen besser meistern zu können, gibt es ein Erste-Hilfe-Programm. Schreiben Sie Sätze wie »Es sollte nicht sein!« oder »Was sollst du daraus lernen?« auf einen Zettel und legen Sie diesen in Ihre persönliche »Notfallschublade«. Trainieren Sie, dass Sie in SOS-Zeiten an diese Schublade mit dem Zettel denken. Wenn Sie sich mit den aufgeschriebenen Sätzen und Fragen beschäftigen, setzt bei Ihnen die Reflexion ein, und Sie versinken nicht in trüben Gedanken.

****

Wenn etwas nicht klappt, ist das die beste Gelegenheit, um der Erleuchtung eine Stufe näher zu kommen. Eigentlich sollten wir, wenn es bei uns eskaliert, die Champagnerkorken knallen lassen. Immerhin hält das Schicksal mal wieder eine wunderbare Chance zum Lernen für uns bereit. Sie denken jetzt möglicherweise, dass ich total abdrehe, und sind geneigt, das Buch zur Seite zu legen. Halt! Ich komme schon wieder auf den Boden der Tatsachen zurück. Keine Angst. Und ich sagte ja auch schon, dass es bei mir ebenfalls nicht auf Kommando funktioniert. Keineswegs feiere ich bei jedem Problem ein Fest. Ich kämpfe mich durch die blöde Situation hindurch, bis mir endlich einfällt (oder bis mich eine Freundin darauf bringt), nach meinen Chancen zum Lernen Ausschau zu halten, und wappne mich für das nächste Ziel. Rappeln Sie sich in Krisenzeiten wieder auf und nehmen Sie sich die berühmten Stehaufmännchen zum Vorbild, die sich durch Tiefschläge nicht verunsichern lassen. Uschis sind Stehaufmädchen!

Uschis Job-Prinzip Nr. 6:
Lass andere für dich arbeiten!

Manchmal reicht der Zettel in der Notfallschublade nicht aus. Uschis brauchen dann die Hilfe von treuen Freundinnen. Zögern Sie nicht, wenn es Ihnen miserabel geht, Ihre SHG zu kontaktieren. Natürlich sollen Sie Ihre Freundinnen nicht wochenlang mit Ihren Problemen belagern. Aber in Krisensituationen brauchen Sie Unterstützung. Die SHG wird Ihnen diese gerne geben.

Ich habe einige Schleifen in meinem Leben gedreht, aber alle diese Erlebnisse und Erfahrungen, die ich dabei machte, waren notwendig für das, was ich heute tue. Ich bin die, die ich bin, weil ich genau das und nichts anderes erlebt habe. Unzählige Male dachte ich, ich sei gescheitert. Ich hatte aufs falsche Pferd gesetzt oder wollte mit dem Kopf stur durch die Wand. Doch letztlich konnte ich das nicht akzeptieren, ich war nicht gestrandet. Ich musste nur versuchen, mein Ziel loszulassen. Doch wer schon einmal den Versuch unternommen hat, etwas nicht mehr festhalten zu wollen, der weiß, wie schwer das ist. Das ist wie mit dem berühmten rosa Elefanten: Wenn Sie partout nicht mehr an den rosa Elefanten denken wollen, dann wird Ihr Gehirn von rosa Elefanten nur so bevölkert sein. Einen Traum loszulassen ist ebenso schwer, wie auf Befehl nicht an rosa Elefanten zu denken. Aber wenn es schließlich doch gelingt, dann ist man frei für neue Chancen. Frei für neue Ideen und Träume. Dann kann es weitergehen.

Wenn also etwas nicht klappt, bedeutet dies noch lange keinen Weltuntergang. Es klappt eben nicht. Wunderbar! Sie haben dadurch die Gelegenheit, in sich zu gehen und zu überprüfen, ob Sie noch auf dem richtigen Weg sind. Falls nicht, lassen Sie los und suchen Sie sich das nächste Ziel. Sie haben die Chance, Ihre Vision zu verändern und noch einmal alle Kräfte zu sammeln, bevor es wieder wie von selbst läuft. Verzagen Sie nicht! Auch wenn es schrecklich schwarz aussieht – alles wird gut!

Lassen Sie sich nicht einschüchtern!

Es ist erlaubt, Fehler zu machen. In Ihrem Unternehmen etwa nicht? In Ihrem Privatleben dürfen Sie es auch nicht? Wissen Sie das ganz genau oder glauben Sie das nur? Oft ist es so, dass man von bestimmten Annahmen ausgeht, diese aber noch nie wirklich überprüft hat. Also, was halten Sie davon, das Fehlerproblem einmal genauer unter die Lupe zu nehmen?

Je verantwortungsvoller Ihr Job ist, umso mehr wird von Ihnen erwartet, kreative und innovative Lösungen zu erarbeiten. Wenn Sie etwas noch nie Dagewesenes schaffen wollen, dann müssen Sie auch Risiken eingehen. Und ein Risiko wäre wiederum kein Risiko, wenn man dabei nicht auch mal etwas gegen die Wand fährt. Das kommt einfach vor.

Natürlich dürfen Sie nicht ständig Fehler machen. Wenn sich Patzer zu wiederholen beginnen, können sich daraus fatale Muster entwickeln, die Sie ernsthaft in Schwierigkeiten bringen können. Uschis sehen das aber gelassen: Sie sind sich der Bedeutung von einmaligen Fehlern als Chance zum Lernen bewusst und versuchen – auch mit Hilfe ihrer SHG, die sie darauf hinweist, wenn sich Muster einschleichen –, Neuauflagen zu vermeiden.

Klären Sie im Vorfeld ab, was passiert, wenn ein Projekt misslingt, welche Folgen es haben könnte, wenn Sie den Zeitplan oder das Budget überschreiten. Sichern Sie sich ab. Klären Sie, für welche Dinge Sie zuständig sind und wo Ihr Verantwortungsbereich aufhört. Durch derartige Maßnahmen können Sie Ihr Risiko minimieren. Nur abschaffen können Sie es nicht.

Klar, es schmerzt, wenn etwas nicht klappt. Natürlich macht das keinen Spaß, aber davon werden Sie weder alt noch hässlich. Falten bekommen Sie nur, wenn Sie sich zu lange darüber ärgern. Sie haben die Wahl: Entweder Sie beklagen in den nächsten Jahren Ihre Schmach und ziehen sich in Ihre Kammer zurück – was Sie aber nicht weiterbringen wird. Ein solches Verhalten ist einer Königin zudem auch nicht würdig. Oder Sie übernehmen die Verantwortung für Ihren Fehler und lernen daraus.

************************************ U

Uschis Job-Prinzip Nr. 7:
Geh niemals ohne Glitzer!

Uschis wissen, dass manches auch schief laufen kann. Aber davon lassen sie sich noch lange nicht den Tag vermiesen und ihr gutes Aussehen ruinieren. Ein paar Tränen dürfen fließen – aber nicht vor anderen. Eine Uschi weiß: Eine gute Ausstrahlung wird sie eher weiterbringen als Trübsal zu blasen.

****

Halten Sie es doch zur Abwechslung mal wie die Männer, die glauben, ihre Geschäftswelt sei wie ein Fußballspiel organisiert. Deswegen favorisieren sie auch Sepp Herbergers Bonmot: »Nach dem Spiel ist vor dem Spiel.« Für Männer ist klar: Nach einer Niederlage stehen sie wieder auf und kümmern sich um die nächste Herausforderung – und zwar so lange, wie »die Saison läuft«. Natürlich lecken auch sie ihre Wunden, aber sie tun dies nicht öffentlich.

Also, meine Liebe, nehmen Sie es sportlich, wenn etwas danebengeht. Lassen Sie sich durch einen Misserfolg nicht einschüchtern. Werten Sie aus, was Sie gelernt haben. Schauen Sie sich die Zwischenergebnisse an, und überprüfen Sie, ob diese noch zu verwenden sind. Sicherlich ist nicht alles Schrott, was Sie erarbeitet haben. Und halten Sie Ausschau nach neuen Chancen. Das lenkt von Misserfolgen ab und bringt Sie der Erfüllung Ihrer Träume wieder ein Stück näher.

Ein Nein ist keine persönliche Zurückweisung!

An anderer Stelle empfahl ich Ihnen, Ihre Wünsche auszusprechen und Hilfe anzunehmen. Was passiert nun aber, wenn Sie einen Wunsch formulieren oder um Hilfe bitten und Sie bekommen ein Nein zu hören?

Lassen Sie sich davon um Himmels willen nicht verunsichern. Es ist nur ein Nein und keine persönliche Zurückweisung. Glauben Sie mir, es war eine Offenbarung für mich, als ich dies verstand. Vorher war es so, dass ich immer fürchterlich gekränkt war, wenn ich einen Vorschlag machte oder eine Frage formulierte und jemand schüttelte den Kopf. Da hatte ich im Vorfeld so viel Mühe investiert und wurde innerhalb einer Sekunde brüsk zurückgewiesen. Je nachdem, wie wichtig mir das Projekt war, war ich nach diesem Nein wie gelähmt. Ich konnte oft tagelang nicht mehr richtig arbeiten, so abgewertet fühlte ich mich.

Bei Gail Evans las ich dann, dass Frauen und Männer ein Nein sehr unterschiedlich aufnehmen. Während viele Frauen, ich schließe mich da ein, häufig frustriert reagieren, wenn sie eine Ablehnung erhalten, so begreifen Männer ein Nein eher als neue Information und als Kampfansage. Gail Evans: »Für einen Mann stecken in einem *Nein* mehrere Möglichkeiten: *nein, vielleicht* oder *später.*«

Diese Sichtweise eröffnet ungeahnte Alternativen. Wenn ich nun ein Nein zu hören bekomme, kann ich es unterschiedlich interpretieren. Vielleicht war es nicht der richtige Zeitpunkt, als ich mein Anliegen vortrug. Was hält mich also davon ab, es in einer Woche oder drei Monaten noch einmal zu versuchen? Vielleicht war ich noch nicht gut genug vorbereitet. Also setze ich alles daran, mehr über mein Gegenüber und seine Wünsche herauszufinden. Vielleicht muss ich noch andere Partner ins Boot holen oder den wichtigsten Ratgeber meines Gegenübers überzeugen, bevor ich ein Ja vernehmen kann. Wenn ich auf diese Art und Weise zu überlegen anfange, ist mein Ehrgeiz geweckt. Bei Zielen, die mir wirklich wichtig sind, lasse ich mich nicht von meinem Wunsch abbringen, sondern beginne damit, die Herausforderung eines Neins anzunehmen. Schließlich bringt mir ein Nein, wenn ich – statt mich beleidigt zurückzuziehen – interessiert nachfrage, wertvolle Informationen über die Bedürfnisse meines Gegenübers. Im zweiten oder dritten Anlauf kann ich dann einen genau passenden Vorschlag machen, der so grandios ist, dass ich damit garantiert ein Highlight produziere.

Nehmen Sie ein Nein niemals persönlich! Denken Sie in einem solchen Fall nicht: »Mein Chef mag mich sowieso nicht und ich bin nichts wert.« Nichts ist weniger königlich als solche zerfleischenden Gedanken. Sie machen uns alt und hässlich. Vor allen Dingen nehmen sie uns die Kraft zum Kämpfen. Nehmen Sie Absagen sportlich, denn sie sind nicht gegen Ihre Person gerichtet!

Uschis Job-Prinzip Nr. 1: Sei eine Königin!

Was kann im schlimmsten Fall passieren, wenn Sie ein Nein hören? Es ist nur ein Nein, nichts weiter. Sie verlieren dadurch nicht Ihren Job und auch nicht Ihr Gesicht. Es ist nur eine Absage, keine Tragödie. Tragen Sie es mit Fassung. Reagieren Sie würdevoll und gelassen. Stellen Sie sich der Situation wie eine selbstbewusste Königin – auch wenn Ihnen das zunächst schwer fällt. Sie wissen ja: Wenn Sie sich wie eine Königin verhalten, werden Sie auch wie eine behandelt.

Meine Freundin Uschi, die vor kurzem ein Blumengeschäft aufgemacht hat, kennen Sie ja schon. Sie veranstaltete eine tolle Einweihungsfeier. Die hatte sie sich aber auch verdient, denn der Weg bis zur Eröffnung war sehr steinig. Aber strahlend überwand sie ein Hindernis nach dem anderen. Sie hatte eine unglaubliche Energie, und eigentlich waren wir alle versucht, sie zu fragen, ob wir nicht Teilhaberinnen bei ihr werden könnten, denn ihr Optimismus war unglaublich ansteckend und ihr Projekt klang so verlockend.

Monatelang trieb sie ihr Vorhaben, den Laden auf die Beine zu stellen, mit unermüdlicher Energie voran. Sie strahlte und glitzerte dabei vor Freude. Doch irgendwann begann der Glanz zu verblassen. Es gab keinen äußeren Anlass dazu. Die einzig mögliche Erklärung war, dass nach Wochen des unermüdlichen Vorbereitens ihre Energievorräte knapp geworden waren. Aber das war nicht der Grund. Sie war immer noch begeistert von ihrer Idee. Doch die Umstände um sie herum hatten sich geändert. Plötzlich fügte sich nicht mehr spontan alles zusammen. Plötzlich hörte sie von allen Seiten ein Nein.

Wenn ein Vorhaben ein derartiges Stadium erreicht, hat man zwei Möglichkeiten: Entweder man lässt sich von den vielen

Schwierigkeiten einschüchtern und von seinem Lieblingsprojekt abbringen, oder aber man fängt an zu kämpfen. Und jetzt kommt wieder das magische Nein ins Spiel, das gar kein Nein ist.

Meine Freundin ließ sich jedenfalls nicht entmutigen. Sie hörte unzählige Neins, auch wurden Forderungen an sie gestellt, die noch wenige Wochen zuvor ganz anders geklungen hatten: viel attraktiver und weniger frech. Es war, als hätte der Rest der Welt sich gegen sie verschworen. Auf einmal klappte nichts mehr: Die Kreditzusage der Bank wurde plötzlich an neue Bedingungen geknüpft, der Vermieter zweifelte, ob er ihr den Laden wirklich vermieten wollte, und der Vormieter verlangte auf einmal einen Abstand, der ihm den Rest seines Lebens hätte finanzieren können.

Aber das Blumengeschäft war ihr Traumprojekt, davon wollte sie nicht lassen. Gleich einem Mantra formulierte sie ihre Vision immer wieder: Ich will diesen Laden eröffnen und ich werde damit erfolgreich sein. Sie ließ sich nicht kleinkriegen. Sie akzeptierte weder das Nein der Bank noch die hohen Forderungen des Vormieters. Und sie überlegte sich genau, zu welchen Konzessionen sie bereit war, was sie selbst zu bieten hätte, damit die jeweiligen Parteien mit einem Win-win-Gefühl aus den Verhandlungen herausgingen. Sie kämpfte und verhandelte. Und sie gewann. Also, meine Liebe, lassen Sie sich von einem Nein nicht ins Bockshorn jagen und lassen Sie sich nicht einschüchtern! Ihre Träume sind es wert, verwirklicht zu werden!

Ängste und Zweifel

Das Wundervolle an meinen Freundinnen ist, dass sie mir den Kopf waschen, wenn ich mal wieder zielstrebig in eine absolut aussichtslose Richtung marschiere. Sie bremsen mich, schütteln mich und fragen entgeistert, was denn nun schon wieder mit mir los sei.

Die dümmsten Empfindungen, die man haben kann, sind wiederkehrende Ängste und Zweifel. In den Momenten, in denen ich von diesen Gefühlen bestimmt werde, bin ich keine Königin, lebe nicht nach dem Lustprinzip, glitzere nicht und lege prinzipiell nicht los. Meist bin ich in diesen Zeiten extrem muffelig, jammere herum und nerve alle Leute. Wenn ich ihnen dann genug auf den Keks gegangen bin, ziehe ich mich zurück, schließlich will ich ja meine wundervollen Freundinnen mit meiner Jammerei nicht völlig vergraulen. Doch meine Uschis lassen mich nicht einfach in mein Frustrationsschlupfloch kriechen, sondern fordern mich und rütteln mich ordentlich durch, um mein Tiefdruckgebiet aus mir herauszutreiben.

Uschis Job-Prinzip Nr. 6:
Lass andere für dich arbeiten!

Spätestens jetzt sollte Ihnen klar sein, wie wichtig Freundinnen sind. Viele klagen, dass sie gerade keine Frauen kennen, mit denen sie eine SHG gründen können. Ihre Freundinnen interessieren sich nicht dafür oder hat es beruflich in eine andere Stadt verschlagen. Wenn es Ihnen auch so geht, dann suchen Sie sich neue Frauen für Ihre Job-SHG. Helfen Sie sich gegenseitig, wenn es mal nicht so gut läuft. Sie müssen nicht jedes Problem allein lösen!

Aber woher kommen diese Ängste und Zweifel? Warum tauchen sie immer wieder auf? Die Gründe sind wohl so verschieden wie die Menschen selbst, aber ich vermute, dass jede Frau (und sicher auch jeder Mann) bestimmte Lieblingsängste hat. Bei mir sind es die »lieben Geldsorgen«. Diese sind mir wohlvertraut, die kenne ich gut. Geldsorgen begleiten mich, seitdem ich erwachsen bin. Ich gehörte noch nie zu den Menschen, die in der Lage sind, Konsum zu vertagen. Wenn ich ein Buch oder ein paar entzückende Stiefeletten sehe, dann will ich diese Dinge auf der Stelle haben, denn ich bin felsenfest davon überzeugt, dass ich ohne sie nur schwer weiterleben könnte. Wenn man also nach dem Lustprinzip lebt und gleichzeitig selbständig ist, dann kann es schon mal passieren, dass man in die Miesen rutscht. Meistens habe ich einen »gefühlten Kontostand«, der ziemlich genau das widerspiegelt, was sich – beziehungsweise was sich nicht – auf meiner Habenseite befindet. Halte ich den Kontoauszug dann aber in Händen, bin ich trotzdem meist geschockt. Erst in diesem Moment beginne ich zu handeln.

Eine Möglichkeit besteht darin, die Fixkosten zu reduzieren, also jene Kosten, die jeden Monat anfallen. Miete oder Telefongrundgebühr sind kaum zu beeinflussen, aber man kann sich überlegen, ob dieses oder jenes Zeitungsabo tatsächlich notwendig oder der Gang ins Fitnessstudio nicht doch zu selten ist, um die Mitgliedschaft aufrechtzuerhalten. Kostenminimierung ist an sich eine gute Sache – allerdings macht sie keinen Spaß und ist überhaupt nicht kreativ. Bei Uschis kann extremes Sparen auch nicht funktionieren. Dies würde letztlich bedeuten, sich nichts mehr zu gönnen, weil man glaubt, es nicht wert zu sein. Ein Killer-Gedanke, der uns in unserem Uschisein kilometerweit zurückwirft. Natürlich ist es sinnvoll, genauer hinzuschauen, wohin regelmäßig unser Geld verschwindet, aber hin und wieder brauchen wir einfach unsere kleinen Pausen, in denen wir vergessen, dass wir im Prinzip vernünftig sind. Jede Frau zieht ihre Grenze, bei der das Notwendige aufhört und der Luxus anfängt, anders. Doch in dem Moment, in dem man zum Beispiel aus Sparsamkeit nicht mehr unter Menschen geht, ist man in der Abwärtsspirale gefangen. Geldsorgen haben dann nur noch eine destruktive

Wirkung. Ich fühlte mich in einer solchen Situation immer wie gelähmt. Glücklicherweise kenne ich diesen Mechanismus schon und sage mir: »Hoppla, liebe Geldsorgen, ihr vertrauten Freunde, da seid ihr ja wieder. Schön, euch zu sehen – was soll ich diesmal lernen?«

********************************* U

Uschis Job-Prinzip Nr. 7:
Geh niemals ohne Glitzer!

Der kleine Luxus zwischendurch ist wichtig für den inneren wie für den äußeren Glitzer. Gönnen Sie sich hin und wieder den Besuch bei einer Kosmetikerin oder dem Friseur. Der erste Eindruck zählt. Wenn Sie die Behandlung genießen und anschließend grandios aussehen – und sich auch so fühlen –, dann erobern Sie mit Ihrem Glitzer die anderen im Handumdrehen. Auch wenn es mit Ihren Finanzen derzeit nicht so gut aussieht: Sparen Sie nicht zu viel an sich selbst!

****

Eigentlich geht es bei Geldsorgen, das habe ich bei mir festgestellt, im Grunde um etwas ganz anderes: Meist stecke ich dann schon seit einer Weile fest. Ich habe eigentlich nur vor mich hingewurstelt, was mich mittelfristig nicht finanzieren konnte. Wie auch? Wursteln glitzert nämlich nicht. Hingewurstelte Sachen verkaufen sich nicht sonderlich gut, und mit Folgeaufträgen braucht man erst gar nicht zu rechnen. Geldsorgen sind bei mir ein Zeichen dafür, dass ich mich um eine Entscheidung herumdrücke. Lieber wurstele ich herum, statt mich darum zu kümmern, was ich wirklich tun möchte. Der finanzielle Engpass ist nur ein Hinweis darauf, dass sich hinter meinen Sorgen der Wunsch verbirgt, etwas ganz anderes zu machen. Er ist ein Indikator dafür, dass ich mich in Ruhe hinsetzen, neue Visionen entwickeln und neue Pläne schmieden sollte. Es geht darum, herauszufinden, was ich *wirklich* machen will – und es dann auch zu realisieren, statt mir sorgenvoll graue Haare wachsen zu lassen.

*********************************** U

Uschis Job-Prinzip Nr. 2:
Lebe nach dem Lustprinzip!

Gibt es etwas in Ihrem Leben, was Sie regelmäßig ausbremst? Sind es Zweifel, den stets zunehmenden Belastungen nicht mehr gewachsen zu sein? Oder haben Sie Angst, wegrationalisiert zu werden? Wenn Sie Ihren persönlichen Hemmschuh erkannt haben, dann überprüfen Sie, was wirklich dahintersteckt. Sie werden zu dem Schluss kommen, dass Ihre Ängste und Zweifel Sie davon abhalten, das zu tun, was Sie wirklich wollen. Entsorgen Sie diesen Hemmschuh und leben Sie nach dem Lustprinzip!

****

Misserfolg ist, was Sie selbst daraus machen

Eben war ich mit einer meiner Lieblings-Uschis in einem Café. Eine tolle Frau: erfolgreiche Steuerberaterin, zwei wundervolle Kinder, ein reizender Mann und ein gemütliches Zuhause. Für sie sieht das aber anders aus. Sie ist ehrgeizig und stellt hohe Ansprüche an sich selbst. Sie kann sich nur schwer über das Erreichte freuen, weil sie stets das Gefühl hat, den Spagat zwischen Familie und Beruf doch nicht hinreichend gemeistert zu haben. Wir Freundinnen versuchen sie immer zu beruhigen, denn wir finden, dass sie das ganz phantastisch macht. Ihre Kinder sind nett und gut in der Schule, ihr Mann trägt sie auf Händen und beruflich läuft es bei ihr, obwohl sie nur Teilzeit arbeitet, wie am Schnürchen.

Momentan ist sie auf der Suche nach einer beruflichen Partnerschaft und trifft sich deswegen häufig mit Kollegen. Eine hervorragende Möglichkeit, sich zu vergleichen – und sich ständig abzuwerten. Meine Freundin bewundert die Kollegen für ihre tollen Klienten und merkt nicht einmal, wie scharf diese wiederum auf ihre sind. Spricht man sie darauf an, wiegelt sie ab, man könne ja nie wissen, wie lange der Klient noch bei ihr bleiben werde. Na ja, Probleme kann man sich auch herbeireden! Sie sagte beim Cappuccino, es sei schwierig, einen Partner zu finden, der ihre familiäre Situation verstehen würde, der akzeptiere, dass sie keine Vollzeit-Steuerberaterin sein wolle, weil ihr die Familie genauso wichtig sei wie der Beruf.

Erwarten die anderen Steuerberater das denn wirklich? Erwarten die, die wöchentlich achtzig Stunden schuften, dass man genauso verrückt ist wie sie? Ich gab meiner Freundin zu verstehen, dass ihre Gesprächspartner mit großer Wahrscheinlichkeit auf sie eifersüchtig seien, da sie sich die Freiheit nehme, Prioritäten zu setzen. Meine Freundin warf daraufhin ein, dass sie an diesen aber zweifele, weshalb sie sie wohl nicht vehement genug vortrage. Wieso denn?, fragte ich. Es gibt nichts Schöneres, als mit jemandem, der genau weiß, was er will, zusammenzuarbeiten. Im Stillen dachte ich: Solange meine Freundin selbst Zweifel hat, könnte es sein, dass die anderen sie nicht ernst genug nehmen.

Uschi fühlt sich oft minderwertig. Sie glaubt, weil sie als Teilzeitunternehmerin weniger Klienten hat, wäre sie nicht so erfolgreich wie ihre Kollegen. Dabei übersieht sie, dass die anderen neidisch auf ihre tollen Kunden sind. Erfolge und Misserfolge, das zeigt sich an ihrem Beispiel, hängen auch davon ab, wie sie bewertet werden. Je nachdem, wo man die eigenen Prioritäten setzt, kommt man bei der Betrachtung der persönlichen Situation zu dem Schluss, dass man entweder erfolgreich ist oder nicht.

Verlassen Sie sich aber nicht auf sich selbst! Nachwuchs-Uschis neigen zu Fehleinschätzungen. Fragen Sie Ihre Freundinnen! Oft braucht man zur Korrektur der eigenen Maßstäbe die Meinung von Freundinnen, die uns schon länger auf unserem Weg begleiten. Sie kennen uns gut und wissen, was wir uns wirklich wünschen und was uns wichtig ist. Deswegen können sie in unsere Beurteilung unserer Person und Erfolge korrigierend eingreifen, uns den Kopf zurechtrücken, wenn wir mal wieder am Verzweifeln sind. Sie können uns vor Augen führen, was wir schon alles erreicht haben und wie gut wir Beruf und Privatleben unter einen Hut bringen können. Sie kennen unseren Wert und bestätigen uns unsere Erfolge. Glauben Sie Ihrer SHG!

Der Unterschied zwischen Sorgen und Problemen

Es gibt einen Unterschied zwischen Sorgen und Problemen. Ich wusste das vorher auch nicht. In meiner Gedankenlosigkeit hatte ich diese beiden Begriffe synonym verwendet, benutzte aber meist das Wort »Problem«, denn es schien das modernere zu sein. Menschen haben heutzutage eher Probleme statt Sorgen.

Aber es gibt ihn tatsächlich, den Unterschied zwischen Sorgen und Problemen. So fein, wie er ist, so entscheidend ist er auch: Sorgen beziehen sich auf etwas, das wir kaum zu beeinflussen vermögen. Probleme sind Schwierigkeiten, die wir sehr wohl anpacken und beseitigen können.

Ein Sorgen-Beispiel: Wenn Sie sich entschieden haben, allein mit Ihrem Mann in den Urlaub zu fahren, während Ihre Kinder für zwei Wochen ein Feriencamp auf Sylt besuchen, dann kann es passieren, dass Sie, während Sie Hand in Hand mit Ihrem Liebsten an einem italienischen Strand entlangschlendern, sich dauernd Gedanken darüber machen, ob sich Ihre Kinder an der kühlen Nordsee wohl auch warm genug anziehen. Sie machen sich Sorgen. Leider sind diese völlig unproduktiv. Sie können mit Ihren Überlegungen keinen Schal um Ihre Kinder wickeln, und zudem gehen Sie dem Menschen, mit dem Sie eigentlich eine schöne Zeit verbringen wollen, mit ihren Befürchtungen auf die Nerven. Es nützt nichts, sich zu sorgen. Die Kinder sind in der Obhut von Betreuern, und wenn sie keine Lust haben, ihre nassen Strümpfe auszuziehen, kommen sie schlimmstenfalls mit einer Erkältung nach Hause. Jeder weitere Gedanke ist zwecklos. Also lassen Sie es! Vertrauen Sie darauf, dass Ihre Entscheidung, die Kinder ins Feriencamp fahren zu lassen, richtig war und genießen Sie die Zeit mit Ihrem Herzallerliebsten in Italien. Sorgen bringen gar nichts!

Beispiele aus der Berufswelt gibt es natürlich auch: Sie sollten sich nicht darum sorgen, wie sich die Konjunktur entwickelt. Sie haben keinen Einfluss darauf und können nichts daran ändern. Sie können höchstens Ihre Befürchtungen zu einem »potentiellen Problem« machen und sich überlegen, was Sie tun würden, falls dieser Zustand eintritt. Wenn Sie zum Beispiel Landwirtin sind und sich ständig sorgen, dass Ihnen das Wetter die Ernte verhageln könnte, dann sollten Sie überlegen, wie Sie Ihre Einkünfte auf diverse Einnahmequellen verteilen können. Verschiedene Apfelsorten, die zu unterschiedlichen Zeiten blühen, könnten eine Möglichkeit sein, oder aber eine Mischwirtschaft, bei der Sie einen Teil Ihres landwirtschaftlichen Betriebs in einen Ferienbauernhof umgestalten. Auf diese Weise könnten Sie Ihre schlaflosen Nächte vergessen.

Probleme sind etwas völlig anderes als Sorgen: sie sind da, um gelöst zu werden. Sie werden dadurch Ihren Zielen wieder ein paar Schritte näher kommen. Ein Problem könnte zum Beispiel sein, dass jemand Ihnen einen wunderschönen Schreibtisch schenken will und Sie nicht wissen, wie sie ihn von A nach B transportieren sollen. Wie war das noch mit dem Freund, der einen Kleintransporter hat, schuldete der Ihnen nicht noch einen Gefallen? Gut, Sie haben ihn schon seit einem halben Jahr nicht mehr gesprochen, aber fragen kostet ja nichts. Oder der studentische Hilfsdienst? Vielleicht gibt es auch noch andere Alternativen? Mit Sicherheit werden Sie eine Lösung finden.

Der Unterschied ist klar: Probleme können gelöst werden, Sorgen sind tendenziell unnütz. Wenn Sie bei einer Sache ein ungutes Gefühl haben, dann prüfen Sie zuallererst, ob es sich um ein Problem oder eine Sorge handelt. Besteht eine wie auch immer geartete Möglichkeit, Einfluss auf den Ausgang zu nehmen? Denken Sie genau nach. Häufig erscheint uns eine Situation ausweglos, obwohl sie es in Wahrheit gar nicht ist. Denken Sie auch an verrückte und abwegige Lösungsmöglichkeiten. Wenn Sie auch nur den Ansatz eines Lichts am Ende eines Tunnels erkennen, dann handelt es sich um ein Problem. Also scheuen Sie keine Mühe, es in den Griff zu kriegen.

Uschis-Job-Prinzip Nr. 2:
Lebe nach dem Lustprinzip!

Definieren Sie Probleme als Herausforderungen und wecken Sie Ihren Ehrgeiz, eine perfekte Lösung zu finden. Dann kann es richtig Spaß machen, auch kniffelige Situationen in den Griff zu bekommen.

Falls Sie sicher sind, dass es sich bei dem unguten Gefühl um eine Sorge handelt, dann begrüßen Sie sie mit einem freundlichen »Hallo«, doch verabschieden Sie sich auch schnell wieder von ihr. Wenn Sie Eventmanagerin sind und die Befürchtung haben, dass es bei einem großen Gartenfest, dass Sie gerade organisieren, regnen könnte, dann lassen Sie vorsichtshalber ein Zelt für die Gäste aufstellen, denn hierbei handelt es sich um ein Problem, das sie lösen können. Sorgen Sie sich aber darum, dass alle plötzlich wegen einer Magen-Darm-Grippe absagen könnten, dann vergessen Sie diese Sorgen am besten schleunigst und wenden Sie sich weiter mit Hingabe der Organisation der Feier zu. Wenn Sie alles Mögliche und Machbare mit Hingabe getan haben, dann wird Ihr Projekt ein Erfolg werden. Natürlich werden unvorhergesehene Dinge eintreten, das gehört bei Projekten dazu. Sie können diese plötzlich auftretenden Hindernisse aber nicht dadurch verhindern, dass Sie sich schon im Voraus unnötige Sorgen machen. Im Gegenteil: Durch unnötige Sorgen verschwenden Sie wertvolle Energien, die Sie an anderer Stelle einsetzen könnten. Konzentrieren Sie Ihre Kräfte auf die Lösung von Problemen und verabschieden Sie sich am besten für immer von unproduktiven Sorgen.

Mach mal Pause!

Es gibt so viele Dinge, die Uschis ärgern können. Frustrierend ist es zum Beispiel, wenn ein Projekt, an dem unser Herz hängt, nicht vorangeht. Die meisten von Ihnen kennen das sicherlich nur allzu gut.

Eine Freundin von mir wollte einen Buchladen eröffnen. Diesen Wunsch hatte sie schon seit langem. Jetzt war sie arbeitslos und die Kinder waren aus dem Haus – ein guter Zeitpunkt, um sich endlich den eigenen Traum zu erfüllen. Am Anfang lief alles wie am Schnürchen. Uschi erfuhr von günstigen staatlichen Fördermöglichkeiten für arbeitslose Existenzgründerinnen und fand auch passende Ladenräume. Also ackerte sie wie eine Wilde und schrieb fleißig ihren Businessplan. Dann kam Weihnachten. Natürlich machte sie keine Pause, sondern arbeitete voller Freude und mit großem Elan weiter. Schließlich handelte es sich um ihr Traumprojekt, da konnte sie niemand bremsen. Leider war die Behörde, die den gewünschten Kredit zügig bewilligen sollte, damit Uschi den Mietvertrag unterschreiben konnte, bevor ihr jemand den Laden wegschnappte, nicht so schwungvoll. Das Projekt verzögerte sich durch die Weihnachtsferien Woche um Woche. Im neuen Jahr wurde es auch nicht besser. Meine Freundin hatte alles minutiös geplant, denn viele Projektschritte bedingten sich gegenseitig. Da sie nun länger als geplant auf die Zusage der Fördermittel warten musste, drohte ihr der Mietvertrag für den tollen Laden durch die Lappen zu gehen. Sie war verzweifelt.

Zweifel und Frust sind aber nicht besonders förderlich für Projekte. Meine Freundin, intelligent wie sie ist, suchte nach Auswegen. Statt in der Gegend herumzutoben, um nach anderen Ladenlokalen zu suchen, oder die Behörde fürchterlich zu nerven, ging sie in sich. Sie dachte nach. Sie überlegte sich noch einmal ganz genau, ob die Buchhandlung wirklich ihr Herzblutprojekt sei. Als sie diese Frage ganz eindeutig bejahen konnte, dachte sie darüber nach, wieso ihr dieses Projekt so wichtig war, welche Bedingungen nicht zu ändern waren und wo ihr Verhandlungsspielraum lag. Bei diesem In-sich-Gehen wurde zum Beispiel auch deutlich, dass sie ihr Projekt auf gar keinen Fall ohne Kredit verwirklichen würde, dass sie aber nicht unbedingt auf die gefundenen Ladenräume fixiert war.

Wenige Tage später kam die Zusage für den Kredit, der Mietvertrag konnte unterschrieben werden, und mit dem Vormieter fand sie eine Einigung, die für beide Seiten vorteilhaft war. Ich bin fest davon überzeugt, dass sich alles fügte, als sie wieder Klarheit in sich verspürte und diese auch ausstrahlte. In den Wochen zuvor war sie oft so hektisch und übereifrig gewesen, dass ihr kaum eine ruhige Minute blieb, diese wichtige Veränderung in ihrem Dasein bewusst zu erleben. Als sie sich Zeit für sich nahm und ihre Entscheidungen erneut überdachte, kehrten ihre ursprüngliche Sicherheit und ihre anfängliche Begeisterung für das Projekt zurück. Sie hatte sich entspannt, war wieder zu Kräften gekommen und die Energien des Universums konnten erneut fließen. Jetzt ergab das eine das andere. Im Rückblick war dieser kleine ungeplante zeitliche Aufschub genau das Richtige für sie und ihr Traumprojekt.

Uschis Job-Prinzip Nr. 2:
Lebe nach dem Lustprinzip!
Lust braucht Kraft, damit sie sich entfalten kann. Wenn Sie erschöpft sind, können Sie sich für die spannendsten Aufgaben nicht mehr begeistern. Gönnen Sie sich Pausen, damit Sie anschließend wieder lustvoll loslegen können.

Also, liebe Nachwuchs-Uschi: Natürlich ist es nicht toll, wenn sich Projekte verzögern, aber auch das kann einen Sinn haben. Vielleicht brauchen Projekte eine Pause, weil wir nicht mehr ganz bei der Sache sind. Manchmal verrennen wir uns in etwas und unser anfänglicher Elan verwandelt sich in Verbissenheit. Mit einer solchen Ausstrahlung kann nichts mehr funktionieren. Denn wenn uns die Ängste und Unsicherheiten über den Kopf wachsen, haben wir nicht mehr dieses königliche Charisma, das andere dazu motiviert, uns behilflich zu sein. Statt in einer solchen Situation krampfhaft eine Lösung zu suchen und mit dem Kopf durch die Wand zu wollen, hilft es, sich zu besinnen. Lassen Sie noch einmal Revue passieren, *warum* Sie dieses Projekt begonnen haben und *was* genau daran so wichtig für Sie ist. Manchmal müssen wir drei Schritte zurückgehen, um durch den Abstand zu erkennen, an welchem Punkt wir eine falsche Richtung eingeschlagen haben. Aber wenn sich herausstellt, dass dieses Projekt genau das ist, was Sie *wirklich* wollen, dann werden Sie aus der Besinnung neue

Energie und Kraft gewinnen, die zu einem positiven Ausgang führen. Versprochen.

Probleme? Na und!

Weniger tolle Zeiten gehören zum Leben dazu. Eine wahre Uschi lässt sich davon nicht aus der Bahn werfen. Natürlich lieben wir weder Probleme noch Krisen, aber wir wissen, dass sie uns letztlich weiterbringen, auch wenn sie uns im Moment belasten. Fehler sind dazu da, um daraus zu lernen, Probleme, um gelöst zu werden, Ängste und Zweifel weisen uns darauf hin, wo es noch nicht hundertprozentig stimmt, und Krisen dienen dazu, uns zu zeigen, dass wir noch nicht auf dem richtigen Weg sind.

Und darum geht es doch schließlich! Uschis wissen, dass sich Erfolg und Zufriedenheit im Job nur einstellen, wenn wir auf dem richtigen Weg sind. Wenn wir wissen, was wir wollen, können wir unsere Träume verwirklichen. Schlechte Zeiten helfen uns, unsere Ziele zu überprüfen. Wenn wir nach gründlichem Nachdenken immer noch davon überzeugt sind, dass das ausgewählte Projekt genau das Richtige für uns ist, dann haben wir wieder neue Energie, loszutoben und unsere Wünsche zu realisieren.

Die Krise war nur eine Prüfung. Wenn wir wieder auf dem besten Weg zur Erfüllung unserer Träume sind, dann fließt erneut genügend Energie, um Projekte gut zu meistern. Dann haben wir auch Einfluss darauf, angemessen entlohnt zu werden, weil wir unseren Wert kennen und nach außen vermitteln können, wie kostbar unsere Leistungen und wie außergewöhnlich wir selbst sind.

9. Uschis kennen ihren Wert

Genug ist genug

Frauen neigen dazu, sich permanent weiterzubilden. Schauen Sie sich mal detailliert die Lebensläufe von Freundinnen und Bekannten an und Sie werden unglaubliche Dinge entdecken. Lehre, Studium und dann eine Fortbildung nach der anderen. Selbstverständlich sind die meisten dieser Weiterbildungen auch noch selbst bezahlt worden. Unglaublich, was manche Frauen vorzuweisen haben!

Dahinter stecken der Wunsch nach Perfektion und die Angst, nicht zu genügen. Aber wir sind nicht perfekt! Nobody is perfect! Wie schrecklich wäre es auch, wenn wir alle fehlerlos wären. Es gäbe nur noch langweilige Barbiepuppen auf dieser Welt.

Frauen leiden unter diesem Perfektionswahn häufiger als Männer, da sie oft davon ausgehen, bestimmte Aufgaben erst machen zu können oder zu dürfen, wenn sie bestimmte Voraussetzungen dafür erfüllt haben. Glauben diese Frauen das oder wissen sie es? Viele von uns werden diese Situation schon einmal erlebt haben: In einer Besprechung steht ein Mann auf und übernimmt eine Aufgabe, für die er weit weniger qualifiziert ist als eine der anwesenden Frauen. Männer sehen neue Aufgaben als Herausforderungen an. Je höher sie qualifiziert sind, umso mehr verlassen sie sich darauf, dass ihre bisherigen Erfahrungen, ihr Wissen und ihr Können ausreichen, um weitere Tätigkeiten zu übernehmen.

Viele Frauen wagen erst, eine Aufgabe in Angriff zu nehmen, wenn sie eindeutig die Qualifizierteste sind – aus Angst, dass das, was sie vorzuweisen haben, am Ende doch nicht ausreichend sein könnte. Statt die neue Aufgabe oder die Beförderung zu genießen und allen, die es hören oder auch nicht hören wollen, freudestrahlend davon zu berichten, sitzen sie eher hinter ihrer verschlossenen Bürotür und machen sich Sorgen, möglicherweise als Hochstaplerin ertappt zu werden.

Uschis Job-Prinzip Nr. 1: Sei eine Königin!

Seien Sie stolz auf all die mühsam erworbenen Kenntnisse und Fähigkeiten, aber fangen Sie jetzt endlich einmal damit an, sie auch zu nutzen. Erfahrung bekommen Sie nur, wenn Sie etwas ausprobieren. Vieles lernt man nicht in Fortbildungen, sondern im Alltag. Also stürzen Sie sich ruhig in neue Aufgaben. Sie können dabei nur lernen.

Wer sich von Ausbildung zu Ausbildung hangelt, scheut sich davor, an sich selbst zu glauben und Risiken einzugehen. Klar, Risikoabwägungen sind sinnvoll, aber belassen Sie es nicht dabei. Sie können nicht alle Eventualitäten einplanen, auch kann niemand die Zukunft mit Sicherheit voraussagen. Was passieren wird, finden Sie nur heraus, wenn Sie es ausprobieren. Wenn Sie zu lange nachdenken oder sich lieber für eine weitere Fortbildung anmelden, statt sich an eine neue Aufgabe heranzuwagen, schnappt Ihnen ein Kollege das spannende Projekt weg, auf das Sie vielleicht schon jahrelang hofften. Sie sind eine klasse Frau und haben schon beeindruckend viele Erfahrungen gemacht. Das, was Sie noch nicht können, lernen Sie während eines neuen Projektes – und zwar ganz nebenbei.

Wenn Sie eine Uschi sind, dann kennen Sie Ihren Wert. Nachwuchs-Uschis sollten dagegen immer wieder genau hinsehen, in welchen Momenten sie sich klein und unsichtbar machen. Halten Sie dann sofort inne, nehmen Sie eine königliche Haltung ein und verkünden Sie überzeugt, dass Sie sehr gerne diese oder jene Aufgabe übernehmen würden. Sehr schnell wird Ihr Selbstbewusstsein wachsen, denn Sie werden erleben, dass Sie genügend können, um interessante und reizvolle Aufgaben erfolgreich zu erledigen. Allmählich erkennen auch Sie Ihren Wert. Wenn das geschehen ist, dann wird es Zeit, noch einmal über das Thema Geld nachzudenken.

Geldprobleme gibt es nicht

Lange Zeit dachte ich nur selten über Geld nach. Es war nie extrem üppig vorhanden, aber es reichte stets zum Leben. Darüber hinaus hatte ich keine Lust, mich mit diesem Thema weiter zu beschäftigen. Ich wollte nicht so werden wie manche Leute, die nur vom Geld und übers Sparen reden. Geld war für mich kein Problem. In der Regel konnte ich mir alles kaufen, wonach es mich gelüstete. Teure Hobbys (außer Schuhe kaufen) hatte ich nicht. Allerdings funktionierte diese Haltung nur bei kurzfristiger Betrachtung. Ich hatte dabei nicht bedacht, dass ich noch nicht sonderlich viel für meine Altersvorsorge getan hatte. Angesichts dieser langfristigen Perspektive war mein Einkommen tatsächlich knapp. Mir war klar, dass ich einmal grundlegend über das Thema Geld nachdenken sollte.

Geldprobleme kann man, wie schon gesagt, minimieren, indem man versucht, die Ausgaben einzuschränken. Doch bei einer derartigen Maßnahme ist es wie bei einer Diät – auf Dauer kann man sich nicht alles verkneifen. Die viel lustvollere Möglichkeit bei Geldproblemen besteht darin, sich um die Einnahmen zu kümmern.

Verstehen Sie den Unterschied? Geld einzusparen macht nicht wirklich Spaß, sich zu überlegen, wie man an mehr kommen könnte, ist wesentlich kreativer. Wenn Sie also glauben, Geldprobleme zu haben, dann gibt es nur zwei Ursachen: Entweder Sie geben zu viel Geld aus oder Sie nehmen zu wenig ein. In meinem Fall musste ich mich um eine Steigerung meiner Einnahmen kümmern. Konkret hieß das: Ich brauchte bessere Aufträge. Aber wie verschaffte ich mir diese?

Es ging mir also nicht darum, schnell ein paar Euro aufs Konto zu bekommen, sondern das Geld sollte fortan stetig fließen. Ich musste dafür meine gesamte Strategie der Selbständigkeit überdenken. Also setzte ich mich auf den Hosenboden und entwickelte neue Produkte, überlegte mir, wem und wie ich sie verkaufen könnte. Ich plante kurz-, mittel- und langfristige Schritte, um mein Geschäft kräftig anzukurbeln. Auf einmal war ich wieder frohen Mutes. Das Problem hatte einen Namen erhalten und sich damit schon fast in Luft aufgelöst. Probleme als Herausforderungen zu betrachten – das hilft tatsächlich.

Wie ich ja schon weiter oben ausgeführt hatte, stecken hinter Geldschwierigkeiten andere Probleme. Ich habe ein Jobproblem. Ich tat nicht das Richtige. Ich arbeitete so vor mich hin, wenig motiviert und wenig erfolgreich. Um aber gut honoriert zu werden, muss man tolle Dinge mit Leidenschaft anbieten. Nur dann kann Geld fließen.

Uschis Job-Prinzip Nr. 4: Handle strategisch!
Haben Sie manchmal zu wenig Geld? Überlegen Sie, was Sie besser machen können. Eine angemessene Bezahlung steht Ihnen zu!

Eine Uschi weiß, was sie verdient!

Meine Geldprobleme hatten noch einen anderen Grund: Lange Zeit hatte ich meine Leistungen für zu wenig Geld angeboten. Ich fand es gar nicht so leicht, meinen Marktpreis zu bestimmen, und allzu oft ließ ich mich herunterhandeln. Bescheidenheit steht aber einer Königin nicht. Wenn ich mich nicht selbst wertschätze, dann tut es der Rest der Welt auch nicht. Hatte ich das Gefühl, ein Angebot könnte zu hoch ausfallen, dann verglich ich noch einmal das, was ich zu bieten hatte, mit dem vorgeschlagenen Honorar. Meist klebte ich im Anschluss daran zufrieden den Umschlag zu, um das unverändert gebliebene Angebot abzuschicken. Natürlich dürfen Sie keine Phantasiepreise veranschlagen: Ihre finanziellen Forderungen müssen angemessen sein – und zwar nicht nur dem Markt, sondern auch noch einer Königin angemessen.

Frauen verdienen nach wie vor weniger als Männer, selbst wenn sie vergleichbare Positionen innehaben. Warum ist das so? Besser noch: Wie können wir es ändern? Um dieser Ungleichheit zu begegnen, können Sie beginnen, über Geld zu reden. Bei uns ist das sehr verpönt. Oder haben Sie schon mal mit Kollegen über Ihr Gehalt diskutiert? Wissen Sie eigentlich, vorher dieses angebliche Verbot stammt, dass man nicht über sein Gehalt sprechen darf? Nein? Ich weiß es übrigens auch nicht! In manchen Unternehmen werden die Mitarbeiter ausdrücklich darauf hingewiesen, ihr Gehalt vertraulich zu behandeln. Wem das nützt, ist klar: Wenn Mitarbeiter nicht darüber reden, dann ist es für das Unternehmen von Vorteil. Wüssten alle, was die anderen Kollegen verdienen, dann wären die Gehaltsverhandlungen viel leichter. Bleibt alles im Geheimen, liegt die Verhandlungsmacht beim Arbeitgeber. Selbstverständlich weiß dieser, was Ihre zukünftigen Kollegen verdienen.

Uschis Job-Prinzip Nr. 4: Handle strategisch!

Reagieren Sie nicht, agieren Sie. Bereiten Sie sich auf Gehaltsverhandlungen und Jahresgespräche gut vor. Recherchieren Sie, was in Ihrer Branche üblicherweise gezahlt wird. Legen Sie Ihr optimales Wunschgehalt und Ihre Schmerzgrenze im Vorfeld fest.

Bevor Sie das nächste Mal über Ihr Gehalt verhandeln oder als Selbständige ein Angebot vorschlagen, machen Sie sich schlau. Recherchieren Sie, was Sie wert sind, denn eine Königin kennt ihren Preis. Einige Informationen, etwa Vergleichsstudien über Gehälter, finden Sie im Internet. Fragen Sie auch die Handelskammer oder versuchen Sie doch einmal mit Kollegen oder Netzwerkpartnerinnen darüber zu sprechen. Gut, nicht jeder wird sofort sein Gehalt preisgeben wollen, aber letztlich sind alle froh, mehr Informationen in Händen haben.

In vielen Fällen fordern Frauen bereits ein zu geringes Einstiegsgehalt. Bleiben sie länger in derselben Firma, kann sich ihre Einkommenssituation nur noch verschlechtern. Selbst wenn sie prozentuale oder absolute Gehaltserhöhungen bekommen, so wird auf diese Weise nur das Einstiegsgehalt aufgestockt. Die einzige Chance, einen wirklichen Gehaltssprung zu machen, besteht darin, das Unternehmen zu wechseln. Bei meinem ersten Job machte ich eine ähnliche Erfahrung. Schnell wurde ein Vertrag unterzeichnet, weil der Betrieb dringend Personal suchte und ich nicht wusste, welches Gehalt ich verlangen konnte. Also war ich heilfroh über das, was mir angeboten wurde. Ich nahm an, dass mein Gehalt angemessen und für meine Position üblich war. Ich irrte. Mein Gegenüber hatte schnell herausgefunden, wie blauäugig ich an die Sache herangegangen war, und rieb sich wahrscheinlich anschließend zufrieden die Hände, weil er mich so billig eingekauft hatte. Zu diesem Zeitpunkt wusste ich auch noch nicht, wie man geschickt verhandelt. Relativ schnell merkte ich aber, dass ich viel mehr arbeiten musste, als ich mir im Vorfeld vorgestellt hatte, und dass ich weitaus weniger verdiente als Freunde und Bekannte in vergleichbaren Positionen. Diese Erkenntnis demotivierte mich ungemein, obwohl ich eigentlich sehr gerne in diesem Unternehmen arbeitete.

Uschis Job-Prinzip Nr. 2:
Lebe nach dem Lustprinzip!

Geld motiviert nicht auf Dauer, aber ein zu geringes Gehalt lässt die Laune sinken und kränkt. Uschis arbeiten nach dem Lustprinzip. Aus diesem Grund werden sie unzufrieden und unglücklich, wenn man ihr Tun nicht genügend wertschätzt. Sie verlieren die Freude, sich bei ihrer Arbeit mit all ihren Fähigkeiten einzubringen. In einer solchen Situation müssen sie die Bedingungen verändern.

Ich versuchte, erneut über mein Gehalt zu verhandeln, wurde aber zunächst vertröstet und schließlich mit einer nur sehr kleinen Erhöhung abgespeist. Als ich kurz darauf meinen Job wechselte, war ich klüger. Ich informierte mich gründlich und stellte fest, dass ich einen wirklich großen Gehaltssprung machen musste, um ein adäquates Einkommen zu erhalten. Geld macht nicht glücklich und motiviert auch nicht auf Dauer zu Höchstleistungen, aber zu wenig Geld führt dazu, dass eine Frau an ihrer Würde zu zweifeln beginnt. Also ging ich offensiv in die Gehaltsverhandlungen. Weil ich nun meinen Wert kannte, war die Realisierung kaum ein Problem. Mit stolz geschwellter Brust unterschrieb ich meinen neuen Vertrag. Kein Wunder, mein Gehalt war endlich dem einer Königin angemessen.

Verhandeln Sie und lassen Sie sich bitte nicht mit fadenscheinigen Argumenten abspeisen. Noch immer gilt bei vielen Unternehmen, dass Männer mehr verdienen *müssen,* weil sie die Ernährer einer Familie sind. Auch wenn es so ist, gerecht ist es nicht. Ich kenne unzählige alleinerziehende Frauen, die sich und ihre Kinder ernähren, und viele Familien, in denen die Frauen den größten Teil zum Familieneinkommen beitragen. Werden Sie mit derartigen Argumenten konfrontiert, verrät dies etwas über die Kultur eines Unternehmens. Sie müssen dann die Entscheidung treffen, ob Sie in einem solchen Betrieb arbeiten wollen. Falls ja, dann öffnen Sie Ihrem Arbeitgeber die Augen und verhandeln Sie zäh.

Finden Sie zum Beispiel genau heraus, welche Leistungen von Ihnen verlangt werden, und schlagen Sie eine Aufteilung Ihres Einkommens in feste und variable Bestandteile vor. Sämtliche Aufgaben, die Sie mit Ihrem Engagement beeinflussen können, sollten Sie sich flexibel – also je nach Erfolg – vergüten lassen. Uschis, die gute Ergebnisse erzielen, werden gerne für ihren Einsatz belohnt. Aber lassen Sie sich nicht dazu überreden, dieses variable Prinzip auf alle Bereiche auszudehnen. Wenn Sie variable Bezüge für Projekte bekommen, deren Verlauf und Ergebnis Sie nicht beeinflussen können, sind Sie in einer schlechten Position. Das mag für das Unternehmen von Vorteil sein, nicht aber für Sie. Bleiben Sie also bei derartigen Verhandlungen am Ball, und lassen Sie sich nicht überreden, die Konsequenzen für etwas zu übernehmen, für das Sie keine Verantwortung tragen. Natürlich sind variable Gehaltsbestandteile eine hervorragende Sache, wenn Sie für gute Arbeit – und die leisten Uschis in der Regel, weil Sie mit Lust und Hingabe bei der Sache sind – adäquat bezahlt werden wollen. Fragen Sie genau nach und erklären Sie, dass Sie durchaus bereit wären, besondere Leistungen zu erbringen, wenn diese entsprechend honoriert werden. Und lassen Sie sich nicht über den Tisch ziehen.

Es kann natürlich sein, dass Ihnen Geld nicht das Wichtigste ist. Sie suchen vielleicht ein Unternehmen, in dem die Arbeit Spaß macht, für dessen Produkte Sie sich begeistern können oder das aufgrund der netten Mitarbeiter eine familiäre Atmosphäre hat. Fein. Das können relevante Gründe für Sie sein. Aber warum sollten Sie deswegen weniger geschickt Ihr Gehalt aushandeln? Dazu gibt es keinen Grund! Zahlt man Ihnen ein zu geringes Einkommen, dann nimmt man Sie auch nicht ernst. Taktieren Sie königlich und lassen Sie sich königlich honorieren, dann werden Sie auch wie eine Königin behandelt.

Uschis Job-Prinzip Nr. 1: Sei eine Königin!

Es kommt auf Ihre innere Haltung an, wenn es um die Höhe des Gehalts oder des Honorars geht, das Sie letztlich von Ihrem Arbeitgeber oder Ihren Auftraggebern bekommen. Wenn Sie wissen, was Sie wert sind, dann können Sie Ihre Vorstellungen überzeugend vertreten. Sind Sie schon eine Königin, benötigen Sie nicht einmal schlagkräftige Argumente. Man wird Ihre Forderungen ohne größere Einwände akzeptieren.

Geld kommt, wenn man es will

Anscheinend haben reiche Leute mehr Geldzuwachs als arme. Es scheint so zu sein, dass Geld förmlich Geld anzieht. Da ich mit meinem bescheidenen Plus auf dem Konto aus diesem Grund keinen »Magneten« für Geld hatte, wunderte es mich nicht, dass es meine Nähe nicht gerade suchte. Als ich aber genauer hinschaute, entdeckte ich, dass der Grund nicht der Kontostand war, sondern eher meine Haltung zum Geld. Ich begriff: Geld fließt zu Leuten, die Geld lieben und sich reich fühlen. Ha, dachte ich, es hängt von mir ab, ob ich mich als reich einschätze oder nicht. Also veränderte ich meine Sichtweise. Ich überlegte, welchen Reichtum es in meinem Leben gab. Meine Freundinnen fielen mir ein. Ich habe so viele wunderbare Freundinnen und fühle mich durch sie außerordentlich reich beschenkt. Das ist schon ein bemerkenswerter Schatz. Dann schrieb ich Wunderlisten und stellte fest, wie wohlhabend ich war. Man ist eben so reich, wie man sich fühlt!

** *U*

Uschis Job-Prinzip Nr. 1: Sei eine Königin!

Königinnen sind reich. Auch Sie sind es! Werden Sie sich Ihres ganz speziellen Reichtums bewusst, dann strahlen Sie sogar wie eine schwerreiche Königin.

****

Ich fragte mich auch, ob ich nicht eine gewisse Scheu vor Reichtum in Form von Geld und Besitz hätte. Mir wurde dadurch klar, welche Vorurteile ich reichen Leuten gegenüber hegte: Ich fand sie oberflächlich und sogar dumm. So wollte ich nicht sein. Kein Wunder, dass das Geld nicht zu mir kam. Ich wollte doch gar nicht reich werden! Natürlich waren meine Klischeevorstellungen kompletter Unsinn. Da waren sie wieder, die störenden Glaubenssätze. Es gibt nicht *den* Reichen (auch nicht *den* Armen), es gibt nur ganz unterschiedliche Menschen. Meine Pauschalurteile brachten mir nichts, außer dass ich dem Geld signalisierte, dass es sich gar nicht zu mir bemühen müsste. Als ich das verstand, lud ich es herzlich zu mir nach Hause ein – und war überrascht, als es dann auch kam.

Eines Tages fragte mich eine Freundin, ob ich überhaupt wüsste, wie viel Geld ich zur Zeit hätte. Ich schaute sie irritiert an. Warum fragte sie mich das? Sie sagte, dass sie schon seit geraumer Zeit beobachtet hätte, dass ich sehr lieblos mit Geld umginge. Meine Geldscheine würde ich achtlos zerknittern, wenn ich sie in mein Portemonnaie steckte, meine Münzen würden sich auf unzählige Hosen- und Manteltaschen verteilen und auch meine Kontoauszüge würden verstreut herumliegen. Sie hatte Recht! In der Tat ging ich nicht gerade wertschätzend mit meinem Geld um. Meine Freundin sagte weiter: »Wenn Geld eine Seele hätte, wenn es sich aussuchen könnte, wohin es gerne ginge, würde es sicherlich nicht dich wählen.« Ich fand diese Hypothese zwar nicht wirklich überzeugend, aber zumindest einleuchtend genug, eine Verhaltensänderung auszuprobieren.

Fortan ging ich anders mit Geld um. Ich faltete meine Geldscheine ordentlich, und wenn ich mit ihnen bezahlte, dachte ich im Stillen: Tschüs Freunde, lasst euch mal wieder bei mir sehen. Ich heftete meine Kontoauszüge ab, und wenn ich einen besonders schönen und großen Geldschein bekam, klebte ich ihn einige Tage an meinen Küchenschrank, um mich an ihm zu erfreuen. Ich habe das Gefühl, dass das Geld seitdem viel lieber bei mir wohnt, mir nicht mehr so schnell durch die Finger rinnt und immer mal wieder gerne bei mir vorbeischaut.

Bei weiterer Selbstbeobachtung entdeckte ich, dass ich gegenüber denjenigen, die mehr besaßen als ich, Neid empfand. Das brachte natürlich überhaupt nichts. Statt mich mit den anderen zu freuen, machte ich mir schlechte Gedanken, die nicht förderlich für meine Ausstrahlung waren. Also beschloss ich, meine Missgunst loszulassen. Ich weiß nun sehr viel genauer, was ich wirklich haben will, und strenge mich auch an, um es zu erhalten. Seitdem fühle ich mich reich. Ich freue mich auf das, was ich mir wünsche, und gönne es mir, wenn ich das nötige Geld dafür habe.

***************************** U

Uschis Job-Prinzip Nr. 3: Wünsch dir was!

Gönnen Sie sich mal wieder etwas! Das ist eine wichtige Voraussetzung, um eine erfolgreiche Uschi zu werden. Jedes Mal, wenn Sie sich einen Wunsch erfüllen, signalisieren Sie damit dem Universum, dass Sie es wert sind, Wünsche verwirklicht zu bekommen und verwöhnt zu werden. So werden Sie automatisch zu einer Person, der häufig Wünsche erfüllt werden.

****

Es kann sein, dass Sie nun zu dem Schluss gelangt sind, dass ich spinne. Macht nichts. Ein bisschen verrückt sind diese Gedanken tatsächlich, doch sie schaden gewiss niemandem. Ein Bon-

bon habe ich noch für Sie: Nur wenn Sie sich wertvoll fühlen, können Sie Wohlstand annehmen. Wenn ich mich gedanklich klein mache und mich schlecht fühle, dann erlaube ich der Welt gar nicht erst, gut zu mir zu sein. Erst wenn ich mich wie eine Königin verhalte, wenn ich weiß, was ich wert bin, können der Erfolg und der Wohlstand zu mir kommen. Erst dann kann ich den Reichtum akzeptieren. Wenn ich das Leben genieße, wenn ich mir hin und wieder selbst etwas gönne und wenn ich großzügig zu anderen bin, dann bin ich reich, und das Geld liebt mich. Dann erscheint es in Hülle und Fülle.

Kleinvieh ist nichts für Königinnen!

Es ist ein klassischer Fehler von Frauen, sich ohne Schulden selbständig machen zu wollen. Wieso? Es geht in den meisten Fällen nicht. Wer hat schon genügend Geld zurückgelegt, um ein neues Geschäft aufzubauen und in den ersten Monaten die Lebenshaltungskosten zu überbrücken? Kaum jemand. Und Frauen noch seltener als Männer, da sie in der Regel weniger Kapital als ihre männlichen Berufskollegen angespart haben. Das kann an der oft schlechteren Bezahlung der Frauen liegen, aber auch daran, dass Frauen von Banken schwerer Kredite erhalten – wie steht es denn mit der Rückzahlung, wenn Kinder kommen? Aber hauptsächlich neigen Frauen dazu, alles in kleinem Stil machen zu *wollen*.

Diverse Male konnte ich dieses Verhalten auch an mir beobachten. Den Drang, mich selbständig zu machen, verspürte ich immer genau dann, wenn ich nicht genügend Geld hatte. Eben genau aus dem Grund, um welches zu verdienen. Statt mit Jobs, die unter meiner Qualifikation lagen, meine Zeit zu vergeuden, wollte ich lieber meine Arbeitskraft für Tätigkeiten anbieten, die es wert waren, dass ich sie ausführte. An sich ein richtiger Gedanke. An sich der Gedanke einer Königin.

Was ich übersah, war Folgendes: Die Anfangsinvestitionen einer Unternehmung werden leicht unterschätzt. Es ist natürlich für manche Berufe möglich, erst einmal nur ein Home Office einzurichten. Mehr als ein Telefon und einen Computer braucht man dazu ja nicht. Das meint man wenigstens. Definitiv benötigen Sie mehr, beispielsweise ein schickes Logo, das auch auf Ihrem Geschäftspapier zu sehen sein sollte. Wichtig ist zudem eine Internetpräsenz, die nicht so aussehen sollte, als hätte man sie mit einem Selfmade-Baukasten am Wochenende zusammengeschustert. Technisch müssen Sie ohnehin aufrüsten, vielleicht müssen Sie sich sogar einige spezielle Computerprogramme anschaffen. Alles kostet Geld.

Sicher, man kann auch in kleinen Schritten investieren und immer dann etwas ausgeben, wenn Geld vorhanden ist. Sie können das Briefpapier am Computer ausdrucken und bei einem Akquisegespräch mit dem Taxi vorfahren, wenn ein eigenes Auto noch nicht zu finanzieren ist. Ich habe es oft genug gemacht. Aber fühlt sich das gut an? Ist Arbeit im kleinen Stil zufriedenstellend?

Spätestens wenn ich meine jährliche Einkommenssteuererklärung machte, wurde mir klar, dass das, was ich erwirtschaftete, einfach nicht als Einkommen zu bezeichnen war, schon gar nicht als eines, das meinen Qualitäten entsprach. Entsprechend mies fühlte ich mich, entsprechend oft versuchte ich einen neuen Weg.

Uschis Job-Prinzip Nr. 1: Sei eine Königin!

Uschis wissen, dass sie in einem größeren Rahmen kalkulieren müssen, damit sie ein angemessenes und königliches Leben führen können. Lassen Sie sich aber nicht von Angeboten verführen, wenn diese Ihnen nur kurzfristig ein gutes Leben bescheren. Uschis denken rechtzeitig an ihre Altersvorsorge!

»Think big« – das ist ein wunderbarer Leitgedanke für Uschis, die sich einem königlichen Leben nähern wollen. Doch sie müssen sich damit wohl fühlen, denn Uschis geht es nicht nur um Erfolg, Geld und Ruhm, sondern immer auch um Zufriedenheit.

Bei zwei Freundinnen konnte ich beobachten, wie sie sich mit einem Trainingsunternehmen selbständig machten. Die eine von ihnen wollte mit dem Business in der Stadt beginnen, in der beide lebten. Sollte das Geschäft erfolgreich sein, könnte man regional expandieren, wenn auch langsam. Die andere aus dem Duo dachte im großen Stil. Sie war so überzeugt von dem Produkt, das sie anbieten wollten, dass sie überlegte, andere Trainerinnen nach ihrer Methode auszubilden und diese per Lizenz für sie arbeiten zu lassen. Sie stellte sich vor, schwungvoll zu starten, ein paar Jahre hart zu arbeiten und sich dann aus dem Geschäft zurückzuziehen, um von den Lizenzeinnahmen zu leben. Diese Idee verkündete sie ihrer Geschäftspartnerin so strahlend, dass diese sich immer mehr davon anstecken ließ. Ich fand es spannend. Würden diese beiden so unterschiedlichen Charaktere wirklich zusammenarbeiten können, wo sie derart abweichende Visionen hatten? Schließlich entschieden sie sich dafür, ihr Projekt im großen Stil aufzuziehen und sich dafür eine Menge Geld zu leihen. Nach wenigen Wochen der Vorbereitungen begann es jedoch zwischen den Businesspartnerinnen zu kriseln, Missverständnisse eskalierten zu regelrechten Konflikten. Die Freundin mit den bescheideneren Vorstellungen fühlte sich zunehmend unwohl. Sie glaubte plötzlich, im falschen Projekt zu sein. Natürlich war es faszinierend, in einem großen Rahmen zu planen und sich vom Schwung der Geschäftspartnerin mitreißen zu lassen. Aber nach längerem Nachdenken stieg sie aus dem Projekt aus und arbeitete allein weiter. Überraschenderweise startete sie in zwei Städten, also nicht nur in ihrer Heimatstadt, wie sie es anfangs geplant hatte. Als ich sie fragte, warum sie ihre Meinung geändert hätte, lachte sie und antwortete, dass die Think-big-Strategie auf sie abgefärbt habe. Es hätte schon seinen Reiz, auch mal über die eigenen Grenzen hinauszugehen, nur müsse das Wagnis ihrer Persönlichkeit angemessen sein.

Meine Freundin hatte das Zauberwort ausgesprochen: Es ging um *angemessene* Projekte. Meine Liebe, denken Sie ruhig einmal größer, spielen Sie die verrücktesten Dinge durch, träumen Sie von Lebensläufen, die Sie sich in Ihrer Bescheidenheit nicht einmal vorzustellen wagen würden. Und dann prüfen Sie Ihre Ideen anhand Ihrer Prioritäten. Überlegen Sie genau, was Ihnen im Leben wichtig ist: Erfolg? Anerkennung? Geld? Freiheit? Freizeit? Und dann verändern Sie Ihre hochfliegenden Pläne, bis Sie ihnen angemessen erscheinen, bis sie sich mit Ihnen wohl fühlen.

Uschis Job-Prinzip Nr. 2:
Lebe nach dem Lustprinzip!

Um nach dem Lustprinzip leben zu können, gilt es immer wieder, die eigenen Prioritäten zu überprüfen. Je genauer Sie wissen, was Sie wollen, desto einfacher wird es, mit dem Herzen zu erkennen, was gut und angemessen für Sie ist.

Nicht zu leugnen: Statussymbole sind klasse

Frauen machen sich im Job häufig nicht so viel aus Statussymbolen wie Männer. Für sie zählen andere Dinge. Frauen suchen Erfüllung in ihrer Arbeit. Sie wollen eine nette Zeit mit netten Aufgaben und netten Kollegen haben. Karriere und Erfolg sind nicht allen Frauen gleich wichtig. Aber häufig ist Erfolg dafür verantwortlich, einen angenehmen Job und Anerkennung zu bekommen. Dazu sind wiederum bestimmte Äußerlichkeiten außerordentlich hilfreich. Wie dumm von uns, dass wir diese Dinge häufig nicht genügend wertschätzen und deswegen ablehnen.

Als ich vor ein paar Jahren einen Traumjob antrat, bot man mir einen Firmenwagen an. Mein Büro lag nur wenige Minuten Fußweg von meiner Wohnung entfernt, und ich fragte mich, wozu ich überhaupt ein Auto brauchte. Außerdem rechnete ich: Firmenwagen sind nicht umsonst, ein Teil der Kosten wird vom Gehalt abgezogen. Das Geld konnte ich für andere Dinge besser verwenden. Also lehnte ich das Angebot ab – was ein großer Fehler war.

Da ich keinen Wert auf einen Firmenwagen legte, zog man daraus den Schluss, man müsse meine Karriereambitionen, die ich natürlich hatte, wohl nicht sonderlich ernst nehmen. Wer lehnt schon einen repräsentativen Wagen ab? Alle Kollegen meiner Hierarchiestufe fuhren einen Firmenwagen. Und wer besonders geschickt verhandelt hatte, hatte sogar ein noch größeres Modell erhalten als üblich. Die Folgen meiner Zurückweisung spürte ich gleich an meinem ersten Arbeitstag.

Im Gegensatz zu meinen Kollegen wies man mir kein eigenes Büro zu, sondern ich wurde in ein großes Zimmer gesetzt, in dem schon zwei Praktikanten waren. Die waren nicht mir zugeteilt, sondern arbeiteten auch noch für eine andere Abteilung. Man hatte mich also regelrecht abgestellt. Da ich anscheinend keinen Wert auf repräsentative Accessoires legte, sollte ich in diesem miesen Raum ausharren. Es dauerte noch ein, zwei Tage, bis ich begriff, in was für einen Schlamassel ich mich gebracht hatte. Auslöser war Folgendes: Eine gleichgestellte Kollegin überantwortete mir in knappem Ton eine Aufgabe, als wäre ich eine ihrer untergebenen Mitarbeiterinnen. Zunächst schwieg ich und hörte mir an, was sie zu sagen hatte. Ich war baff: Wie kam sie dazu, mir diesen Auftrag zu erteilen? Als ich mich gefasst hatte, erklärte ich ihr freundlich, dass die Erledigung dieser Angelegenheit nicht zu meinem Aufgabengebiet gehöre. Das war zwar ein kleiner Sieg, aber noch lange kein Triumph. Das Ansinnen meiner Kollegin hatte mich zutiefst getroffen. Sofort suchte ich meinen Vorgesetzten auf und verlangte ein eigenes Büro. Und zwar eines mit zwei Fenstern und einem Konferenztisch, wie es die anderen Kollegen auf meiner Hierarchieebene auch hatten. Es dauerte keine zwei Tage und ich hatte mein gewünschtes Büro. Niemand verfiel mehr auf die Idee, dass ich nicht zu dieser Hierarchiestufe gehöre. Hätte ich länger als diese erste Woche mit den Praktikanten in einem Raum gesessen, ich wäre wohl für alle Zeiten degradiert gewesen und hätte große Schwierigkeiten bekommen, mit meiner Arbeit ernst genommen zu werden und erfolgreich zu sein.

Lehnen Sie Statusangebote nicht ab. Es sind Auszeichnungen, die Ihren Rang definieren. Besonders Männer achten darauf, welche Marke Ihr Firmenwagen und wie viele Quadratmeter oder Fenster ihr Büro hat. Sie wissen über diese Unterschiede genau Bescheid.

Uschis Job-Prinzip Nr. 1: Sei eine Königin!

Auch wenn Sie bisher noch nicht den Prestigewert von Quadratmetern oder Bürofenstern kannten, nehmen Sie trotzdem, was Ihnen zusteht. Die entsprechende Umgebung und die dazugehörigen Statussymbole werden Ihnen helfen, eine noch königlichere Ausstrahlung zu bekommen.

Und seien Sie bitte nicht bescheiden. Schlagen Sie nicht vor, dass Sie die alten Büromöbel aus dem Raum, in dem Sie mit Ihrer Kollegin gesessen haben, in Ihr neues Chefzimmer mitnehmen könnten, wenn man Sie gerade befördert hat. Auch wenn Sie Ihren vertrauten Stuhl noch so lieb gewonnen haben, bestehen Sie auf neuen Möbeln. Die Neuanschaffung kostet Ihr Unternehmen nur ein paar Euro – ein Verlust Ihrer Reputation kann viel teurer sein. Finden Sie heraus, was in Ihrem Unternehmen zählt. Die Statussymbole können von Branche zu Branche und von Unternehmen zu Unternehmen sehr unterschiedlich sein.

Eine Freundin erzählte mir besorgt, dass sie Angst um ihre Stellung hätte. Ich fragte sie, woran sie dieses festmachen. Daraufhin erwiderte sie, dass sie nicht, wie in den Jahren zuvor, auf eine wichtige Messe mitfahren dürfe. In ihrem Unternehmen sei es aber üblich, dass relativ viele Mitarbeiter zu den Ausstellungen führen. Es sei eine phantastische Möglichkeit, um viel über die Branche und die Wettbewerber zu erfahren und Menschen kennen zu lernen. Sie habe das Gefühl, dass nur die »Unwichtigen« nicht mitfahren dürften, die sollten »das Unternehmen hüten«. Wahrscheinlich hatte sie Recht, und ich ermutigte sie, für die Teilnahme an der Messe zu kämpfen. Es gelang. Sie durfte mit. Dort entdeckte sie einen neuen Trend, der sie zu einer Projektidee animierte. Diese wurde angenommen und auch erfolgreich von ihr gemeistert. In der Folge wurde sie befördert.

Achten Sie genau darauf, mit welcher Währung in Ihrem Unternehmen gehandelt wird, und kämpfen Sie gegebenenfalls mit Zähnen und Klauen dafür, dass Sie das erhalten, was Ihnen zusteht. Auch wenn Sie erst eine Nachwuchs-Uschi sind: Seien Sie nicht bescheiden. Verzichten Sie oder geben Sie zu früh klein bei, werden Sie nicht ernst genommen und manövrieren sich mit der Zeit ins Abseits.

Denken Sie daran: Sie sind es wert, diese wunderbaren Dinge zu bekommen. Und selbst wenn Sie gar nicht scharf auf das Büro mit den zwei Fenstern und den dicken Firmenwagen sind, nehmen Sie die Angebote an und freuen Sie sich darüber. Symbole sind ein Zeichen der Wertschätzung.

Sagen Sie, was Sie wirklich wollen!

Das dritte Job-Prinzip lautet: »Wünsch dir was!« Genaugenommen müsste es heißen: »Wünsch dir was und sprich es auch deutlich aus!« Viele Frauen wünschen nämlich wie die Weltmeisterinnnen, bekommen ihre Wünsche aber nicht erfüllt, weil kein Mensch davon erfährt.

Kennen Sie die Situation? Sie kriegen zum Geburtstag oder zu Weihnachten nur Dinge geschenkt, die Sie gar nicht wollen. Mir war sie bestens vertraut, weshalb ich mir früher zu jedem Geburtstag selbst ein Geschenk machte. Auf diese Weise war wenigstens eins dabei, das mir gefiel. Doch diese Zeiten sind vorbei. Ich schreibe nun alles, was ich gerne hätte, mir aber gerade nicht leisten kann oder will, auf meinen Wunschzettel. Fragt mich jemand, was ich gerne geschenkt bekäme, hole ich einfach diesen Zettel hervor.

Uschis Job-Prinzip Nr. 5: Leg endlich los!

Legen Sie kurz das Buch beiseite und holen Sie sich ein Blatt Papier. Es gibt ganz sicher einige Dinge, die Ihnen spontan für Ihren Wunschzettel einfallen! Man weiß ja nie ...

Jeder Mensch tickt anders. Und Männer sowieso. Sie wundern sich, wieso wir uns über den sorgfältig ausgewählten DVD-Player, den sie uns zum Valentinstag überreichen, nicht freuen, und wären im Traum niemals darauf gekommen, dass wir das Parfum, von dem wir letztens schwärmten, oder einen romantischen Blumenstrauß viel lieber gehabt hätten.

Aber auch die Menschen in Ihrem beruflichen Umfeld können nicht immer erraten, wovon sie heimlich träumen. Sie werden Ihnen zum Firmenjubiläum etwas schenken, was Ihnen ihrer Meinung nach gefallen könnte. Haben Sie zum Beispiel auf dem Flohmarkt einmal einen ganz reizenden Kerzenhalter in Form eines Engels erstanden und dies freudestrahlend im Büro herumerzählt, werden sich mit Sicherheit einige Kollegen gemerkt haben: Diese Frau mag Engel. Fortan werden Sie Engel in allen Varianten erhalten, auch wenn Sie schon längst diese geflügelten Wesen hassen. Sie wissen sicher, was ich meine: Dahinter verbirgt sich die Ihnen schon bekannte »Mehr-vom-Selben«-Strategie.

Das betrifft aber nicht nur kollegiale Gemeinschaftsgeschenke. Haben Sie zum Beispiel einmal die Bitte geäußert, bei einem Kundengespräch dabei sein zu dürfen, um in Zukunft besser auf Bedürfnisse dieses Klienten eingehen zu können? Sollten Sie das getan haben, so bedeutet das noch lange nicht, dass Sie fortan immer bei Kundenbesuchen mitfahren wollen. Viele Kollegen verstehen derartige Wünsche falsch und glauben, Sie würden sich tatsächlich darüber freuen, stets mitgenommen zu werden. Sie erkennen nicht, dass Sie gar nicht mehr zu ihrer eigentlichen Arbeit kommen, wenn Sie zu viele Stunden außerhalb Ihres Büros verbringen. Vielleicht hören diese Menschen sogar irgendwann auf, Ihnen zu helfen, weil es dafür ihrer Meinung nach sowieso keinen Dank gibt.

Also sagen Sie genau, was Sie wirklich wollen. Erzählen Sie, dass Sie Lust haben, in naher Zukunft gerne mal ein schwieriges Projekt zu übernehmen, erzählen Sie, dass Sie einen Französischkurs bei der Volkshochschule belegt haben, weil Sie zu gerne einmal in Frankreich arbeiten würden. Erzählen Sie, dass Sie es ganz spannend finden, hin und wieder abends zu arbeiten und dafür einen Tag in der Woche frei zu haben. Woher sollen die anderen denn von Ihren Wünschen wissen, wenn Sie diese nicht aussprechen?

Sie können Ihre Wünsche auch zielgerichtet äußern: Wenn Sie Lust haben, anspruchsvollere Aufgaben zu übernehmen, dann geben Sie das Ihrem Chef klar und deutlich zu verstehen, bevor Sie innerlich kündigen. Wenn Sie etwas können, von dem niemand auch nur die geringste Ahnung hat, erwähnen Sie es auf der nächsten Teambesprechung. Wenn Sie Lust auf ganz andere Zielgruppen und Projekte haben, dann äußern Sie es bei jeder Gelegenheit – und sei es eine Familienfeier. Vielleicht hat der Schwager Ihrer Cousine vielleicht genau den Job zu vergeben, nachdem Sie sich sehnen? Um das herauszufinden, sollten Sie es schnellstens ihrer Cousine erzählen.

Uschis Job-Prinzip Nr. 5: Leg endlich los!

Und jetzt schreiben Sie Ihren beruflichen Wunschzettel. Ohne innere Selbstzensur. Schreiben Sie alles auf, was Ihnen spontan einfällt. Das ist der erste Schritt!

Und gehen Sie nicht davon aus, dass es peinlich wäre, so offensiv vorzugehen. Für Männer ist es die selbstverständlichste Sache auf der Welt, Wünsche zu äußern. Wenn Sie vornehm mit Ihren Anliegen hinter dem Berg halten, dann marschiert mal wieder einer an Ihnen vorbei und bekommt genau das, wovon Sie heimlich geträumt haben. Auch wenn es Ihnen nicht gefällt: Fragen ist die einzige Art, um das zu bekommen, was Sie wollen. Männer lernen von Kindheit an, für das zu kämpfen, was sie sich wünschen. Frauen hoffen leider immer noch viel zu oft darauf, vom Märchenprinzen entdeckt und wachgeküsst zu werden. Vergessen Sie es! Sagen Sie, was Sie wollen. Keine Sorge: Es wird jemanden geben, der Ihren Wunsch erfüllen kann!

Ich brauchte vor einiger Zeit dringend ein Notebook, hatte aber gerade nicht genügend Geld, um mir regulär eines kaufen zu können. Also bestellte ich mir beim Universum ein Notebook; maximal 100 Euro wollte ich dafür ausgeben, umsonst wäre mir noch lieber gewesen. Anschließend erzählte ich allen Leuten von meiner Bestellung beim Universum. Es dauerte keine drei Wochen und ich hatte mein Notebook. Es war nur geliehen, aber immerhin für einen längeren Zeitraum und ohne dass ich etwas dafür zahlen musste. An dem Tag, an dem ich es zurückgeben musste, besaß ich genügend Geld, um mir einen eigenen PC kaufen zu können.

Meine Liebe, machen Sie es Ihrem Umfeld leichter, Ihnen Wünsche zu erfüllen, indem Sie darüber Auskunft geben, was Sie sich wünschen. So einfach ist es. Dann brauchen Sie nur noch ein wenig Vertrauen und das Universum wird es schon richten. Ganz sicher!

Wenn Sie mehr und mehr zu einer Uschi geworden sind, dann sind Sie sich Ihres Wertes bewusst, lassen das Geld munter in ihr Leben sprudeln und sprechen zielsicher Ihre Wünsche aus. Sie denken gar nicht darüber nach. Es ist ganz selbstverständlich für Sie geworden, sich so zu benehmen. Sie leben die Job-Prinzipien einfach.

Es ist phantastisch, was die sieben Prinzipien mit uns machen. Wenn wir sie in unser Leben integrieren, werden wir ganz automatisch königlich – eben zu einer Uschi. Dann kann auf dem Weg zum Erfolg nicht mehr viel schief gehen. Wir planen nicht einfach nur, unser Leben zu veränderen – wir tun es einfach! Fast wie von selbst werden wir anspruchsvoller. Wir stehen zu unseren Wünschen, trauen uns auch schwierige Aufgaben zu und fordern es ein, wenn man uns bei der Verteilung spannender Projekte übergehen sollte.

10. Für Uschis das Beste zum Schluss

Wir machen uns die Welt, wie sie uns gefällt

Na, meine Liebe, wie geht es Ihnen? Sind Sie schon auf dem Weg zu einer perfekten Uschi? Sind sie erfolgreich? Nehmen Sie das Leben leichter, und bekommen Sie endlich das, was Ihnen zusteht? Ich hoffe das doch sehr.

Die Uschi-Prinzipien sind eine Lebensphilosophie. Auch wenn es kleine Handlungsanweisungen in diesem Buch gibt, so ist mein wichtigstes Anliegen, Ihnen mehr als nur ein paar Tipps mit auf den Weg zu geben. Sie sollen verstehen, dass nur Sie Ihr Leben ändern können, und Sie müssen motiviert sein, es auch zu tun. Die gute Nachricht ist: Sie können es ändern. Sie brauchen nicht herumzusitzen und sich zu bedauern. Die *Uschi-AG* hat Sie hoffentlich überzeugt, dass mehr möglich ist, als Sie vorher zu glauben wagten. Also, legen Sie los! Sie haben es in der Hand. Gestalten Sie sich die Welt, so dass Sie Ihnen gefällt.

Als ich zum ersten Mal feststellte, dass ich Einfluss auf meine Gedanken und Gefühle habe, veränderte sich alles. Ich weiß noch genau, wie ich zu dieser Erkenntnis kam. Ich war mit einer Freundin in einem Café verabredet und war spät dran. Die Busse und Bahnen fuhren nicht so, wie sie laut Fahrplan fahren sollten, meine Füße waren vom langen Warten an der Haltestelle eiskalt geworden. Klar, ich war mies drauf. Als ich endlich im Café angekommen war, besserte sich meine Laune auch nicht unbedingt, obwohl ich mich sehr freute, Uschi zu sehen. Die Bedienung ließ ewig auf sich warten, bis sie unsere Bestellung aufnahm, und dann gab es noch nicht einmal das, was ich gerne trinken wollte. Immer noch schlecht gelaunt, grummelte ich nur vor mich hin und ließ meine Freundin reden. Uschi ließ sich von meinem Missmut nicht beeindrucken, sie strahlte begeistert, als sie mir davon erzählte, wie sie es neuerdings schaffte, ihre eigenen Empfindungen zu beeinflussen. Plötzlich knuffte sie mich freundschaftlich in die Seite und meinte: »Du kannst es dir aussuchen, ob du dich weiterhin über die blöden öffentlichen Verkehrsmittel ärgern willst oder ob wir uns nun gemeinsam amüsieren wollen.« Blitzartig hatte ich es verstanden. Sie hatte Recht! Natürlich konnte ich mir den ganzen Tag vermiesen lassen und nur noch an die kleinen Misshelligkeiten denken. Aber ich hatte es in der Hand, mich davon nicht weiter bestimmen zu lassen. Ich konnte mich auch dafür entscheiden, ab sofort gute Laune zu haben. Ich musste grinsen, als ich bemerkte, was mit mir geschah: Ich hatte mich für die gute Laune entschieden und aus heiterem Himmel war sie auch da.

Zunächst war ich misstrauisch. Selbstverständlich hatte ich Lust, mich zu amüsieren, doch für mich war damit noch nichts bewiesen. Es hätte schließlich auch daran liegen können, dass ich gerne mit Uschi Kaffee trank. Diese Freude hätte ebenso dafür verantwortlich sein können, dass mir das Leben auf einmal viel schöner erschien. Doch die Idee, dass ich meine Stimmungen selber beeinflussen konnte, ließ mich nicht mehr los. In den nächsten Tagen testete ich es. Immer wenn ich anfing, mich über etwas zu ärgern, sauer oder pessimistisch wurde, fragte ich mich, ob es nützlich für mich sei, jetzt schlecht drauf zu sein.

Es ging aber nicht nur um die gute Laune, sondern ich lernte ebenfalls, dort, wo es angebracht war, auch wütend zu werden. Mein Chef hatte mir einen Auftrag übergeben, für den eigentlich mein Kollege zuständig war. Diese Aufgabe hatte ich einst übernommen, als dieser Mitarbeiter im Urlaub war. Wieso sollte ich sie aber schon wieder erledigen, neben meinen eigenen Tätigkeiten? Während ich von Woche zu Woche länger im Büro saß, schwärmte mir der liebe Kollege morgens immer vor, wie schön es wieder beim Sport gewesen sei. Mit mir nicht, dachte ich zornig und bestand auf einem Gespräch mit meinem Chef. Ich erklärte ihm in einem ruhigen Ton die Sachlage, worauf er zugab, dass er nicht so genau gewusst hätte, wer von uns beiden für diese Sache zuständig sei. Fortan klärten wir die Zuständigkeiten in den wöchentlichen Teammeetings. Problem gelöst.

Oft bekam ich in Situationen, die ich nicht im Geringsten ändern konnte, schlechte Laune, wenn ich zum Beispiel zu spät den Bahnhof erreichte und der Zug schon abgefahren war. Oder wenn ich eine Kollegin auf dem Flur traf, die mir ein spannendes Projekt vor der Nase weggeschnappt hatte. Solche Tatsachen machten mich rasend, und ich konnte mich grün und blau ärgern. Nun entschied ich mich dafür, dies sein zu lassen, es beim nächsten Mal einfach besser zu machen und stattdessen gute Laune zu haben. Und, o Wunder, es funktionierte.

Genau darum geht es. Wir haben tatsächlich die Wahl. Wir können entscheiden, was wir fühlen wollen. Wir entscheiden, welche Kriterien wir anlegen, um eine Situation zu bewerten. Damit können wir nicht nur unsere momentane Stimmung aufhellen, sondern auch unser Grundgefühl. Wenn wir erkennen, dass wir unser Dasein beeinflussen können, dann können wir auch definieren, was uns im Berufsleben glücklich macht – und zwar nach ganz individuellen Maßstäben. Erfolg zu haben heißt für Uschis, dass sie zufrieden mit dem sind, was sie gestaltet haben.

Wie sieht es bei Ihnen aus? Wissen Sie schon, was Ihre persönliche Definition von Erfolg ist? Kennen Sie Ihre Vision? Sind Sie bereits auf dem Weg, sie zu realisieren? Das wäre toll.

Uschis kennen ihre Berufung und gestalten ihr Arbeitsleben nach ihren Kriterien. Ich weiß, einige werden jetzt einwenden, dass alles seine Grenzen hat, aber ich bin davon überzeugt, dass es immer entsprechende Gelegenheiten geben wird.

Führen Sie nicht Ihr Alter ins Feld. Sicher, es ist richtig, dass in unserer Gesellschaft (noch) ein Jugendwahn vorherrscht. Besonders in großen Unternehmen ist es Praxis, Mitarbeiterinnen und Mitarbeitern zwischen zwanzig und vierzig Jahren den Vorzug zu geben. Ich kenne aber sehr viele kleine und mittelständische Unternehmen, die die Zuverlässigkeit und das Engagement von älteren und erfahrenen Mitarbeitern zu schätzen wissen. Man muss sie nur suchen – das Ganze ist oft genauso kompliziert wie die Partnerwahl, aber es gibt diese Betriebe. Sie brauchen vielleicht nur eine außergewöhnliche Strategie, um auf sich aufmerksam zu machen.

Uschis lassen sich nicht wegen ihres Alters diskriminieren, denn Uschis kennen ihren Wert und wollen auch dementsprechend behandelt werden. Wenn Uschis das Gefühl haben, dass ihr Alter in ihrem derzeitigen Job ein Problem werden könnte, dann gestalten sie sich ihre berufliche Situation neu. Entweder sie suchen sich ein Unternehmen, bei dem ihre Erfahrungen wertgeschätzt werden, oder aber sie gestalten sich die Welt nach ihren Vorstellungen. Sie glauben gar nicht, wie viele Frauen über vierzig oder fünfzig sich heutzutage selbständig machen und sehr glücklich dabei sind, endlich das tun zu können, wovon sie immer geträumt haben.

Ab einem bestimmten Alter, so wird vielfach argumentiert, können bestimmte Berufe einfach nicht mehr ausgeübt werden, weil der Körper abgenutzt ist und die Kräfte nachlassen. Da widerspreche ich gar nicht. Aber denken Sie bitte daran, dass es in diesen Zeiten normal ist, drei bis fünf unterschiedliche Berufe im Laufe eines Lebens auszuüben. Wenn Sie mit Ende vierzig feststellen, dass Sie Ihren Beruf als Bäckerin nicht mehr ausüben können, dann müssen Sie etwas dazulernen, was Sie für eine andersartige Tätigkeit qualifiziert. Selbstmitleid bringt Sie nämlich auch nicht weiter. Sie wissen ja, das ist einer Uschi nicht würdig.

Es ist kein Zufall, dass ich in meinem Buch von auffällig vielen Uschis erzähle, die einer freiberuflichen Tätigkeit nachgehen. Ich bin davon überzeugt, das die Selbständigkeit für diejenigen, die ihr Leben aktiv gestalten wollen, die wichtigste Arbeitsform der Zukunft sein wird. Statt darüber zu jammern, dass unsere Arbeitsbedingungen nur schwer zu verändern sind, Unternehmen uns nicht wollen oder wir in der unmittelbaren Umgebung des Wohnortes keinen Job finden, müssen wir uns eben selbst eine Arbeitsstelle basteln. Letztlich ist die selbständige Tätigkeit die konsequente Fortführung der Job-Prinzipien. Königin im eigenen Reich ist man nur, wenn man maximalen Gestaltungsspielraum hat.

Es gehört eine Menge Mut dazu, sich selbständig zu machen. Sie brauchen aber nicht nur Mumm und die Fähigkeit, sich selbst zu organisieren, sondern Sie benötigen auch noch die richtigen Kenntnisse und das nötige Eigenkapital. Gerade beim letzten Punkt scheitern viele. In Zeiten von Basel II – einem Programm der Banken, mit dem die Attraktivität eines Kundenprojekts bewertet und damit die Kreditvergabe stark reglementiert wird – ist es für Frauen mit wenig oder gar keinem Eigenkapital äußerst schwer, Fördermittel zu bekommen. Da helfen Ihnen nur noch die Job-Prinzipien. Wenn Sie nicht genug auf der hohen Kante haben, brauchen Sie ein wahrhaft königliches Auftreten, um Banker oder andere Geldgeber von sich und Ihrem Vorhaben zu überzeugen. Seien Sie also eine Königin! Es ist mehr möglich, als Sie glauben. Lassen Sie sich nur nicht einschüchtern und geben Sie nicht zu schnell auf. Uschis bekommen, was sie wollen!

Und was die Kenntnisse betrifft: Wissen können Sie erwerben. Es gibt viele kostenlose oder sehr günstige Weiterbildungsmaßnahmen für Existenzgründerinnen. Dort treffen Sie auch auf Frauen, mit denen Sie eine Job-SHG auf die Beine stellen können. Gemeinsam sind Sie stärker, Sie können sich gegenseitig Mut machen. Das nötige Selbstvertrauen kommt dann schon – besonders, wenn alle in Ihrer SHG nach den Job-Prinzipien leben.

Es gibt so viele Möglichkeiten, selbständig zu arbeiten. Im Prinzip können Sie alles, wofür Ihr Herz schlägt und was Sie gut können, anbieten. Sie dürfen nur die Salzteigfiguren nicht vergessen, für die sich nicht genügend Kunden finden ließen. Oft müssen Sie kreativ werden und Ihre Idee dem Markt anpassen. Wenn Sie zum Beispiel Salzteigfiguren herstellen, aber nicht loswerden können, dann denken Sie daran, dass Sie große Fingerfertigkeiten besitzen und einen Hang zu schönen Dingen haben. Vielleicht gibt es Kunsthandwerkerinnen, mit denen Sie sich zusammentun können, um deren Vertrieb zu organisieren. Vielleicht können Sie aber auch Ihre gestalterischen Begabungen auf einem marktgängigeren Feld einsetzen, vielleicht können Sie Floristen von Ihren Blumengestecken überzeugen oder Sie designen Filztaschen. Erfinden Sie, wenn nötig, einen neuen Beruf! Wenn Sie eine Uschi sind, werden Sie es lieben, endlich das zu tun, was Ihre Berufung ist. Die Selbständigkeit ist eine Möglichkeit – auf jeden Fall können Sie dabei am meisten Einfluss auf Ihre Tätigkeit nehmen.

Uschis starten immer wieder neu durch

Ein weiterer Trend auf dem Arbeitsmarkt zeichnet sich bereits ab – der Trend zum Zweitjob. Idealerweise ist die eine Tätigkeit ein Halbtagsjob, der die Durststrecke bei einer neuen Selbständigkeit überbrückt. Ich kenne viele freiberufliche

Frauen, die stundenweise in einem Call-Center arbeiten, um sich über die Startschwierigkeiten ihres Unternehmens hinwegzuhelfen. Das ist alles andere als ehrenrührig! Es ist normal – und es wird immer normaler werden. Und alle berichten mir, dass sie mit dem Zweitjob nicht nur Geld verdienen. Meist bekommen sie noch viel mehr geboten: nette Kollegen, neue Kenntnisse und vor allem die Sicherheit, dass die Welt nicht so schnell untergehen kann. Schließlich sind Uschis Stehaufmädchen!

Ich will Sie nicht dazu überreden, sich selbständig zu machen, nur weil Sie mit Ihrer derzeitigen beruflichen Situation unzufrieden sind. Ich will Ihnen bloß diese Alternative aufzeigen. Selbst unternehmerisch tätig zu sein kann wundervoll sein, aber ein Zuckerschlecken ist es keineswegs. Auf der einen Seite werden Sie strahlen vor Begeisterung, weil Sie endlich das machen, was Sie wirklich tun wollen, und vielleicht werden sie auch zum ersten Mal in Ihrem Leben richtig zufrieden sein. Auf der anderen Seite werden Sie oft müde vor Erschöpfung ins Bett fallen, weil Ihr Arbeitstag aus weit mehr als acht Stunden besteht. Auch werden Sie immer mal wieder schlaflose Nächte quälen, in denen Sie sich fragen, wie Sie den nächsten Monat überstehen sollen. Selbständig können Sie sich nur machen, wenn Sie diesen Entschluss von ganzem Herzen wollen. Dann aber überwiegen die glücklichen Momente. Sie werden mit dieser Voraussetzung auch erfolgreich werden, weil Sie Ihrer Berufung folgen.

Doch glauben Sie nicht, dass eine Tätigkeit als Angestellte in einem Unternehmen so viel angenehmer und leichter ist als eine Selbständigkeit. Die Anforderungen an die einzelnen Mitarbeiter sind heutzutage überall immens gestiegen. Auch als Angestellte müssen Sie aus ganzem Herzen ja zu ihrem Job sagen, ihn möglichst so gestalten, dass er Ihren Talenten entspricht.

Wenn Sie lieber angestellt statt freiberuflich arbeiten wollen, so tun Sie dies. Für eine Uschi ist allein wichtig, dass sie das macht, was zu ihr passt. Wenn Sie fühlen, dass genau dieser Weg für Sie der richtige ist, dann gehen Sie ihn. Aber wie bei einer Selbständigkeit brauchen Sie Flexibilität und müssen Unternehmerin in eigener Sache werden. Wenn Sie Ihren Job wechseln oder Ihre Arbeitslosigkeit beenden wollen, dann brauchen Sie eine Vision und viel Energie, um den Weg erfolgreich weiterzugehen. Die Job-Prinzipien helfen ihnen dabei!

Uschis zeigen Haltung

Meine Liebe, ich hoffe, es ist Ihnen jetzt klar geworden, wie sehr unsere Haltung unser Leben beeinflusst. Vielen Menschen ist gar nicht bewusst, dass sie ihr Dasein selbst gestalten können. Ich bin immer wieder erstaunt, wie wenig Haltung manche Leute zeigen und wie sehr sie sich einfach von den Gegebenheiten treiben lassen. Keine explizite Lebensphilosophie zu haben, das ist natürlich auch eine Möglichkeit, durch die Welt zu gehen. Nicht jedem gefällt es, zu einem bestimmten »Club« zu gehören. Heutzutage ist es beispielsweise schick, sich nicht als Christ oder als Buddhist zu bezeichnen, sondern sich aus jeder Religion das auszusuchen, was für das eigene Leben passend ist. Dagegen ist nichts einzuwenden, wenn man sich sein »Menü à la carte« wenigstens bewusst zusammenstellt, statt einfach nur das Mittagsgericht zu ordern, das alle gerade nehmen, weil es in ist.

Eine Haltung zu haben bedeutet nicht das Gleiche, wie zu diesem oder jedem eine Meinung zu haben. Eine Haltung ist etwas Umfassenderes. Man hat sie nicht nur, sondern man lebt sie auch. Meinungen sind da einfacher und schneller gefasst. Ich habe zum Beispiel eine pädagogisch wertvolle Meinung zum Thema gesunde Ernährung. Ich könnte stundenlang darüber reden, in welchen Nahrungsmitteln welche

Vitamine sind und wie gut sie uns tun. Und trotzdem esse ich mit Vorliebe Toastbrot mit Marmelade, obwohl ich weiß, dass ich hierbei nur wenige Ballaststoffe und Vitamine zu mir nehme. Ich bin inkonsequent in meiner Meinung. Eine Haltung ist das aber noch lange nicht, denn eine solche verkündet man nicht nur; sie wird sichtbar, und zwar in allem, was man tut.

Eine Haltung zeigt sich in einem bestimmten Bewusstsein, wie man leben möchte. Manchmal ist sie nicht auf den ersten Blick erkennbar. Aber Sie werden Menschen sehr schnell erkennen, die eine haben. Diese Menschen sind sehr verlässlich und legen Treue gegenüber ihren Werten an den Tag. Die Uschi-Prinzipien sehe ich ebenfalls als eine Haltung an. Wenn Sie die Uschi-Prinzipien leben, dann sind auch Sie verlässlich und wirken sympathisch und authentisch. Die Haltung beeinflusst das Charisma, also die Ausstrahlung, nach der wir uns sehnen und angesichts derer wir uns oft genug gefragt haben, wie wir sie bekommen können. Charisma ist nicht erlernbar, Charisma strahlt man aus, wenn man an sich selbst und an die Welt der Fülle glaubt – wenn man also eine Uschi ist.

Menschen mit einer Haltung sind unverwechselbar und polarisieren: Sie werden von vielen geliebt und von einigen nicht gemocht. Uschis wissen jedoch, dass die Anzahl der Menschen, von denen sie ins Herz geschlossen wurden, größer ist als die der anderen. Das ist auch kein Wunder. Die Welt liebt schließlich strahlende Menschen, und Uschis glitzern mit der Sonne um die Wette. Warum sie so beliebt sind, ist ganz einfach zu erklären: Sie streben immer Win-win-Situationen an. Auch wenn sie darauf bedacht sind, ihr eigenes Leben erfolgreicher zu gestalten, so wollen sie niemals anderen dabei schaden. Im Gegenteil: Uschis versuchen eine Situation zu erzeugen, in der es allen Beteiligten besser geht. Das ist einer der vielen Gründe, warum sie es im Leben leichter haben. Man weiß, was man an ihnen hat und unterstützt sie gerne. Das liegt an ihrer klaren Haltung, die Uschis an den Tag legen: Sie leben nämlich die Job-Prinzipien.

Champagner für alle

Uschis feiern oft und gerne. Uschis freuen sich über ihre Erfolge und die Erfolge der anderen Uschis. Das gemeinsame Feiern ist ein Ritual, das den Selbstwert steigert und dem Universum signalisiert, dass wir uns über die Unterstützung sehr freuen.

Und wie sieht es bei Ihnen aus? Gibt es schon etwas zu feiern? Ich bin sicher, dass Sie den einen oder anderen Tipp ausprobiert und damit schon Erfolge erzielt haben. Sie wissen nun, wie man den Weg zum Erfolg beschreitet. Sie müssen nur noch den ersten Schritt tun.

Wenn es mit der Umsetzung der Job-Prinzipien noch etwas hakt, dann gründen Sie eine SHG. Sie müssen den Weg zum Erfolg nicht allein gehen. Zusammen ist es leichter und macht richtig Spaß. Vielleicht kommen Sie auch in ein Training oder lassen sich von mir coachen. Ich begleite Sie gerne noch ein Stück des Weges weiter. Denn auch Sie können eine Uschi sein und zufrieden und erfolgreich durchs Leben spazieren.

Wenn Sie von Erfolgen berichten können, dann machen Sie das. Schreiben Sie mir: meike@uschi-und-uschi.de, und schreiben Sie mir auch, wenn Sie Fragen haben. Oder Sie veröffentlichen Ihren Durchbruch auf unserer Uschi-Website: www.uschi-und-uschi.de. Die anderen Uschis werden sich freuen und sehr motiviert sein, wenn Sie Ihre Erfolgsstorys mit uns teilen.

Probieren Sie aus, was für Sie das Beste ist. Denken Sie daran: Vom Besitz von Diätbüchern nimmt man nicht ab und vom Lesen der Uschi-AG werden Sie nicht automatisch erfolgreich. Finden Sie heraus, was Ihre Definition von Erfolg sein könnte, malen Sie Ihre Vision, entrümpeln Sie die störenden Überzeugungen, suchen Sie sich gleichgesinnte Frauen für eine SHG und starten Sie. Ich wünsche Ihnen alles Gute dafür. Also, meine Liebe, legen Sie los und haben Sie Spaß dabei!

Bücher sind meine Lehrmeister, meine Inspiration. Einige Titel, die ich im Text erwähnt habe oder die mich zum Thema dieses Buches inspirierten, möchte ich Ihnen kurz vorstellen:

Sabine Asgodom: Erfolg ist sexy! Die weibliche Formel für mehr Lust im Beruf, München 1999

Ein klasse Buch für klasse Frauen. Die Managementtrainerin Sabine Asgodom beschreibt einen äußerst sinnlichen und weiblichen Weg zu mehr Gelassenheit und Erfolg. Um es mit ihren Worten zu sagen: »Die Zeit des Kämpfens ist vorbei!«

Monika Birkner: Kurswechsel im Beruf. Erfolgreicher sein, sich nicht mehr verbiegen. Praxisratgeber für die Neuorientierung in der Lebensmitte, Regensburg 2005

Monika Birkners Coaching-Newsletter lese ich schon lange. Insofern überraschte mich die Qualität ihres Buches ganz und gar nicht. *Kurswechsel im Beruf* ist ein empfehlenswerter Ratgeber für alle, die sich auch im fortgeschrittenen Alter nicht entmutigen lassen wollen, neue Wege zu gehen. Anregende Fragen, Checklisten und Übungen helfen bei den ersten Schritten.

Richard Nelson Bolles: Durchstarten zum Traumjob. Das Bewerbungshandbuch für Ein-, Um- und Aufsteiger, Frankfurt am Main 2004

Durchstarten zum Traumjob ist *das* Standardwerk für Menschen, die sich beruflich verändern möchten. Die erste Auflage ist in den USA bereits 1970 erschienen. Richard Bolles überarbeitet seinen Klassiker seitdem regelmäßig, doch die Grundaussage ist geblieben: Er fordert jeden dazu auf, sich seinen eigenen Traumjob selbst zu basteln. Bolles zeigt handfeste Strategien auf, mit deren Hilfe man den eigenen Traumjob finden kann. Als ich mich vor vielen Jahren eingehender mit Bewerbungsbüchern beschäftigte, war dies das einzige Werk, das mir plausibel erklärte, wie ich mein berufliches Schicksal selbst in die Hand nehmen konnte. Da sich die Arbeitsmarktsituation seitdem verändert hat, gibt es mittlerweile viele Bücher, die zum individuellen Handeln auffordern. Aber in meinen Augen ist das Original immer noch das beste Buch zu diesem Thema. Ergänzend gibt es ein Workbook *(Durchstarten zum Traumjob)* mit umfangreichen Tests und weiteren Übungen.

Michael H. Buchholz: Tu, was du willst. Die universellen Einsichten für ein erfülltes Leben, Aachen 2003

Es ist gar nicht so einfach, die eigene Berufung zu finden, um endlich ein königliches Leben zu führen. Michael Buchholz argumentiert nicht nur schlüssig, warum es so wichtig ist, danach zu suchen, sondern gibt auch wertvolle Hilfestellungen. Ein prima Buch und eine würdige Fortsetzung von *Alles, was du willst,* was ich ebenfalls sehr schätze.

Gail Evans: Business Games. Spiele wie ein Mann, siege wie eine Frau, Frankfurt am Main 2001

Die Arbeitswelt ist ein Spiel, das von Männern erfunden ist. Demzufolge definierten Männer einst ihre Spielregeln. Die amerikanische Autorin und Topmanagerin bei CNN Gail Evans bringt sie uns bei. *Business Games* ist ein wunderbares Buch, das mir unzählige Aha-Effekte bescherte. Anhand ihrer eigenen Geschichte erklärt Gail Evans, wie Frauen Verantwortung für ihr Leben übernehmen können, nicht alles persönlich nehmen sollen und den Zugang zur Macht finden.

Fred Gratzon: The Lazy Way to Success. Ohne Anstrengung alles erreichen, Bielefeld 2004

Natürlich kannte ich das zweite Uschi-Prinzip, »Lebe nach

dem Lustprinzip!«, bevor ich Fred Gratzons Buch entdeckte. Ich fand dort wertvolle Ergänzungen, um das zweite Prinzip auch auf das Berufsleben anzuwenden, gerade wenn es um die Freude an der Arbeit und damit verbunden um eine Leichtigkeit geht, durch die letztlich tolle Leistungen erzielt werden. Der amerikanische Autor Gratzon erklärt klar und unterhaltsam, wie das klappt. Endlich ein Berufsbuch, in dem »Leidenschaft« kein Fremdwort ist!

Anni Hausladen und Gerda Laufenberg: Die Kunst des Klüngelns. Erfolgsstrategien für Frauen. Reinbek 2001

Hilfst du mir, so helf ich dir. Neudeutsch: Networking. Bei Anni Hausladen (Betriebswirtin, Psychotherapeutin und Business-Coach) und Gerda Laufenberg (Malerin und Illustratorin) heißt es auf gut Kölsch: Klüngeln. Man kann es tatsächlich lernen. Bevor ich dieses Buch las, ging ich davon aus, dass ich leider vom Schicksal mit viel zu wenig guten Kontakten gesegnet war. Wie dumm von mir und wie wenig königlich! Das Buch half mir glücklicherweise auf die Sprünge, und ich habe es seitdem diverse Male weiterempfohlen. In ihm gibt es viele wertvolle Tipps zum Thema Networking und Selbstmarketing.

Bärbel Mohr: Bestellungen beim Universum. Ein Handbuch zur Wunscherfüllung. Aachen, 1998.

Bärbel Mohr ist mit ihrem Buch sozusagen die Patin des dritten Uschi-Prinzips. Bevor ich dieses Buch las, machte ich stets einen großen Bogen um esoterische Bücher, aber Frau Mohr hat mich, mit ihrer lockeren Art zu schreiben, davon überzeugt, Vertrauen in den größeren Zusammenhang zu haben und mir helfen zu lassen.

Harriet Rubin: Soloing. Die Macht des Glaubens an sich selbst, Frankfurt am Main 2001

Soloing ist die Bibel für Selbständige. Die amerikanische Autorin Harriet Rubin beschreibt darin, wie befriedigend und kreativ selbstbestimmtes Arbeiten ist. Ich kaufe das Buch stets stapelweise, damit ich immer eines zur Hand habe, wenn ich der Meinung bin, es jemand dringend schenken zu müssen. Meist gebe ich es Festangestellten oder Arbeitslosen, die seit Ewigkeiten überlegen, ob sie sich nun selbständig machen wollen oder nicht, oder ich beglücke damit unglückliche Selbständige, die vergessen haben, warum sie diesen Schritt in die Freiheit einmal gewagt haben. Das Buch ist eine wunderbare Mischung aus sehr konkreten Anregungen und äußerst klugen Gedanken. Wenn Sie gerade eine selbständige Tätigkeit planen oder sich noch nicht trauen, das Angestelltendasein zu verlassen, dann lesen Sie *Soloing*!

Conrad Seidl und Werner Beutelmeyer: Die Marke ICH. So entwickeln Sie Ihre persönliche Erfolgsstrategie, Wien 1999

Als ich mich mit dem Thema Selbstmarketing beschäftigte, stieß ich auf dieses Buch. Man merkt, dass einer der Autoren, Werner Beutelmeyer, Marketing-Guru ist. Wenn Sie sich profilieren und zur unverwechselbaren Marke werden wollen, dann ist dieses Buch genau richtig für Sie.

Richard Sennett: Der flexible Mensch. Die Kultur des neuen Kapitalismus, Berlin 2006

Das Buch ist eine fundierte soziologische Analyse, aufgelockert durch kleine Geschichten und Anekdoten. Sollten Sie allerdings gerade frustriert von Ihrem Berufsleben sein, dann ist es nichts für Sie. Schonungslos zeigt Sennett die Vor- und Nachteile unserer veränderten Arbeitswelt auf. An manchen Stellen ist er mir fast zu direkt, dann brauche ich zum Beispiel Harriet Rubens *Soloing*, um wieder Kraft für Flexibilität zu bekommen und nach den Job-Prinzipien leben zu können.

Barbara Sher: Wishcraft. Lebensträume und Berufsziele entdecken und verwirklichen, Osnabrück 2005

Ein wunderbares Buch, endlich auch auf Deutsch! Laut Barbara Sher kann sich jeder das glückliche Leben erfüllen, das er sich wünscht. Genau! Die amerikanische Wissenschaftlerin zeigt, wie unsere Träume uns zu unseren Zielen führen. Das Buch ist eine Fundgrube für Strategien, praktische Ratschläge und Übungen. Wenn Sie Schwierigkeiten haben, Ihre Ziele genauer zu definieren, dann lesen Sie *Wishcraft*!

Gabriele Stöger und Mona Vogl: Gewonnen wird im Kopf, gestolpert auch! Strategien gegen Selbstblockaden, Zürich 2003

Der Titel sagt eigentlich schon alles. Ein Buch mit wertvollen Tipps und Übungen. Mich beeindruckte am meisten die Idee des Sekundärgewinns. Jetzt weiß ich endlich, wie der »innere Schweinehund« ausschaut, der mich von guten Ideen abbringt. Ein wertvoller Ratgeber für Nachwuchs-Königinnen.

Harald Wessbecher: Die Energie des Geldes. Finanzielle Freiheit durch spirituelles Geldbewusstsein, München 2004

Geld ist Mittel zum Zweck und Geld ist geil. Es brauchte Ewigkeiten, bis ich diese zwei Weisheiten verinnerlicht hatte. Harald Wessbecher, Autor und Heiler, schafft es, Selbstbewusstsein, Berufung und Geld gekonnt miteinander zu kombinieren. Gelesen, getan. Es funktioniert! Ein wunderbares Buch.

Dank!

Viele Freundinnen haben mir mit ihren Geschichten, mit Kritik und mit großer Begeisterung geholfen, dass dieses Buch zustande gekommen ist. Ihnen gehört mein besonderer Dank. Ein ganz großes Dankeschön geht dabei an Merle Kettner, ohne die es die Uschi-Prinzipien gar nicht gäbe. Es ist toll, deine Freundin zu sein. Wir können zusammen so herrlichen Blödsinn machen, der oft ganz viel Weisheit beinhaltet. Dank auch an Eckehard Wegner, dem schon im Winter 2003 spontan der Buchtitel *Uschi-AG* einfiel und der ihn mir großzügig schenkte.

Mein »Wüstenrot-Mann«, Dirk Lehmann, war mein erster und wichtigster Korrekturleser. Ich bin ihm nicht nur für seine kritischen Kommentare und Fragen dankbar, sondern auch für seine großzügige Unterstützung. Wenn ich genervt war und das Manuskript nicht mehr sehen konnte, stand er mir treu zur Seite, machte mir Mut und unterstützte mich, indem er einfach für mich da war. Das war großartig. Auch Monika Cherkaoui, Inken Risse, Bärbel Sievers-Schaarschmidt und Ines Hilpert-Kruck bin ich sehr verbunden für ihr Feedback zum Manuskript. Ohne euch hätte das Buch längst nicht diese Qualität.

Die Frauen vom »Nutzwerk« begleiten mich seit Jahren bei meiner beruflichen und persönlichen Weiterentwicklung. Ich lerne so viel mit und von euch. Es ist wundervoll, dass es euch gibt und dass wir uns gefunden haben. Ich danke euch, dass ich so offen über das Nutzwerk schreiben durfte, und hoffe mit euch, dass sich viele Frauen dadurch ermutigt fühlen, Job-SHGs zu gründen.

Meinen Vorbildern Anne Barry, Judy Ritter, Gabriele Fischer, Carola Pust und Nicole Wreford-Howard möchte ich ebenfalls danken. Ich weiß gar nicht, ob sie wissen, wie sehr sie mir mit ihrem sympathischen Wesen, ihrer Intelligenz und ihrer Warmherzigkeit einen eigenen Weg gewiesen haben.

Meine Agenten Nadja Kossack und Lars Schultze haben wieder ganze Arbeit geleistet. Sie sorgten dafür, dass ich entspannt schreiben konnte. Herzlichen Dank dafür, dass ihr mir den Kopf freigehalten habt. Rosa Erdmann und ihrem Team von der Agentur H. O. R. S. T. danke ich für die tollen Uschi-Events. Es macht riesigen Spaß, mit euch zusammenzuarbeiten.

Vielen Dank meinem Lektor Daniel Oertel, der mir mit Rat und Tat zur Seite stand. Es war sehr inspirierend, gemeinsam mit Regina Carstensen das Manuskript noch einmal durchzugehen. Danke für den Einsatz und das Herzblut, das Sie für den Erfolg der *Uschi-AG* investierten. Einen besonderen Dank verdient Friederike Schönherr vom Ullstein-Verlag, es ist eine große Freude, mit ihr die Events zu organisieren.

Ganz besonders möchte ich mich noch bei meinen Eltern bedanken, die mir hervorragende Ausgangsbedingungen für mein Berufsleben boten. Nicht jede berufliche Entscheidung war für sie nachvollziehbar und in ihren Augen vernünftig, doch sie haben stets an mich geglaubt. Dafür und für ihren schönen Garten, in dem ich viele Seiten dieses Buches schrieb, danke ich ihnen.

Ich bin unglaublich froh, dass ich vor rund vier Jahren die Uschi-Prinzipien entdeckte und den Fund, die berühmten Juwelen am Wegesrand, aufhob und ernst nahm. Es ist phantastisch, dass diese sieben einfachen Prinzipien eine Lebensphilosophie enthalten, die das Leben so viel glitzernder und leichter machen. Ich freue mich, wenn es vielen, vielen anderen Frauen genauso gut damit geht.

Die besten Antworten auf die wichtigsten Fragen des Lebens

Warum können Vögel mit vollem Schnabel zwitschern? Worauf wartet der Sekundenzeiger der Bahnhofsuhr? Warum hören wir unser eigenes Schnarchen nicht? Wozu haben Männer Brustwarzen? Jeder Tag bringt neue Rätsel: Dr. Dieter Thierbach hat die spannenden Geheimnisse unseres Alltags kompetent und augenzwinkernd beantwortet – ein amüsantes Lesevergnügen!

Warum gräbt der Maulwurf?
111 Fragen,
die die Welt bewegen
ISBN-13: 978-3-548-36712-5
ISBN-10: 3-548-36712-7

ULLSTEIN

US139